THE COMPLETE WORKS OF W.R.BION Volume Ⅶ：Brazilian Lectures

ウィルフレッド・R・ビオン
ブラジル講義
1973-1974

クリス・モーソン［編］
フランチェスカ・ビオン［編集顧問］

福本 修［訳］

誠信書房

THE COMPLETE WORKS OF W. R. BION Volume VII
:Brazilian Lectures
Copyright © 2014 by The Estate of W. R. Bion
Japanese translation rights arranged with The Marsh Agency Ltd
Through Japan UNI Agency, Inc.

『ビオンのブラジル講義 1：サンパウロ』は，最初 1973 年にリオ・デ・ジャネイロのイマーゴ・エディトーラによって出版された。『ビオンのブラジル講義 2：リオ・デ・ジャネイロ / サンパウロ』は，最初 1974 年にリオ・デ・ジャネイロのイマーゴ・エディトーラによって出版された。2 冊は改訂・修正され，1990 年に合わせて『ブラジル講義』（ロンドン，カーナック・ブックス）として出版された。

ビオンの手書き原稿

9

subsequent history. The only part of the story which I have here briefly recounted of which I can be reasonably certain is that part of it which passed in the course of the psycho-analytic sessions and was therefor open to my direct inspection. The remainder depends on his overt statements which were made only rarely and were suspect because they were made by such a disturbed man. I must leave on side my reasons for thinking them worthy of credence: my reason for citing this example is that I had a record of an early thought about the "cure" of this patient and could compare it with the impression I gained at the latter stages.

The "facts" I have recounted would fit in quite well with with the ideas which would form part of the conjunction bound by the title "cure" as originally conceived by me. They

Copyright© The Estate of W. R. Bion

序

　これらの講義は，話された言葉よりもむしろ読まれる言葉に合うように編集されている。いくつかの細かい追加を除くと，本文は実質上，元のテープ録音から起こされた記録と同じである。

　その具体的な内容を刺激した質問も，同じ選択と圧縮を被らざるをえなかったが，私はそれによって参加者たちの意図が，歪められ過ぎていないことを願っている。彼らには感謝の意を表したい。そして，フランク・フィリップスにも彼の根気強くて伸び伸びとした翻訳によって，サンパウロでの講演は可能になった。私の妻が，話された言葉を読まれる言葉に変える際に果たした貢献については，私はただ賞賛を送ることしかできない。彼女は多くの時間を費やして，本書のために見事な仕事を行なった。

＊　　＊　　＊

　リオ・デ・ジャネイロでの講義は，キベレ・パロンとエリザベス・ハートによって同時通訳された。私はこの機会に，彼らに感嘆と感謝の意を表したい。

　サンパウロでもフランク・フィリップスは，私が話すのを翻訳した。私はその機会に改めて，彼が翻訳をする腕前と速さに感嘆した。ここに謝意を表したい。

　以前と同じく，この印刷された版は私の妻の仕事である。私が再点検するたびに気づいている欠陥は，彼女の責任ではない。園芸家たちは，私の妻のように，小石が苗床の上にどう積み上げられていくかを知っている。それは，花が咲くための「最低条件」を提供することを期待されている。少しも悪くなっていないのは，彼女のおかげである。

ウィルフレッド・R・ビオン

目　次

ビオンの手書き原稿　*iv*

序　*v*

凡例　*vii*

1973 年——サンパウロ

1……*2*　　　　　5……*35*

2……*11*　　　　6……*43*

3……*19*　　　　7……*53*

4……*27*　　　　8……*61*

1974 年——リオ・デ・ジャネイロ

1……*72*　　　　6……*125*

2……*83*　　　　7……*135*

3……*94*　　　　8……*145*

4……*105*　　　9……*155*

5……*117*　　　10……*165*

1974 年——サンパウロ

1……*184*　　　4……*202*

2……*190*　　　5……*210*

3……*196*

訳者あとがき　*217*

人名索引　*226*

事項索引　*228*

凡　　例

・本文中の〔　　〕は編者による補足を示す。

・本文中の〔　　〕は訳者による補足を示す。

・本文中の〈　　〉は，原書にて大文字で始まる単語を示す。

・本文中の太明朝体で，傍点の付いている部分は本原書にて強調されている箇所を，傍点の付いている部分は他の版の原書にて強調されていた箇所を示す。

・フロイトの書名・論文名は既訳と合致しないこともあるが，岩波書店刊行の「フロイト全集」の訳を採用した。

1973 年——サンパウロ

― 1 ―

これからのセミナーで，私はある領域を素描しようとするつもりですが，そこでは自分の無知をさらけ出して，あなた方が尋ねたいと思う質問に答える覚悟があります。同じ質問を好きなだけ続けてください。私は可能な限りそれにお答えしますが，おそらく，毎回違う仕方で答えるでしょう。

私は寓話から始めます。それはウルの王墓訳注1の歴史的な説明を装っています。王の死に際して，宮廷全体が，以来「死の穴」と呼ばれた窪みへと練り歩き，美しい装飾品と宝石を纏った彼らはそこで，小さな杯から薬を飲みました。杯は後に，どの死体の脇でも見つかりました。

500年後，誰にも知られることなく，墓は略奪されました。その墓地は王家の死と埋葬によって神聖視されていたので，これは勇敢な行為でした。略奪者たちは科学的方法の奨励者でした。つまり，死者とその聖職の随行者たちという幽霊のような番人たちを，初めてあえて突破した者でした。

この原始的な再構築は，歴史でも考古学でも芸術でもありませんが，宗教や美学・科学の頂点から類別されるかもしれません。グリッドの用語では，Cカテゴリーの構築であると言えるかもしれません。

寓話を財政金融学（finance）の範囲に持ち込んで続けると，お金は，初期には宗教儀式で 伝 達 （コミュニケーション）の一様式として用いられました。そのときそれは，人間のような肉体的存在と，ウルの霊的な番人たちのような他の者たちとの間のコミュニケーションでした。その後アングロサクソンたちによって，生命や血の損失を補うための「贖罪金（wergild）」および，花嫁を集団の一員から失うのを補うための「花嫁購入金」として使用されました。このコミュニ

訳注1　ウルは，現在のイラク南部に位置した，古代メソポタミアのシュメールの都市国家。ウルの発掘は，1922年から考古学者レオナルド・ウーリーの指揮で行なわれた。Woolley, C. L. (1954). *Excavation at Ur: A record of twelve year's work.* Emest Benn. 参照。

ケーション方法の便利さは，話し言葉の便利さに似て，お金を商業における交易や伝達の目的にとって，その引き継ぎに適したものにしました。

精神分析は，不適切なもの（the inappropriate）への反応と見なされるかもしれません。その認識から，不適切なものの原因の探索が生じました。財政金融学では，不適切なものはまだ発見されていません。したがって，為替の変動は適切なものの領域で探し求められます。変動の諸原因は，財政金融学の合理的な世界ばかりでなく，こうした原始的で今ではもはや認められていない基礎的な根の残り続けているもの──宗教的で部族的なもの（私の寓話で記述されているように）にも，探し求められなければならないでしょう。お金は合理的な経済法則のみに従って作用はしません。

フロイトはエディプス・コンプレックスを，精神分析の主な発見の1つと見なしました。フロイトがエディプスの寓話（あるいは神話）を用いたことによって人間のパーソナリティを発見できたことは，熟考に値します。私たちにとって，フロイトや他の人たちが何を発見したかを学ぶことは，必ずしも非常に重要なことではありません。重要なのは，私たちが今日，心理学的または精神分析的活動と呼んでいるもの──すなわち，**実践的な**精神分析の価値を学ぶべきであるということです。その広大な領域は，化石にせずに探究することを必要としています。それを完了した主題として扱うべきではないということは，極めて重要です。

私たちは墓の略奪者たちが後に何を感じたのか，推測しようがありません。それでも私は，彼らが勇敢な男たちだったに違いないと見なしています。それは，邪悪で危険な霊魂たちによって守られた場所に隠されていた宝物を，あえて略奪したことからです。精神分析でも同様です。無意識──つまり私たちが知ら**ない**訳注2もの，私たちが**確か**に知っているものではなく──に近づくとき，患者も分析者も等しく，必ず動揺します。明日，ある患者に会う人

訳注2　本書の全集版では，最初は Imago Editora 版および後の Karnac 版で強調されていた語のかなりから，強調（前者ではゴシックで，後者ではイタリックで表示）が外されている。ビオン本人が生前に確認しているものの変更なのか不明なので，以下ではそれらを太明朝体と傍点（、）で表した。全集版にも残っているものは，太明朝と傍点（・）で表している。

は誰でも，ある時点で恐怖を経験するべきです。どの面接室にもかなり怯えた二人の人，すなわち患者と精神分析者がいるのが当然です。二人が怯えていないなら，なぜわざわざ誰でも知っていることを発見しようとしているのか，怪訝に思われます。

　どんなときも，よく知っていることに取り掛かるのは，気をそそられます。この誘惑は精神分析者にとって，他の人たちにとってよりも大きなものです。なぜなら精神分析は，人間が玄関の外に出ることすらせずに恐ろしい仕事に携わることができる，稀な状況の１つだからです。

　私たちは，患者を探究することとしてすでに行なったことを，考慮に入れすぎるべきではありません。むしろ，私たちが明日しようとしていることについて熟慮すべきです。それについてはまだ起きていないので，私たちはごくわずかしか知りません。

　以上から生まれるどんな問いについても考えてみましょう。私たちは，同じ問いを尋ね続けなければならないでしょう。なぜなら，問いは明日も今日と同じ言葉で述べられるかもしれませんが，同じものではないでしょう。それは違う日だからです。

質問者：私たちが明日起こることに関心があるならば，どのようにして今起きている物事に注意を維持できるでしょうか。

ビオン：人は，自分が経験の結果，現在と未来の両方に関わる仕方を学ぶことを望んでいます。現在と未来は，私たちがとにかく何かはできる唯一の事柄です。過去については，私たちは何もできません。

　かつて，ある有名な将軍はこう言いました。「将軍になるには，非常に聡明である必要はないけれども，爆撃されたり銃撃されたりしている間に，自分が持ち合わせている頭脳を使えなければならない」。それはあまり劇的には聞こえませんが，たいていの精神分析者は，患者の前で解釈を与えているときに感じることを知っていると思います。それは簡単に聞こえます。なぜ簡単ではないかを述べるのは，難しいことです。「あなたが思うほど簡単ならば，やってみてください」と言わざるをえないでしょう。もしあなた方にそれを試すことが・で・き・るならば，そしてあなた方もあなたの患者も，私たちが漠然と破綻と呼ぶ事態にならずに生き残るならば，二人はどちらもその経

験の後，精神的に強くなっているでしょう。作家のウォルター・バジョット（Bagehot，1872）は，「強い男性は強い考えに魅せられ，強い考えは強い男性を惹き付け，彼らをより強くする」〔『自然科学と政治学』〕と言いました。精神分析では，自分たちが忘れてしまったことや知らないことについてあえて尋ねますが，同時に，現在に生きることができなければなりません。その結果，2人は確かにより強くなります。

質問者：「明日」というこの問いを，実践でどう進めるのかお尋ねします。

　宗教の側面についても，もっとお聞きしたいと思います。

ビオン：第二の点を先に述べます。精神分析者たちは宗教という主題が，奇妙にも見えていませんでした。誰でも，人類の歴史について知っていることを思い起こせば，宗教的と呼びうる活動が，性的と呼びうる活動と少なくとも同じくらい目に付くと認めることができます。身体的なものの領域では，もしも人間は消化管を持たないと語られたなら，こう思うでしょう——まさに怪物がいる！と。それは人間という動物にまったく似ていません。

　もしもそうなら，心やパーソナリティは，精神活動の主要部門の1つを欠いていたら，何を根拠に人間のパーソナリティや性格として見なされることができるのか，不思議に思われます。

　私は最初の方のご質問に，別の問いを立てることによって答えることにします。人間はその心性と性格を持っている以上，どうやって未来に無関心や無関係でいられるでしょうか。もしも誰かが，未来については何も知らないという理由で免除を求めたいならば，私はその人が合理化をしていると考えるでしょう。私は，未来がまだ起きていないので無関係だという弁解も受け入れないでしょう。人々が自分は先見の明を行使するとか，賢明だとか，時には確率の数学に精通するようになったとさえ主張するのは，よくあることですから。これは私には，人間の感情の数学か，未来に起こりそうなことについての個人による推測を，説得力のある数学用語で表したものに思われます。誰かが，自分たちは過去から未来について学んだので未来には関心がないと言っても，私はその人たちを信じません。過去にあることが起きたという事実は，それが未来に起こることとは一切関係がありません。

質問者：私は「未来」の概念の明確化を望みます。私たちがいつも，起こる

ことになっているものを扱いそれ以外は扱わないのならば，現在はその視野に完全に吸収されないでしょうか。

ビオン：私はある概念を使用してきましたが，それは，人がその概念にほぼ等しい何らかの現実化が存在すると信じがちな状況の1つです。私たちはみな，「セックス」のような言葉に慣れていますが，その事柄をよく考えてみれば，それは何も意味していません。しかし「セックス」という言葉は，「未来」のように，今しているような議論には役立ちます。それが現実の世界とどのような関係があるのか，私は知りません。それでも人々は，「セックス」や「未来」のような言葉を，それらがまさにあたかも何かについてであるかのように用いています。なぜそうなのかは，精神分析者たちが解明しなければならないでしょう。なぜなら，哲学者たちはまだ解明していないと私は思うからです。

質問者：私は不安との関係で，過去・現在・未来の使用についてお聞きしたく思います。

ビオン：この「不安」という言葉は，ある感情に名前を与えようとする，賞賛に値する試みです。私たちのほとんどは，人々が「不安」と言ったときに何を意味しているか，知っていると考えます。子供はそう考えないでしょうが。

私たちが赤ん坊の手のＸ線写真を見たとしたら，軟骨や骨などが見えて，「それは赤ん坊の手です」と言うことができます。なぜでしょうか。それは，いわゆる手ではありません。それは手では全然なくて，寄せ集めであり，それが手になるという理論とともにある，さまざまな数の感覚印象の恒常的連接〔ヒュームの概念〕です。人がそれを赤ん坊の手だとするのは，何年もの蓄積された経験に基づいて，そうなのだと推定するからです。

その問いには，こうした前向きの構成成分があります。不安や，名前が付けられるほど十分に人目を引く他のどの感情であれ，未来に何をもたらすでしょうか。それは何に変わるでしょうか。何人かの子供たちの活動を観察して，「あの振る舞いは性的活動になりつつある」と言うことはできます。現在において，「この種の活動は，私が子供に見掛けた覚えがあると思うものに似ている」とも言えるでしょう。しかしながら，精神分析者でも精神科医

でもない人たちが，その関連性が何であるかを理解しなくても，驚くことではありません。実際私が思うに，分析者たちが患者に解釈することの多くは，患者が理解すると期待するのは不合理なものです。

　そこに含まれている問いの1つは，私たちが単に概念をやり取りしているのか，それともこれらの概念には，それらにほぼ等しい何らかの現実化があるのかということです。たとえば，「私たちは今日不安だ」と言うか，「不安だと思う」と言うとき，私たちはかつて未来だったことについて話しています。そしてこの「未来」では，この会合は開かれていませんでした。私たちはそれについて何も知りませんでした。この「不安」が何であるかも知りませんでした。しかし私たちの何人かは，子供時代や青年期の似た何らかの経験を思い出させると考えるかもしれません。私たちが知らないのは，もしも私たちが50年間生き続けたならばどう感じるはずなのかです。しかし，私たちは不安に感じているだろうと推測することはできます。しかし，50年経って私たちが感じることが，私たちに耐えられるものかどうかは，私たちは知りません。私たちはしばしば「不安」に関して，「非常に不安な」「例外的に不安な」「私は全然不安ではありません」と——その種の定量的言語で話します。それはある時点で，質的変化に変わります。しかしこれは，「時間」の経過を仮定しており，時間は概念ですが，私たちはそれを忘れて，「時間」といった「もの」が存在すると信じがちです。

質問者：分析は類比と関わりすぎているでしょうか。ウルの墓というあなたの例では，この種のモデルがそれ自体，妨害するものではないでしょうか。これは分析の過程に，どう影響するでしょうか。

ビオン：それは大きく影響します——現在において。他のどんな時間に対しても，それは影響を与えられません。同じように，郷愁や期待が重要なのは，現在に存在するからです。私には，見落とされていると思われることがあります——分析自体が現在において行なわれているという点です。それは，他の何ものでもなされようがありません。しかし，過去や未来という観念は，力の弱い観念ではありますが，情動的には強力です。人々が未来や思い出すこと，欲望するものについて語るとき，本当は，強力な現在の感情について語っています。

もしも誰かが「古き良き時代」を思い出すと言うなら，彼らは強力な感情を語っており，それに名前を与えていますが，その名前は詳しい吟味に耐えないでしょう。重ね重ね，これらの名前は「過去」や「未来」「古き良き時代」のように，実際には現在における感情の名前であり，だからそれらは重要なのです。

　類比の使用に関しては，私はそれが非常に欠陥のある道具であることに同意しますが，非常に強力なものでもあります。視覚は現実的にも想像上も優位で，私たちの思考能力に影響を与えるほどです。私がその困難を克服する方法は，抽象的すぎて私の言うことが理解できないか，具象的すぎて理解できるが誤解を招くか，なのかもしれません。しかし類比が重要なのは，あるものと別のものが似ているからではなく，両者の関係性にあります。

質問者：私は過去・現在・未来の総合について，もっとお話しいただきたいと思います。というのも，時間と空間の限界を取り除くという意味で私は，想像力が第五の次元に相当すると感じているからです。あなたはしばしば数学的にお考えを表現していますので，私はその角度から受け取っています。

ビオン：逆を考えてみましょう。つまり，分析的という意味での，総合的なものの対応物です。私はカントによる総合と分析の区別を参照しています。そういう仕方で私は，先験的知識と経験的な知識の間の区別を使っています。

質問者：ウルのモデルについて，科学的方法およびタブーの克服との関係で，もう少し詳しくお話しください。

ビオン：私は視覚像を言語的に定式化できます。ウルの王墓，聖職者たち，王家の葬儀，墓の略奪者たちについての物語を述べるように。その結果，私がその視覚像を呼び覚ますことに成功しても，そのとき私はそれを同じように歪曲もしています。視覚像のこの言語的定式化は，より理解可能であり，おそらくもっと誤っています。ユークリッドは，線と円を描くことによって目に訴えました。その結果，何世紀もの間，知性のある人間は，ユークリッドの幾何学が私たち全員に知られているような空間を提示したと考えました。しかし，デカルトがデカルト座標系の考えを公表したとき，幾何学はこうした線や円・三角形から独立して，それらを代数学的用語に翻訳しました。

そのときまで誰も，ユークリッド幾何学の錯誤に気づきませんでした。それは説得力があり，かつ誤解を招いていました。他方，射影〔投影〕幾何学は，私たちの大多数にとっては理解できないものです。同様に，私が絵を描いたならば，たとえ芸術的能力が限られていても，木々の並んだ通りとその奥に円形の池があるという印象を与えられます。実際には，あなた方がそれを見て自分に正直だったならば，それが円ではなく楕円であることに気づくでしょう。このように，芸術家は人々が，絵の具が匂うキャンバスを無視して，木々の通りと池をよりはっきりと見るのを助けることができます。そのとき，そのコミュニケーションはどう扱われることになるでしょうか。それは，視覚的で分かりやすくて誤っているか，正確で理解できないかのどちらかです——もちろん，私たちがたまたま，射影幾何学（すなわち，かつては視覚的表現で描かれるか想像されるかしなければならなかった，代数学的定式化）に慣れている数学者だったり，審美的に訓練されていたりしなければ，ですが。問題は，そこまで極端であれば単純なものでしょうが，現実生活はそう単純ではありません。精神分析者たちは，極めて複雑な状況に直面しています。私たちはまず，問題について討論したいかもしれませんが，私たちが自由に使えるのは，会話体の言語のみです。私たちは，自分の仕事に適した言語を発明しようとするかもしれません。しかしそうすると，私たちが話すことを理解する患者がいるでしょうか。これは悲観的に聞こえますが，それは一人の個人が行なうことにこそ，何らかの意義があるという信念に依拠しています。たとえば，一人でこの討論をさらに進められると想定するのは，控えめに言って軽率です。しかし私たち40人，50人ならば可能かもしれません。私は私たちの量が，質の変化に通じることを願っています。私たちの多くが，不安について聞いたことがあるだけでなく感じたことがあるならば，誰かがそれについて，「あなたは不安です」よりも，もっと言うことができる可能性が高まります。実際に私たちは，会話体の言語を使用します。私たちは「セックス」「攻撃性」「不安な」などと言います。だから私たちの聞き手は，「でも私たちはこうしたことをすべて知っています——私たちはみな，セックスや不安について知っています——だからどうだというのですか」と言いがちです。それへの答えは難しいものです。なぜならそれは，「いや，

あなたは知っていません。そしてあなたがこの主題への接近法を研究しようとして，それによって恩恵を被れるなら，分析の終わりには，あなたは知らないということを見出すでしょう」というものでなければならないだろうからです。「いや，知っています」は，子供が言ったときでも成人した男性・女性が言ったときでも，解決ではありません。分析者は「ええ，確かに私は『羨望』と言いましたが，私が『羨望』と言うときの意味が，あなたには分かりません」と言うでしょう。問題はそういうことです。それはまさに，「あたかも」私たちが誰でも知っていることを言い，誰でも知っている言語を使っているかのように**聞こえます**。しばしば私たちは，会話体の言語によって理解していることを用いません。それは分節して発言され，文法の規則と普通の語彙によって統制されているように見えるかもしれませんが，実践している精神分析者である私たちには，セッションの中で何か他のことが起きていることを了解する好機があります。私たちは患者に，「私が『不安』と言うとき，私はあなたがこの瞬間に感じている何かを意味しています」と言うことができます。私たちは，「私が『羨望』と言うのは，あなたが私に，分析者が自分に伝えられることはすでに全部知っていると言う瞬間に振る舞っているように私に思われる仕方に，私が与えている名前です」と言うこともできます。人々に，彼らが羨望を，分析者が知っているようには知ら**ない**と実感させるのは困難です――自分のものであれ他の人たちのものであれ。精神分析者として私は，自分が答えを知っているとは主張しませんが，だからといって，私のところに分析のために来る人たちのほうがよく知っているとは，言おうとしていません。

2

　記号 K(ξ)は，非常に簡潔かつ入り組んでいない形で，複雑な観念や一連の観念を表示しています。その最も拡張された形には，それを表現し説明するために，過去・現在・未来の精神分析全体を必要とするという難点があります。その非常に経済的な定式化は，経験なしでは理解不可能です。このようにして，それは3つの空間座標と時間を表示する第四の座標からなる4次元の世界を表す，以下のような数学的記号と類似のものです。

$$dx^2 = \sum_{i,j=1}^{4} G_{ij}\, dx^i\, dx^j$$

　K は定数または変量を表します。ξ は，未知の構成成分，変数，無意識にとどまる無意識，思弁と動揺の源です。変数は宗教的・美学的・科学的のような頂点に依存しており，現実の世界では，しばしば人々と彼らの観点によって表されます。

　おそらくあなた方は，なぜ私があなた方に理解できそうな仕方で自分の意味することを述べないのか，不思議に思うでしょう。他方，あなた方は，「だからどうだと言うのだ，どれも私が知っていることばかりだ——こんなことに時間を無駄にしていられない」と考えているかもしれません。しかし私たちが一緒に進むなら，私は借りて来た寓話や視覚像の言語的定式化，エディプスやバベルの塔・エデンの園のような物語で語るつもりです。これらはすべて，表意文字的な話し言葉を思い起こさせるものです。それらは，把握しやすいけれども視覚に支配されていて，それによって歪められているという異議の余地があります。それらは理解しやすく，かつ偽りです。これがおそらく，プラトンの詩人に対する敵意の構成成分の1つです。私は今，作り話をするために哲学の歴史を用いています。ソクラテスに向けられた恨みの1つは，彼が視覚像や詩を動員して若者たちを堕落させているというものだったと想像できます。どちらもとても誘惑的です。それが本当かどうか私には

分かりませんが，私の目的である，お伝えしたい比較的単純なものを作る方法として物語を構築することには役立ちます。私はそれをもっと明瞭にできるかもしれませんが，同時に，誤解を招くものにするかもしれません。代わりに，非常に洗練されすぎていて，感情がほとんどあるいはまったく伴わないものに訴えることもできます。その場合，コミュニケーションは（真実かもしれませんが）理論的になりすぎて，理解できないでしょう。ですから私は２つの極端になって，理解できて誤解を招くか，真実を伝えつつ理解できないかでありえます。しかし，この種の誇張された言明を発することは，学術集会では可能でも，それは現実生活らしくありません。分析者は，現実生活について語っているべきです。どんな解釈も，現実生活を思い出させるものでなければ無駄です。

　たとえ分析者は，事実として有名人や重要人物ではなくても，被分析者にはそう感じられるかもしれません。被分析者が協力しようとしているなら，彼は，あたかも分析者が子供にとっての父親や大人にとっての神ほどかもしれない重要な人物であるかのように，話したり振る舞ったりするでしょう。しかし重要なことは，子供と父親や，大人の人間と神ではなく，両者の関係——結合です。これは精神分析理論では，分析者と被分析者の関係を指す「転移」という用語によって表されています。私はそれから，純粋な数学を数学的対象の間の関係を扱うものとして語る数学者たち（たとえばフレーゲ）を思い起こします。その用語法を借りることは，私たちの役に立ちます。

　記号 K（ξ）に戻ると，人が分析的経験の過程で，それが集団の中であれ個人とであれ，何を言っていてもその一部は一定のままであり，他は常に変化しているでしょう——未飽和の要素です。しかし，これらの記号は精神分析について語るのには役立ちますが，精神分析を経験することには役立ちません。たとえば私は，「私は自分が何を言おうとしているのか分かりません」と言った患者が，分節して発言された英語を話していると考えていました。彼がそうしていないことに気づくのに私は長い時間を要しましたが，約６カ月後に私が気づいたとき，その経験は一瞬のことでした。彼が表意文字でした。彼が，寝椅子の上に横たわっている人のことを私に思い出させるべきだった何かでした。その人には意味があり，私は彼に，「あなたは自分が言おうと

していることが分かりませんが，私が寝椅子の上に横たわっている誰かを見ると，2 人が性交渉を持っていたと*私が*知っているのを期待しています」と言えたでしょう。この患者が「言おうと」したことは，彼の両親あるいは 2 人の人が，性交渉をしていたということでした〔『ロサンゼルス・セミナー』第 1 セミナー 1967 年 4 月 12 日参照〕。

　この言語は何なのかという問いに戻ります。その言語は話されてはいますが，分節して発言されていません。分析者は，何かを作り出さなければならず，それによって何が起きているのかを自分が知ることができるようにします，ガリレオ──また別の物語です──が望遠鏡を，何らかの発見をできる前に発明し，建設しなければならなかったように。2000 年以上前に，アリスタルコスは太陽中心説を提唱しましたが，それを確認や反駁できる設備は，物理的にも精神的にも存在しませんでした。そうした事実を観察して，それらの事実が意味することを理解できるようにする器具が利用できるようになるまでには，長い時間と多くの人々の協力を要しました。アリスタルコスはこう言ったかもしれません。「これらは事実です。私はそれらが何を意味するのかは分かりませんが，もしもあなたたちが十分な数だけ，何年も十分に集まれば，同じものを見ることができて，あなたたちが見るものを理解することさえできるかもしれません」。

　私たちは一般に，肉体的感覚の経験を理解することができます。私たちが身体構造を用いることができる限りで，私たちはいくつかのことを理解できます。私たちはたとえば，私がビオンであることを理解できます。しかしここにあるのは，視覚像について誤解させる点です。私たちはビオンが誰で何をする人かを知っていると考える結果，その性格を知っていると考えるかもしれません。それは私たちが，視覚の力によって誤って導かれるからです。その結果私たちは，ビオンの性格は表皮のところで終わると考えるかもしれません。実際には，精神分析者は誰でも，心や性格，パーソナリティといったものがあるにしても，それが身体形成に対応しているとは想定できないと感じざるをえないでしょう。私たちはみな，分析セッションにおいては，なぜ私たちは身体が横たわっているところにパーソナリティが存在すると考えるのか，不思議に思う必要があります。

精神分析にとって精査のために利用できる領域は，膨張している宇宙のようなものです。寝椅子に横たわっている身体が見えるとき，それが意味することを私が理解できると直ちに，私とあなたの，あなたと私の（どちらの方向であれ）間の生きた関係は，私とそれ，それと私，あなたとそれ，それとあなたの間の死んだ関係になります。これはまたしても，視覚像の言語的定式化です。しかし面接室では，関係は異なります。あなたと私の，そして私とあなたの間の関係が，超感覚的（ultra-sensual）であり感覚閾未満（infra-sensual）である（また視覚像に基づく用語法です）と仮定しましょう。それは計測器や望遠鏡のように感覚的経験から作り上げられた理論であり，超感覚的か感覚閾未満かもしれない何かと接触したり識別したりするためのもので，赤外線（infra-red）や紫外線（ultra-violet）について語るのに似ています。しかし，それは光に関するものではありません。それは私たちが隠喩的に，精神的な照明と呼ぶかもしれないものに関わります。「私はあなたの言おうとしていることが分かります〔see 見えます〕」。しかし，私には見えません。また，私は自分が分かることを，自然科学から借りられた，よって適していないことが確実な用語法を使わなければ，あなた方に伝えることもできません。精神分析者は，他の人間を「見る／分かる」仕方を発明して作り出さなければならないでしょう。

質問者：分析で患者は変量である言語を用いるにしても，私たちは不変のものを探し求め，理解しなければなりません——それは表意文字です。私たちは患者に彼自身の言語で話し掛けなければならず，それは私たちのものではなく，彼の表意文字を巧みに表現します。これは技法の問いではないでしょうか。

ビオン：精神分析の実践では，患者は発言をするでしょう。その一部分は，彼がすでに知っていることから構成されています。別の部分は，彼が助けを求めている問題を定式化しようとする試みです。分析者は尋ねられた情報を，患者に理解できると自分が考える言葉で，述べようとしなければなりません。

　あなたが夢を説明したかったなら，時間の経過でそれを伝えなければならないでしょう。あなたは，これが起きた，あれが起きた，そして何か別のことが起きた，と言わなければならないでしょう。しかし，それは夢のしたこ

とではありません。ある瞬間には，夢はそこにありませんでした——次の瞬間，あなたは夢全体を知りました。私たちは非常に原始的で根本的なことを扱っているときには，何らかの器具か言語を見出して，寓話のような語りと，すべて同時に起こるこの経験とを，区別できる必要があります。

　この目的のために私は，2つのまったく意味のないものを用いてきました。それは，思考作用の領域に属さないベータ要素と，思考の領域のために取ってあるアルファ要素です。

　物理学者たちは物理原子を分類し，それから原子の諸部分を記述し，器具を発明しました——電子顕微鏡です。これはとても印象的なので，私たちも同じことをしたい気持ちになる危険があります。これらの成果に刺激を受けることは有益ですが，同じことをしようとするのは行きすぎです。ここで，精神分析について，そしてアルファ要素やベータ要素について，語ることはできます。私たちが物事について語りたいのならば，これらの語は，たとえ事実だと信じる理由は何もなくても有益です。ベータ要素およびアルファ要素が実在すると信じる証拠は，それらを心理学的原子や心理学的電子と呼ぶような一種の隠喩によって以外には，ありません。私が言っていることはすべて，グリッドのカテゴリーに従えば，C3 に分類できるでしょう。それから，C3 と F3 を結びつけることができるかもしれません。それは精神分析的なゲームであり，誰が父親で誰は母親，誰は赤ん坊かについて議論が激しく厳しくなる，子供のゲームのようなものです。見ている人は，情動がそのように露呈するのに直面して，「これは何か重要なことに関わるに違いない」と考え始めます。私たちは大人として，そのゲームは結婚への真剣な前兆だと推測できますが，子供は大人の解釈を理解できるようにする知識を持っていません。それと同時に，普通の大人はなぜ子供たちがそこまで言い争い，「ただのゲーム」がそこまで情動を掻き立てるのか，理解し難く思う可能性があります。

　私は，どうして大人の分別のある精神分析者が精神分析理論に怒りを感じるのかについても，その理論が大人のゲームの一部——精神分析的ゲーム——でなければ理解し難いと考えます。そのゲームは，光よりも大量の熱を刺激し，生み出します。

膨張している宇宙の理論を（視覚的な目的のために）用いると，分析者は解釈をしたとき，討論の宇宙の膨張も引き起こしています。彼の照明の瞬間は，ごく短期です。直ちに彼は，未知の中に戻ります。問題は視界から消えています。それは超感覚的（そして逆方向では感覚閾未満）になります。私は「方向」と言いましたが，精神的な羅針盤の針は何でしょうか。私は知りません。誰かが見つけ出さなければならないでしょう。それはアリスタルコスと現代の間に流れた時間から，アブデラのデモクリトスと現代の精神分析者の間の時間までの間の，どれのことでもありえます。現代の精神分析者の心の状態とアブデラのデモクリトスのそれとの間の距離は，時間の距離の人工的な物差しで測ると，途方もなく大きなものです。しかしそれは，古典的な精神分析の一要素と他のものの間の距離かもしれません。「いいえ，私は何の夢も見ませんでした」と「はい，私は夢を見ました」との距離は何でしょうか。「無」と「全体」の間の距離は何でしょうか。この種の探究は，精神分析者たちによってのみ実行可能ですが，自分たちの道具を発明しなければならないでしょう。超感覚的および感覚閾未満である心といったものがあると仮定するならば，私たちはそれを探究する器具を，どのように見出すべきでしょうか。もしもそれが物理的な世界だったならば，電磁波システムを使用して，１つの波長と他のものの間の距離を測定するためにオングストローム単位を発明できたことでしょう。しかし物理的な世界でさえ，波動理論を素粒子の理論と調和させることはできません。後者は，「無」と「すべて」の間に何ら識別できる隙間のない，全体として現れます。

　宗教や美学・科学といった粗雑な分類は，巨視的な探究には役立ちますが，精神分析の役には立ちません。それらは役に立つかもしれないし，立たないかもしれないモデルにすぎず，理論を覆すことに伴う激変なしで放棄することができます。モデルは使い捨てできますが，理論はそうではありません。これは，ベータ要素とアルファ要素を発明することが有用かもしれない理由です。これは，原始的な領域でプレイされているものと同様に，大人向きではないことを除けば，より高次の数学でゲームをするようなものです。

　今度は，ウェルギリウスが美学的な能力を用いて，宗教を厳粛な言葉を使って叙述するために書いた物語に転じます。パリヌールスの死の物語は，宗教

に注意を向けさせる偉大な人間の詩的能力を通じた，非常に単純化されたものです。神ソムヌスは，別の神に偽装して現れ，その偽装のままパリヌールスを，こう言って誘惑します。「汝は疲れている，今日は晴れた夜だ，艦隊は汝の船の案内で進んでいる，危険は何処にもない，汝は寝てよい，余が船を案内しよう」。パリヌールスは答えます。「私は滑らかな表面に騙されるような愚か者ではありません。私は海と大気の滑らかな表面を決して信用しないでしょう」。そして彼は舵柄に身を結び付けます。すると神は枝を取り，それをレーテーの流れに浸して，パリヌールスに撒き散らします。それによって彼は，無力にされます。神は直ちにパリヌールスを，船の一部が同時に引き裂かれるほどの暴力で，海の中へと投げ落とします。それは道徳の物語，重要な道徳の物語です。今日，その物語を伝えるためにどのような言葉を用いなければならないかと自問するならば，私たちは記憶・欲望・薬物（レーテーの水）・暴力そして強い敵意のようなものについて語らなければなりません。

　物語を続けると――アイネイアースは，自分の操舵員がいなくなり，彼の船は出鱈目に向きを変え，艦隊は誘導するものがなくなったのを見ます。彼は言います。「哀れなパリヌールスよ！海の滑らかな外観ほどありふれたものに騙されるとは，何と悲しいことか」。誰も何も得ません。アイネイアースは，自分には忠実で経験豊かな操舵員がいることを信じられません。そしてパリヌールスは，自分のリーダーが彼の忠実さや能力について何か知っていると感じることができません。それはほぼ，道徳の物語です。ですから，あなた方の患者があなたたちに彼は万能的であると感じさせるとき，彼がどのような類の神について語り，どのような類の道徳を経験しているのかを示している可能性のある形跡を得たならば，役立つことでしょう。面接室では，分析者は解釈や構築（Freud, 1937d）を与えることができる，詩人や芸術家・科学者・神学者の一種でなければなりません。分析者は，物語を構築できなければなりません。そればかりではありません。彼は，自分が語ることができて患者が理解できる言語を，構築しなければなりません。そうする間に彼は，自分が考えられるより速く膨張する，この膨張している宇宙に耐えられなければなりません。彼は無から解釈に辿り着くのに十分な速さで考え

ることができますが，彼が語り終えた頃には，宇宙は視界の彼方に発展してしまっています。問題はこうです。どのようにして私たちは，それに耐えられるほど十分に強くなることができるでしょうか——これは精神分析に何か新しいものを加えようと試みるよりも，はるかに控えめな目標です。

— 3 —

　私たちは以前，探究の領域を宗教的のもの・科学的なもの・美学的なものに分割しました。どの所定の段階でも，これらのカテゴリーの１つかもう１つが目立ちがちですが，それは，他のものが識別できないという意味ではありません。たとえば患者は，自分がまったく科学的であり，何の特定の宗教的信念も持たず，決して芸術的ではないと主張します。しかし，宗教的な要素も美学的な要素も，すぐに簡単に，あらゆる現にある科学的素材の中に識別されます。しばしば，それは宗教的信念を持っ**ていない**という問題ではなくて，患者が表している宗教的信念は，彼の知性を侮辱するものであることを指摘できます。その結果，彼の科学的見解は，それに敵対的である宗教への敵意を表します。人間のパーソナリティの原始的水準に属している根本的で基本的な要素は，互いに反目しています。グリッドのカテゴリーはここで——面接室の中でではなく——これらの要素について話したり考えたりする目的にとって有用です。私たちは思考とはまったく呼ばない人間の振る舞いや活動を，想定することができます。アルファ要素とベータ要素は，同じように原始的で観察困難な要素を表現すると想定されていますが，たとえ私たちがベータ要素やアルファ要素のように意味のない２つの言葉を意図的に選択しても，ほとんど直ちに，それらの空のカテゴリーは意味を獲得しました。それはあたかも心が真空を忌み嫌い，だからそれを満たしたかのようです。

質問者：筋肉のように機能する心について，もっと説明していただけますか。

ビオン：あなたが筋肉について語るとき，私はあなたが比喩的に言っているのか，それとも生理学的か解剖学的な構造について話しているのかどうか，分かりません。あるいは，それは筋肉のような物理的対象を，心の一部を叙述するための最も簡単な仕方として用いる仕方でしょうか。この特定の物について話す唯一の仕方は，物理的な語彙・言語・経験の世界から借用することかもしれません。私たちには理解が難しいかもしれませんが，それはコミュ

ニケーションをしようとする最も簡単かつ最短の仕方です。問いは繰り返されるでしょう，その定式化は見せかけが異なるかもしれませんが。

ミルトンの『失楽園』と『アエネーイス』の第五の書の結末は，どちらも宗教について，究極の現実を表現している神についての何かを定式化し，そうして伝達しようとする宗教的な試みです。私たちは曖昧な主題について，人間の心の最も根本的かつ原始的な部分について語ろうとしています。私たちは暗い空間を，たとえ暗くて見るのが困難なものでさえ見えるようになるほど明らかにするために，この曖昧なものに向けて立派な照明をもたらそうとすることができます。フロイトは，［ルー・アンドレアス・ザロメへの私的な手紙の中で］「私はしばしば，これらの曖昧な場所を吟味するために，自分を人為的に盲目にしようと努めます」と言って，別のアプローチの手がかりを与えました。私はそれを正確に翻訳しなかったかもしれませんが，フロイトから借りて，彼の言明を私の問題に合うように転用したいと思います。

私は立派な知的で知識豊富な光を，曖昧な諸問題に向けようとする代わりに，私たちが「光」の減少を生み出すようにすることを提案します——暗黒の貫く光線であり，探照灯に逆比例するものです。この貫く光線の特殊性は，それを私たちの好奇心の対象に向けることができることであり，そしてこの対象は，すでに存在していた光は何でも吸収し，吟味の範囲からそれが保持していた光を消し尽した状態のままにするでしょう。その暗さは非常に絶対的なので，それは暗闇で光る，絶対的な真空を達成するでしょう。その結果，何らかの対象が実在したならば，どれほど微かであろうと，それは非常にはっきりと現れるでしょう。このようにして，非常に微かな光が，暗闇の極限状態において見えるようになるでしょう。

この機制は，洗練された思考の一型として記述できます——グリッドのカテゴリーＦ（概念）とＧ（科学的演繹体系）です。私たちがテニスのゲームを観戦していると仮定しましょう。暗闇が増しつつあるなかで，それを見ています。私たちは知的な照明と光を薄暗くて，想像力や空想や，かつて意識したどんな活動のことも忘れます。まず，私たちは選手の姿を見失い，それからネットそのものしか見えなくなるまで，徐々に暗くします。もしもこれをできるなら，私たちにとって唯一重要な見えるものは，ネットの中に一緒

にまとめられた多数の穴であることが見て取れます。同様に，1足の靴下を見て，大量の穴が編まれて一緒になっているのを見ることができるかもしれません。フロイト〔「無意識」1915e〕はこの種のことを述べましたが，患者には恐怖症があって，そのため彼は靴下を履けなかったと言いました。私は，患者は靴下恐怖症ではなく，フロイトが靴下だと考えたものを，一緒に編まれた多数の穴だと見て取れたのだと思います。もしもこれが正しいならば，古典的分析での「恐怖症」のような用語は，事実を正しく表しておらず，特に一部の患者には自然な，極端な観察能力を，正しく表していません。私にとって大まかで巨視的な仕方で古典的に，1足の靴下を見ることが自然であるのと同様に，この種の患者は私には見えないものを彼に見えるようにする，異なる視覚的能力を有しています。私が私の知性と頭脳・知識・経験に照らして1足の靴下だと考えるものは，そうではないと彼は見ることができます。私たちは思考のこの領域を再考すべきです。なぜなら精神分析者として私たちは，それが1足の靴下またはテニスのゲームであることが理解できなければならないのと同時に，光を暗くし，立派な直観を切り，これらの穴を，それらが一緒に編まれるか網の目をなしているという事実を含めて，見ることができなければならないからです。

　私は「精神病」のカテゴリーを考察したいと思います。それはあまりにも大まかで，巨視的だと言いたく思います。もしもそれをより綿密に，詳しく，私たちがテニスのゲームや1足の靴下を見なければならないような仕方で見るならば，私たちは狂気の精神病者と正気の精神病者がいる可能性があることが分かります。狂った精神病者が有能な精神病者になるのを助けることは，できるかもしれません。これは理解の頂点，知識の頂点の言葉で語っていますが，それは精神分析者たちにとっては十分ではありません。精神分析者は，外見上テニスのゲームである何かを見ることができるだけでなく，異なる頂点に移動して，その位置からこの同じゲームを見ることもできなければなりません。それによって彼は，靴下を履けない患者が見ることができるものを，見ることができるでしょう。同様に，頂点を移動して，芸術家や神学者が見るものを見ることができることに近づけるかもしれません。それは人間の心に関わる私たちみなの，心のいくらかの柔軟性に依存します。これは，

難しいことと見られる可能性があります。デカルトは哲学的懐疑を提唱する一方で，哲学的懐疑を疑うことに完全に失敗しました。「我思う，故に我あり（Cogito, ergo sum）」は，疑いを疑うことの失敗です。これは，現代の分析の領域が古典的分析に知られているものよりも，はるかに広いことを意味します。私は，「古典的」分析に言及する際に，自分がまた別の無意味な用語を使っていることに気づいていますが，この種の用語を使うことによって，ユークリッド幾何学やリーマン幾何学，ロバチェフスキー幾何学について語ることができるのとほぼ同じ仕方で，精神分析について語ることが可能となります。後二者は，空間を扱う際に重要であることが分かります。それは，幾何学的空間や古典的空間・地球中心の空間ではなく，この他の空間です——それについて語る便利な仕方として，それを科学的空間あるいは宗教的空間・美学的空間と呼ぶことにしましょう。しかし，博物館に行ってそこで古典的・美学的空間を見ることを期待するのは，赤道を見るためにアマゾン川を遡ることと同様に，無駄なことです。人はこの要素 K（ξ），つまり飽和されていない空間と一緒になった定数で，満足しなければなりません。精神分析者は終わりの制約がない理論，有限空間ではなく無限空間に慣れなければなりません。もしも私たちが宗教や美学，科学について何かを知りたいならば，無限性に耐えなければなりません。

　私たちは，ユークリッド幾何学のようなものに耽溺しているのではないかと思います。その幾何学はユークリッドがしたように，私たちが現実だと考える空間の領域から借用できることに依拠しています。物理学者は，本物の物理的空間の世界があると信じていることになっているかもしれませんが，今では不確定性原理を想定する必要がある（私はハイゼンベルグを引用しています）ことを見出しました。だから，物理学者はデカルトに追いついたのです。しかしデカルトは，物理的懐疑も哲学的懐疑も，用いる必要はありませんでした。精神分析者たちには必要があります。私たちは，哲学的懐疑というゲームをする特権を与えられていません。私たちはそれを実践で使わなければなりません。同様に，私たちは理解ばかりでなく，誤解を含む方法を用いなければなりません。それはもう 1 つの，私たち自身以外には誰も進歩する見込みがないことの理由です。

質問者：今日宗教は，セックスがフロイト以前にタブーだったようにタブーです。宗教や金銭・科学・美学は，おそらくセックスに関係しています。この主題について，さらに論評をお願いします。

ビオン：私は現実生活に，宗教や美学・科学といった分割があるとは信じていません。それは，北半球を南半球から分ける線がないのと同じです。その線は人間の心について，何かを伝えています。これらのカテゴリーは，洗練された人間存在が考える仕方について何かを教えてくれますが，物自体について何かを伝えるのかは疑問です。もしも物自体，カントならば叡智的存在（noumenon）と呼ぶものがあるならば，私たちが知ることができるのは，現象についてがすべてです。叡智的存在（noumena），すなわち複数形の物自体が，人間の心と私たちが呼ぶことのできる対象に出会うほど先に突き進むとき，その後で現象の領域が生じます。だから私たちは，これらの現象に対応するのは物自体，叡智的存在であると推測できます。それらの現象は私たちなので，私たちの知っている何かです。宗教的な人は，「神は現実において存在する」と言うでしょう。フロイトと精神分析者たちが探究したのは，現象です。人間の心は，重要ではない要素です。それは障害物でもあります。たとえば私は，淀みなく流れている小川は透き通っているので，それを掻き乱す障害物なしでは見られないでしょう。しかし，棒を入れて乱流（turbulance）を作り出せば，私はそれを見ることができます。同様に，人間の心は乱流を生じさせるかもしれず，私たちがレオナルド・ダ・ヴィンチと呼ぶような，何らかの敏感な直観的で天分ある心は，乱流の絵を描くことができます。それは髪や水を思い起こさせます。彼はこの乱流を，紙やキャンバスの上に私たちにはっきりと見える印を付けることによって，翻訳し変形することができます。しかし私たちは，私たちが心と呼ぶ世界の中では，この乱流をそう簡単に「見」ないかもしれません。私たちができるならば，現実性の世界に人間のパーソナリティのようなものが，そして宇宙の中の基底にある集団のようなものが，存在すると信じることができます。私たちはそれについて何も知らず，現象しか知りません。

　頂点を変更して宗教的なものから借りることによって，（叡智的存在に対応する）神格が存在することが仮定であると言うことができます。私たちはそ

れについて，何も知りません。しかし私たちは，現象の領域に達するとき，私たちが神について何かを知っていると考えます。宗教的な用語では，心霊的（numinous）でありうる叡智（numen）があり，凶兆で（ominous）ありうる前触れ（omen）があります。宗教的な人は，精神分析者たちは現象のみを探究しており，その結果，夢・思考・観念・エディプスのような物語といったものは，非常に表面的だと言うでしょう。確かに，この領域には何か重要なものがあり，私たちはそれらがベータ要素のカテゴリーに属していると言うことができます。

　フロイトが夢は願望充足であると言うとき，彼はこれに近づいています。つまり，「願望」ではない「夢」（すぐに伝えられる定式化）はありません。それは元の，不可知で未知の「夢」と対照的です。言い換えれば，物自体よりも良くないほど恐ろしい悪夢は存在しません。患者によっては，夢を見たと言うでしょうが，私は「これは夢ではない，それには自由連想が何もない」と考えるかもしれません。これは誤った印象かもしれません。患者は，**本物**の夢を見られるかもしれません。それはまさに，現実の靴下が一緒に編まれた一連の穴であり，テニスのゲームで重要なのはネットだと見ることができるのと同じです。患者は，眠っていようと起きていようと，同じ経験をしているはずではないでしょうか。彼が眠っているときに経験していることと，起きているときに経験していることの間には，差異があると考えて差し支えありません。なぜなら，私にとって両者は異なる経験だからです。彼にとっては，どちらの例での出来事も同じです。現実のものは，彼が言った**とおり**に起こる夢です——彼は手を伸ばした，そして彼の腕はとれた，それは地面に横たわっていた。それは，自由連想のない夢ではありません。それは**現実**のものです。同様に，神秘論者は，自分が神との直接的な関係を有しており，他のどんな作用の介在もないと言えるかもしれません。

　生理学の領域から借りて，中枢神経系が視床よりもさらに発達せずに，副交感神経系または自律神経系によって接触可能な世界がある，と仮定しましょう。それは，視床をその頭脳としています。その半球では，個人は私たちが感情と呼ぶものを知ってそれに接触することができます。私はこれに基づいて，視床恐怖や視床憎悪・視床愛といったものがありうると示唆します。

それは，比較的最近の大脳半球の発達——「灰白質」——の中では，知られていません。私は，自分の視床を動員できる患者は，物事を見たり聞いたりすることに類似している夢や経験は持つことができても，感覚器官系が未発達なので，物事を聞いたり見たりしてはいないと思います。しかしながらこの患者は，私たちに知ることができない物事について，知ることに類似した何かを行なえるかもしれません。私たちは発達しすぎてしまっているので，そして今や思考と行動の間には溝があるので，できません。これを古典的な分析の言葉で表現するためには，人はフロイトの「心的生起の二原理に関する定式」（1911b）から借りなければならないでしょう。そこで彼は，思考する能力は，衝動と活動の間に介入するために用いることができると示唆しています。もしも思考作用が発達していないならば，人は，まったく介在する思考の空間なしで，衝動から行動へと直行するでしょう。これが，ホメーロス時代の心理学では非常に大きな重要性がプレネス（phrenes），すなわち横隔膜〔思い（phrotein）の場〕に与えられている理由です。これは合理的な考え方と思われます。恐怖・憎しみ・愛の感情には横隔膜の運動が伴っていることは，自分で確かめることができます。これらの感情が，横隔膜によって引き起こされていると仮定する以上に，自然なものはあるでしょうか。だから横隔膜は，心の住処に違いありません。アブデラのデモクリトスは，心が脳に関連していると初めて示唆しました。心が，この白い塊，神経系の物質と何らかの関係があるかもしれないと信じるのは，難しいことです。人の頭を撃ってその脳を露出させさえすれば，そこに心はないことを確かめられます。ですから，この白いものが心や魂，精神と何か関係があるとするのは，荒唐無稽な考えです。他方，ホメーロス時代の心理学によれば，睡眠中で警戒を怠っているか死んでいる人の純粋の精神や心の存在を信じることに，何の困難もありません。

　宗教的頂点に戻ると，何らかの種類の神，ウェルギリウスが叙述したようなものを信じることは容易です。他の多くの神々が存在しますが，自分の知性を侮辱せずにそれらを信じることは困難です。だから，私たちが科学と宗教と呼ぶものの間の戦争は，避けられません。宗教的頂点から見えるものを知っている人は，誰であろうと科学を信じることは不可能です。「セックス」

のような，名前を与えるに値するほど非常に目立つ何かを観察して信じることが可能になったと仮定します。同様に，科学的な接近方法を，真理さえを信じることは，差しあたって可能かもしれません。変化が起きて，人々はもはや思想を許容しなくなり，ソクラテスのような思想家は若者を堕落させると言い出したり，プラトンのように，芸術家や詩人は嘘をつき真理を堕落させるので禁止されるべきだと言ったりするはずがないという理由はありません。私たちの次の状態は，科学者であることが，邪悪なことかもしれません。それは少し前に，性的なことをしたり赤ちゃんにさえ性生活があると信じたりすることが，邪悪だったかもしれないのと同じです。それは，私の手がかつて赤ん坊の手だったと信じるのと同じくらい，信じ難いことです。それが科学者たちの述べる類の物語です。精神分析者たちが，乳幼児や子供は心を持っていると言い，子供たちが兵士たちのように遊ぶゲームは戦争に変わると言い，糞便や尿が原子爆弾に変わりうると言うと仮定しましょう。このようなナンセンスを主張する可能性のある人たちは，誰であろうと明らかに根絶させられて当然です。

質問者：「母親 – 赤ん坊」モデルをグリッド上で示すことはできますか。

ビオン：もしできるとしたら，視覚像（C3）の変形の〔全集版でのみ強調あり〕領域にある何かによってでしょう。睡眠中と同じく，警戒を怠っているときに見られた何かを言葉で述べて，「私は昨夜夢を見た」と言うようにです。

質問者：「時間」が表現される仕方は，美学的か科学的か宗教的かで違いがありますか。

ビオン：それは，人がどの頂点を採用するかによります。たとえば，人は頂点自体を変数として扱い，それをオングストローム単位や光年を示す尺度として用いることができます（科学的）。美学的な時間尺度を用いて，私たちは引用できるでしょう。「時は流れてやまない川のよう，結んだ実も皆流れ去る」〔讃美歌 21 141 番「主よ，わが助けよ（O God, our help in ages past）」〕。また，「とこしえからとこしえまで，あなたは神です」〔詩篇 90 章 2 節〕——これは宗教的な時間尺度です。

$$—\ 4\ —$$

質問者：私はグリッドのＡカテゴリー（ベータ要素）と第6列，つまり直ち
　に行動に変形された思考について，もう少しお聞きしたく思います。
ビオン：私たちが人間の心・思考・パーソナリティと呼ぶものが存在すると
いう想定を支持する証拠は，たくさんあります。たとえば「感覚的証拠」，
つまり私たちの身体的，身体感覚的感じ方によって与えられる情報に基づい
ているように見えるものです。このことは，今度は肉体すなわち「物的証拠」
があることを示唆します。そういう物質はベータ要素というカテゴリーに入
りうるでしょう。私たちは，それが人間の思考だとはまったく想定していま
せん。私たちはそのカテゴリーを，これらの要素について語れるようにする
仕方として用いることができます。私たちが思考にある小さくて要素的であ
るという特徴の類似物について語りたいならば，アルファ要素というカテゴ
リーを用いることができます。私たちはそれについて同じく無知であり，何
の証拠も持っていません。ベータ6は思考ではなく，行動に対する行動を表
すでしょう。フロイトは「心的生起の二原理に関する定式」（1911b）で，思
考がまったく不可能ならば，個人は何の中間思考もなく，衝動から直ちに行
動へと進むだろうと想定しています。未知のものに直面すると，人間存在は
それを破壊するでしょう。視覚像を言語的に定式化すると，それはあたかも
反応が，「ここには私に分からないものがある——私はそれを抹殺しよう」
というものであるかのようです。しかし人によっては，「ここには私に分か
らないものがある——私は解明しなければならない」と言うかもしれません。
　アルファ要素のこの原始的領域を外れずに進みつつ，人間という動物は，
「ここには私を怖がらせるものがある，私は身を隠してそれを見たい」とか，
もっと勇敢になったならば嗅覚を用いて，「近づいて嗅がせて欲しい」と言
うかもしれません。「ここには文明化した人間がいる，私たちに彼を分析さ
せて欲しい」と言うだけでは，十分ではありません。それはあたかも私たち

が彼の会話言語を，C, D, E, F から H へ，そして 1 から n−1 のような，比較的複雑で洗練されたカテゴリーで分類できるかのようです。それは私たちが習慣的に，その妥当性を検証せずに行なっている想定です。私たちはそうする限り，精神分析自体が，私たちの知っている最も深遠な探究の方法ではあっても，単に十分に深遠ではないばかりでなく，観察される可能性がある対象によって破壊される危険を冒しています。

質問者：私は努力してそれを嗅いで，この恐ろしい未知のものについて何が起こるかを見るつもりです。私はある物語を聞いたことがあります。かつて，ウアシュプルンク（Ursprung：「源」のドイツ語）で生まれた男がいました。彼は非常に孤独で無力で不安で，自分が絶対的なもの・美しいもの・真実と直観するものから，切り離されていると感じていました。彼は自分自身の中に，私たちが儀式と呼ぶ心構えを知覚しました——それは彼に，親密な経験と，真実・美しさ・絶対との接触の証拠を与えました。私は，それは私たちが宗教的活動と呼ぶものだと思います。人生を通した旅で，彼は始まりを忘れ，新しいことを学び始めました。〈神〉の文化から農業へ，すなわち文化の新しい形態へと進みつつ，彼は自分の不安を減らすことに成功し，大地から自分が必要とするあらゆるもの——彼の新しい神のための植物・動物・無機物を作り，金を彼の象徴としました。彼は芸術を，自分の新しい宗教にしました。彼は疑いを自分の神にしました。誰がこの物語を私にしたのでしょうか。

ビオン：私はこのマイクロフォンについての物語を聞かされてきました。マイクロフォンには認識できる臭いがありません。私はそれの内部についてたくさんの話を聞かされており，それに**向かって**話しても安全だと保証されています。私はマイクロフォンが好きではなく，質問者がそれを手にして，先ほどの話を私に語って質問ができることに，深く感嘆しています。実際には，私はこれが嫌いでも我慢しています。私は，マイクロフォンが私をあなたたちに近づけるのか，それともあなたたちから保護するのか，確信がありません。精神分析がマイクロフォンのように道具にすぎない限りで，それが何のために用いられているのかは非常に重要です。私は精神分析を，人間存在に近づくために用いなければならないのか，遠ざかるために用いなければなら

ないのか，分かりません。

　人間存在がマイクロフォンやたくさんの他の科学装置を手に入れて，同時に何百万の人たちに話すことができるようになるとき，私は人間がそれを何のために用いているのかを述べることができれば，と思います。同様に，私は精神分析を支配しようとしている人たちが，それを何のために用いようとしているのか，そして人間の言葉のこの途方もない発明をどう用いようとしているのかを，知りたいと思います。私は感覚的経験の領域では，私に教えてくれそうなものを何も知りません。おそらく宗教的頂点を用いると，手掛かりがあるかもしれません。

　宗教に耽っている人には，幅広い選択肢の宗教があります——食べ物からお金，精神分析，科学，芸術，好奇心さえまで。その人は，私たちが今聞いたばかりのような話に耽っているかもしれません。この物語の英雄的人物は，こうした洗練された宗教に耽りすぎて，以前のものを忘れてしまいました。精神分析においてさえ，私たちは早期のものを忘れて，科学的であるか専門用語を使うかの選択が許される自由に耽るようになるかもしれません。私たちには，幅広い選択肢があります。しかし，私たちの精神史の，これらの原始的で長らく確立された側面と何らかの接触を保つことには，良い点があります。私たちはこの物語の英雄的人物のように，洗練されていることを好み，私たちが始めた原点を忘れるかもしれません。

質問者：欲望と記憶の概念と，ヒンドゥー教の文献，たとえばクリシュナムルティ〔Jiddu Krishnamurti（1895–1986）〕の中の同じ概念の間には，何かつながりがあるでしょうか。あなたは転移の現象が，欲望と記憶から構成されていると考えますか。

ビオン：あなたがたった今つながりを作ったので，それを見ることはできますが，私にはそれが何かは分かりません。私はクリシュナムルティについて十分に知りませんが，郷愁と期待のことはよく知っています。どちらも私には，記憶と欲望が重要な役割を果たす，心の状態と思われます。私の経験では，どちらも私と現在の間に，不透明なものを差し挟みます。あなたが私に述べていることを理解しようとすることに時間を費やすと，私はあなたを聞くことができません。私が「古き良き日々」や，これからの良い時間につい

て考えていると，私は現在に注意を払うことができません。しかし，私が生きていられる唯一の場は，常に現在です。したがって，私が自分の過去について思い出すことができるものは，私が思い出せないものは忘れられないということを除いて，無価値です。その結果として，私は自分の心を占める過去が何であるかを知らない限り，それを忘れることができません。そして，私がまだ起きていないために何も知らない未来に取りつかれているならば，私は現在に注意を払っていません。私たちは被分析者の過去のいくつかの要素を明るみに出しますが，それは私たちがそれらに特に価値があると思うからではなく，それらが患者にとって手荷物に入れて持っておく価値が**ない**からです。私たちがそれらを表に出せば，患者はそれらを忘れることができます。これらの記憶や過去・未来には，彼は知りませんが，多大な力があるようです。それは，観念としては脆弱でも強力な情動だ，と私ならば呼ぶものです。

　欲望と記憶は，転移の中の要素として区別できます——より正確には，フロイトが「転移」という用語を作り出して表した現実を，私たちが認識できると仮定すれば，です。

質問者：あなたは，身体的なものおよび美学の中の宗教的カテゴリーを強調しています。あなたが考察するのは，これらのカテゴリーのみですか，それともあなたの意見では他にも，政治的なもの，倫理的なものなどがありますか。

ビオン：現在のところ私にとって，原始的なものの諸領域を定義によって限定するほうが簡単です。それは現実とは何の関係もありません。それは私自身の無知と能力の欠如にしか関係していません。それは単純化であり，確実に過度の単純化です。なぜなら，現実の宇宙は人間存在によって理解しうるほど十分に単純ではありえないからです。人は**この**議論宇宙〔論議領界〕ばかりでなく，あらゆる生きている動物に関係する議論宇宙も存在すると，想像はできるでしょう。しかしそれでは，M31〔アンドロメダ銀河〕およびM33〔さんかく座銀河〕のような，球状星団や渦巻星雲のような無数のもっとたくさんの宇宙があるとして，科学者たちでさえ，私たちに最も近い隣人までの距離を，100万光年と200万光年の間という以上には，正確に計算できません

——最も洗練された数学的・科学的水準での人間の心の，広大な無知の大き
さです。同様に，私たちに知られている最も深遠な探究方法——精神分析で
すが——は，表面を引っかく以上のことをしそうにありません。したがって，
主に宗教的な見解を有する人たちがこう述べるのは，意外ではありません。
人間の心と独立したいくらかの経験が存在するとか，〈神〉が乳児期や小児期
に見えた限りでの家族の父親の投影にすぎないという主張は，現実にいる
〈神〉と関連がなく無関係であるとか，宗教的信念を平板にして閉じ込める観
念へと変えるのは人間の解釈であるとか，宗教や〈神〉についての科学的・
精神分析的な見方は宗教の現実を決して記述できず，宗教的畏怖や宗教的愛
情・宗教的憎悪を平板化して，個人が畏敬や恐れ，恐怖や昏迷を感じられな
いほどにする，とか。これは，なぜ謙虚さが分析者に似つかわしいかの1つ
の理由です。傲慢は，似つかわしくありません。〈神〉と直接の接触があると
述べる神秘論者でさえ，実際には他の誰の経験よりも遥かに深いものではあ
れ，宗教的経験を平板化してしまっているに違いありません。

　私たちはどれほど長く生きようと個人としては，年齢や宗教・人種・言語
の違いにも関わりなくみな一致している，人類の全体から結集された幾人か
によって報告されたもののような出来事を，とても経験できません。たとえ
ば，『神曲』「天国篇」の第36歌でダンテが述べていること，『バガヴァッド・
ギーター』でアルジュナに，なぜ彼は自分が〈神〉を理解できると思うのか
を尋ねるクリシュナが述べていること，そして人間存在は〈全能の造物主〉
を把握できるというヨブの仮定に答えて〈神〉が述べていることに，注目し
てください。私たちは，渦巻星雲を単に科学的方法によって理解できるかの
ように振る舞うとき，同じ非難に身を晒しています。

質問者：あなたは言語の目的が，発見と意思伝達をしたら直ちに意味を破壊
　することにあると，お考えでしょうか。すると人には，意思伝達の他の手
　段を見出す機会が，言語新作によっても芸術や科学によってもありません。
　それはあたかも，私たちがある瞬間に述べていることが直ちに意味の制限
　を被るので，新たなものを発明したり作り出したりすることを必要にさせ
　るかのようではないでしょうか。あなた自身は，伝統的精神分析が見出し
　て失ったものや，分析者が見出して失ったものを表現する，新しい方法を

探しているのでしょうか。新しいアイデアは,発見されたという事実によって不明瞭になったのでしょうか。

ビオン：私はそう信じたいと思います。私はそう望みたいと思いますが，まさにその欲望が，そして私が欲望について知っていることが，私が見ることのできるものの妥当性を私に疑わせます。それでもやはり，私は試み続けるつもりであり，私たちが自分たちの過去や起源，始まりに背を向けてしまったけれども，私たちがこの現在の時代に行なったり考えたりできることばかりでなく，私たちがかつて行なったり考えたりできたことを再興したり，再創造したりできるかもしれないと思います。私は，欲望することには欠点があるけれども，かつて私が知っていたことを，私が今知っていることや，学ぶことができるかもしれないといまだに希望していることとともに，結集できると信じることを望んでいます。私に希望があるのは，長年の努力の末に，私は遂に自分の無知の深さに畏敬の念を覚える能力を達成したからです。私は，自分が生きなければならない現実——私の理解を超えた，たとえ電波望遠鏡や電子顕微鏡・精神分析によって増大されても，私の精神的能力を超えている諸宇宙は言うまでもなく——の中で存在するにはいかに備えに乏しいかを，思い切って認められ続けるかどうか——私は知りません。そのような無知の深さは,思い切って熟考することが困難です。したがって私は,自分がいかに神のようであるか，いかに知的であるかを信じたいと感じざるをえません。それは，自分の無知に愕然とすることからの変化として起こることです。宗教的な人ならばここで，「あなたは精神分析者として，自らの傲慢さを適切に記述しました。あなたは，もはや畏怖や恐れ，昏迷や戦慄に陥らないように，それを平板にしました」と言うことでしょう。

質問者：思考にとって代わるのではなく，それに先行したり，それに続いたりする行動の存在について，説明していただけますか。

ビオン：人は道具を作る動物だと言われていますが，その能力は，自分が作る道具の使用法を学ぶ必要性に追いつけないほど，偏っているかもしれません。このことは，なぜ恐竜が宇宙の支配者だったのにその力の絶頂で，（絶対的な時間尺度で測れば）ほとんど突然姿を消したのか，私たちが理解するのに役立つかもしれません。人間という動物は同様に，道具作成能力が癌のよ

うに成長したおかげで，自分の道具および関連した諸能力の使用法を学べなければ，マドレーヌ文化期〔後期旧石器時代最終の文化（c13000-10000B.C.）〕を終わらせるかもしれません。現時点では私たちは，私たちの小賢しい猿のような狡知によるほうが，道具の使用法について私たちが救い難く知識を欠いていることによってよりも，はるかに容易に畏怖の念を引き起こされます。お尋ねの質問は，私からはともかく，他の誰かから答えを引き出すために，おそらく何度も繰り返されなければならないのではないかと思います。

質問者：無意識的空想の概念は，あなたが私たちに示してきたグリッドのカテゴリーの中で，どのように理解できるでしょうか。

ビオン：また別の物語を述べます。私が「父たちと母たち」のようなゲームをしたと仮定します。それはある段階の「意識的空想」として記述できるでしょう。それから，私は父にも母にもなれないので欲求不満が非常に強まり，それを忘れてしまったとします。かつて意識的だった空想は，無意識となったと言えるでしょう。今日，私が親の一人であるときに，私はまたこの無意識的空想について何も知りたくないかもしれません。それは，私が親であるには若すぎるか，それについて今何かをできるには年を取りすぎているとき，「父たちと母たち」について知っても何にもならないからです。私は，「こういう精神分析者たちとは関わりたくない。こうした空想を思い出させられたくない。それらに最適の場所は無意識だ」と言うかもしれません。それに対する答えは，こうかもしれません。「あなたのその『無意識的空想』とあなたの呼ぶものが，すごく生きているということ以外は，それに反対しません。それは覆い隠されているかもしれませんが，活動的であり強力です。しかし精神分析（かそれより良いもの）が，それを私の視界の中にまた入れることができない限り，私の能力が届く外にあります」。

　私が用いた語句——「すごく生きている（horribly alive）」——は，分析的概念ではなく総合的概念です。そこで「生きている」という用語は，「すごい（horrible）」という意味を含んでいません，分析的には含まれるとしても。また，「すごい」という語は，生きているという観念を含みません。しかしその二語をまとめ上げることができるならば，2つの観念を創造的または生成的な仕方で思い切ってまとめ上げることも含む，総合的概念を手にします。

他方，個人がまだ，赤ん坊から観念まで何でも作ることができる父と母への憎悪・羨望・嫉妬に支配されているならば，彼は哲学的にさえ，象徴を形成することも，分析的概念を総合することもできないかもしれません。進歩する見込みはありませんが，それは思考を生成しようがないからです。

— 5 —

　私が手にしているこのカップについての解釈は，何でしょうか。私の解釈は，グリッド上では E1 として，つまり洗練された形での解釈として，分類されうるでしょう。私はそれを，命題論理の中の一要素と呼ぶことができます。もちろん，他にも多くの解釈があり，それらは他のグリッド・カテゴリーのどれかに，うまく位置づけられるでしょう。

　　［沈黙］

　みなさんたち集団の知恵の連合には，提供する解釈がないようです。私たちは，なぜ沈黙がこの特定の問題への集団の反応なのか，疑問に思うように促されるべきです。もしもこれがある個人（その個人は，集団によって代表とされていると見なすことができます）の分析で起きて，私がそのパーソナリティの多面的特徴について話したかったら，私にはそのパーソナリティの視覚像を自分に与えるために，大きな集団の人たちが必要でしょう。それから私は，その個人のどんな言動でも，その集団の人たちのただ一人がしたか，しなかった言明，と見なせるでしょう。その一人の人は，私が沈黙している個人の一面を知っている程度にしか，私にまだ知られていないでしょう。私は，沈黙が同じまま（私が K を呼ぶもの）でも，要素 ζ（変数）は変化したが，値がないままだと感じるかもしれません。

　私の分類と言語化に頼ると，精神分析の頂点は，分子式が電子や中性子を扱うには規模が大きすぎるのと同じように，大雑把すぎて巨視的すぎると言えるでしょう。他方，それを非常に小さいものという点で定式化しようとしたと仮定すると，これらの要素の集団は，私が1つ1つを区別できない要素の恒常的連接を形成するでしょう。精神的要素の1つ1つは，私の目的にとって，区別できないでしょう。なぜなら人間のパーソナリティの小さな要素は，誰にも記述されたことがないからです。誰も精神的原子とは何か，言うことはできません。

精神分析者たちが使用しなければならない言語と定式化はどれも，種類の異なる探究や活動のために作り出されました。外見上単純な，「このカップの解釈は何ですか」という問いは，見た目ほど単純ではありません。私の解釈は何も意味しません。1つには，それは大雑把すぎます。私がそれをもっと分かりやすくしようとして，「それはコーヒーカップです」と言っても，あなたも私も，いっそう事情が分かったとは感じません。しかしながら，私がこれまで述べてきたことが，まったく考えられていない何かについて私が話していることを表していることを望みます。精神分析についてや，まさに人間の言葉についての理論的世界に近い現実がある限り，私はこの主題に馴染まない言葉を使用しなければなりません。

質問者：カップは容器（container）として用いる対象である，という印象を私に与えます。どのような意味で，心自体は内容のある容器でしょうか。

ビオン：その問いはすでに，それは容器だという1つの答えに通じています。それ自体は，Cカテゴリーにおける洗練された観察です。私はそのカテゴリーに，視覚像の言語的定式化を入れたいと思います。しかし，そうした瞬間に宇宙は膨張し始め，別の問いが提起されます。すなわち，それは何に**使用**されるのか，です。私は，「それがカップであることには同意しますが，何かを入れるためには用いていません。私はここで問いを促すためにそれを使用しています」と言えます。その点では，それはカップほど単純ではありません。その言語的定式化が正確かどうかは疑問です。なぜなら，それは集団や個人を促すために用いられているからです。

質問者：私は，あなたがこのカップが何であるかについての考えを持っていると感じますが，あなたの考えが何であるかは知ることができない，という印象を持っています。それについて解釈を与えることができるには，私にはもっと情報が必要です。

ビオン：現実状況の試験に掛けると，名前が何であれ何らかの技法があって，それが私の考えていることを明らかにできると信じるのは困難です——私がすでに自分の考えていることを述べたことを，同時に念頭に置くのは。何が真であり何はそうでないかを区別できる何らかの基準，すなわち何らかの類の真理関数が存在すると仮定すると，探究の対象である私が，私であること

や私が包容（contain）するとは何かについて，あなた方に正確な（真実を伝える）答えを与える見込みがあると信じるのは困難です。

質問者：この沈黙によって，私は知りたく感じたままでいます。私はあなたの問いへの反応だった沈黙について，あなたの意見をお聞きしたく思います。

ビオン：私は今言われたばかりのことについての私の解釈を，与えることができます。沈黙は，ある種の魅了された状態を奨励するように見えます。それは探究を促すようには見えませんが，未知のものの魅力のために，この集団のメンバーの誰にも探究を放棄させません。外見から判断して，この集団を構成する人たちの大半は——あるいは，集団が一人の個人を代表にしているならば，彼を構成する要素の大半は，さらに探究を進めたくありませんが，言ってみれば，探究にあまりにも魅了されているので，なくなるままにしておけない１つの要素があるのです。

質問者：私はカップの解釈が F4 でありうると思いますが，どうでしょうか。

ビオン：その定式化は洗練されたものですが，それはもっと解明をもたらす何らかの他の用語で再定式化できるでしょうか，それとも F4 は，この主題を議論するのに最も単純で可能な仕方でしょうか。こう言ってもよいかもしれません。この科学的なものは，私には難しすぎます，それを理解できる仕方で言える誰か詩人か哲学者か司祭はいますか，と。私はそれが偽りのない言明であり，科学的接近方法が許されるものであることを疑ってはいません。それでもやはり私は，自分がそれを理解できないとか，その言語を理解可能にする訓練や経験をしていないと，言うことができます。その定式化には何の問題もないかもしれず，私によれば，私には何の問題もないかもしれませんが，私はそれを理解できないのです。あるいは，私はそれを理解できますが，私はそれを私の残りの部分にどうやって明確にするかが分かりません。なぜなら，私は複合的な人間であり，私のパーソナリティの諸側面の大半は，今や私によって忘れられているからです。私が将来的には十分に知っているかもしれないことはありえますが，今言われていることを理解できるようにするために，自分が将来的に知っているかもしれないものを借りられる方法を，私は知りません。私には，何年も精神分析と言われてきたものを含めて，頼りとする長年の経験がありますが，それらすべてにもかかわらず，私はこ

の集会を理解するために，私の装備をいまだに使用できないならば，ここにいない人についてはなおさら使用できないならば，深刻なことです。

質問者：カップは私に視覚的印象をもたらしました。私にはそれがあまりはっきりとは見えませんでしたが，私はその形・高さ・色を見ました。底には，商標が付いているようでした。それは共通の同意によって私たちがカップと呼ぶ，物理的で生命のない対象です。私が他のカップとした経験から言って，それはコーヒーを入れるのに適した小さなカップです。私はそれを別の文脈に置くことができますが，それを単にコーヒーカップと呼ぶほうが好都合です。あなたがカップを，私たちにとって考えるためのモデルとして用いたとき，私たちはあなたを，カップとは別個の人として区別できます。それは芸術的価値によって私を特に感動させるカップではありませんが，このカップは私の中に，視覚的で情動的な印象を喚起できます。私は，これに非常によく似たカップで飲んだコーヒーの味を，私の口の中に感じます。

ビオン：その定式化で私に感銘を与えるのは，それが心の情動状態か症状の記述のように聞こえるところです。そのこと自体がもちろん，一部には解釈ですが，大部分が予断〔前概念作用〕です。そこには，鋭い観察を行なう能力の兆候が溢れているように見えます。問題が生じるのは，そこで観察者が自分の観察が何を意味するのかを知りたく思うとき，もっと理論的な言語で言うと，彼が観察したこれらの「事実」の解釈が何かを知りたく思うときです。視覚像の言語的定式化に訴えると，それはあたかも子供が，物事を見るための鋭く新鮮な能力を持っているけれども，それらの同じ観察について，解釈が何かを知るための十分な経験はないかのようです。自分の住んでいる環境について非常に鋭く観察できる成熟した個人が，その環境は何を意味するのか知りたいとき，問題は難しいものになります。たとえば，もしも彼がこのカップの意味ばかりでなく，M31 の螺旋状星雲が何を意味するのかも知りたいとしたら，どうなるでしょうか。それは肉眼で見られて，アンドロメダの星座の中の微かな曇りとして，人類の無数の世代によって観察されてきたものです。これらの無数の世代が，次から次へとその観察を伝えることができると仮定しましょう。観察力が，暗い夜にアンドロメダとペガサスの外縁に

ある 3 つのうちの中心星のちょうど上に，これと同じ微かな曇りを見られる
ほど十分に鋭い個人がいると仮定しましょう。彼の好奇心が喚起されて，彼
はなぜこの恒常的連接があるのか，不思議に思うと仮定しましょう。1973 年
にいて，巨大な望遠鏡が発明されていると仮定しましょう。これらの道具で
彼は，その同じ微かな曇りをよく見て，それが端にある螺旋状星雲に似てい
ることを発見できます。それは彼が見てきたものに影響を与えるだけでなく，
彼自身が決して再び同じではないかもしれません。彼が住んでいる宇宙は今
までと同じですが，彼は変化していることでしょう。もしも私が，2, 3 人の
人たちと，これが起こるのを見ることができるならば，自分の目と直観で何
かを学んだり見たりすることは，個人の成長に影響を及ぼすことができると
いう理論を，私は持つことができます。直観は，私が精神的な観察の目的の
ために使える用語であり，私はそれから何が精神的な成長を刺激したり引き
起こしたりするかについて，好奇心を持つことができます。私は，何が私の
手の成長を引き起こすかについて，何かを言うことができます。私は赤ちゃ
んの手についての理論を持つことができますし，私はかつてそのようなもの
を持っていたと思うけれども，今は大人の手を持っていると言えます。しか
し，私は心があるという理論を持っていて，そう考える証拠を持っていると
仮定しましょう。私はどのように，私は心の存在を直観的に見ることができ
ると説明することになるでしょうか。そして私はどのように，これが幻覚と
異なると言えるでしょうか。私はどのようにして，これの正しい記述が，私
は人間の心が存在すると知ることを可能にする直観を持っているというもの
であって，私は私が幻覚を持っていると言う人が正しいとは思わないこと
を，知るようになるのでしょうか。宗教的な人間は，自分が経験から神が存
在することを知っており，幻覚と現実の違いを知っていると言うことができ
ます。誰かに対して妄想があるとか，幻覚を経験しているとか，自分の父親
がどのような人か誇張された見方に苦しんでいると納得させることは，その
人に畏敬や不思議，謎の経験を失わせることに通じます。画家や音楽家，彫
刻家，創造的な作家たちも，科学的な偏見のある人たちが次から次に本の中
で精神分析と呼ぶものについて表す見方に，反対するでしょう。ある患者は
あるとき私に，もしも私が話すのを止めて彼のピアノ演奏を聴くつもりがあ

るのなら，彼は私に何かを教えられるかもしれないと私に言いましたが，彼にできることは何もありませんでした。なぜなら，私は心を閉じていて，非常に限られた人間活動——語ること——を支持する偏見によって閉鎖された心を持っていたからです。精神分析の文献は膨大にあるかもしれませんが，精神分析的な見方の全体は，あまりに限定されています。それの範囲は，人間の心の世界を取り入れるには，十分に広くはありません。

質問者：解釈と直観・文化・知恵の間の関係は，どのようなものでしょうか。

ビオン：これらはすべて，言語の要素です。それらは定義的仮説です。その定義およびそれらの言葉によってなされているあらゆる使用は，それらを使用する人によって規定されます。私がその人を批判できるのは，彼が同じ討論領界の中で，それらの用語の定義の意味を変える場合にのみです。私が科学的思考であると見なすものの規則に従えば，彼はそうした変更を予告なしに行なうべきではありません。しかし，彼が分節して発言される様式のコミュニケーションを使用していると仮定すれば，私は彼がそれらの言葉を特定の仕方で分節して発言するときに何を言おうとしているか，理解しようとすることができます。しかし，私は間違っているかもしれません。なぜなら，彼はそれらの言葉をちょうど今行なったように，表意文字表現の規則に従ってまとめて使用している可能性があるからです。その場合私は，彼のコミュニケーションが何を意味するのか，理解しないし，できないことでしょう。私は分節して発言される言葉で思考しているか解釈しようとしているのに，**彼は**中国人が話すような仕方で，視覚像の言語的表現で語っていたのです。私には，話し手はその話し方と似た仕方で考えているのだろうか，という疑問の余地があります。彼は〔英語のように〕左から右に考えているのだろうか，と。これらの外見上分節して発言される文章は，私がそれらを，彼が上から下へと考えているときに，あたかも彼が左から右に考えているかのように翻訳するなら，理解できません。

　あなた方に口径 200 インチの望遠鏡を参照してもらうほうが，「あなたは『直観』を非常に強めて見なければならず，そうすればあなたは，漠然とした曇りの代わりに『解釈と直観・文化・知恵』というあなたの言葉に対応した事象を，見ることができるでしょう」と言うよりも，はるかに容易なことで

しょう。私は，あなた方が辞書で読んだり聞いたりしただけではなく，あなた方の面接室で——あなた方の精神分析的に強められた直観のおかげで——観察したこれらの事象について私に話したことを，私が理解できるのを願っています。私は願いますが，期待すべきではないのは，あなたがあなたの指摘しようとしている違いを理解する誰かを，見つけられるだろうということです。あなたへの私自身の答えは漠然としすぎているので，私はほとんどあなたがそれによって啓発されると期待できません。この現在の文脈では，「知恵」は精神的な成長を生み出すのに十分なほどパーソナリティの一部になった，その経験を記述するために役立てられます。私は「文化」を，漠然とした曇りと同様に，集団が使用を許されているか，使用されることを許容する知恵と見なすでしょう。私は「直観」を，文化の個々のメンバーと関わるのに役立つと感じるでしょう。私は「解釈」を，「漠然とした一定の曇り」のような観察が何を意味したかを知る過程に，関わるものと考えるでしょう。それは解釈されると，銀河です。らせんの別の軌道の対応する点では，それは私たち自身のものに似た，遠い宇宙として見られるでしょう。これらはすべて，観測の解釈でしょう。

質問者：あなたはベータ要素とアルファの要素を叙述しましたが，あなたがベータ要素で，五感で知覚可能な諸々のものを意味しているのかどうか，もしもそうなら，あなたが感覚的現象と心に関する何かを区別をしているのかどうか，私には分かりません。あなたの著作では，あなたは区別しているように私には思われます。

ビオン：ベータ要素は，まったく思考されていない事柄について語る仕方であり，アルファ要素は，仮説として，思考の一部であると想定される要素について語る仕方です。詩人〔ジョン・〕ダンは，「血が彼女の頬で語った……あたかも彼女の身体が考えたかのように」〔『二周忌の歌』魂の旅について。『タヴィストック・セミナー』でも引用あり〕と書きました。これは私にとってまさに，グリッドではベータ要素をアルファ要素から分離する線として名目上描かれている，あの段階を表しています。注意していただきたいのは，私が言っているのはそれがベータかアルファかではなく，２つを分離する，詩人の言葉によって表現された線のことです。実践している分析者は，会話がなされてい

る間に生じていることに敏感でなければなりません。私の印象では質問した
人は，まったく思考されていない何かから，思考された何かへの変化のよう
な状況そのものを熟考しています。実践では，患者は赤面することがあるか
もしれません——生理的な事実です。分析者は，赤面が自分に何かを伝えて
いると考えるかもしれません。この例では，線は患者を分析者から，そして
身体的事実を物理的事実から，分離するものとして考えられます。

質問者：グリッドは，アルファ要素やベータ要素ばかりでなく，「ガンマ」「デ
　　ルタ」などと呼べる，徐々に心的ではなく身体的になる要素を含むように，
　　私たちが言葉を文法に適った語句や文章を表せるのと同じ簡単さで，それ
　　らを組み合わせて精神的な現象について語れるように，拡大できるでしょ
　　うか。

ビオン：もちろんグリッドは，まさにその目的のために使用できます。分析
者が，身体的事実と心的事実の間にある，ちょうどこの領域をより深く探究
したいとしましょう。彼はグリッドの A 行と B 行の間に，あたかもグリッ
ド自体の中にさらにグリッドが奥に見られるかのように，グリッド全体を挿
入できます。このようにして彼は，自分が何をしたかを，「第一循環」と対
照的な「第二循環」のような語句によって説明すれば，自分の好きにグリッ
ドを無限に拡大できます。私としては，グリッドを螺旋のように自己反復す
るものとして視覚化するでしょう。

　私は，私たちがすでに時計によって命じられた独特の終結の１つに気づか
されます。しかし私は，思考することは私たちが解散した後で眠りにつくと
きでさえも，続くだろうと推測します。フロイトによれば，人々は夢を見る
のであり，それがどれほど不快であろうと，その夢は何かを意味します。そ
れらの「夢」の解釈は，あなたの特定の頂点が何であるかに依存します。私
が「頂点」と言うのは，私は「匂いの観点から」と言いたくないからです。
人々は私に，「私は自分の目で臭いません。私は臭いを見ません」と言うで
しょう。彼らは私の言明を，匂いや音楽の観点からまとめることはできませ
ん。彼らにとって，解釈は正確でなければならず，そうでなければ存在しま
せん。他の人たちは，人間の会話の欠陥を補うことによって，それらをまと
めることでしょう。

— 6 —

　精神分析が生き残って発展しようとするのであれば，私たちが扱う現実との接触がなければなりません。だから精神分析の実践は，分析者と被分析者が精神分析的な事実と接触できることに依存しています。私たちが「精神分析的な事実」について語るとき，それ自体が１つの理論です。それは定義的仮説であり，実践は，どのような種類の出来事が「事実」のカテゴリーに属するのかを，認識できるかに懸かっています。残念ながら私がここでできるのは，さらに理論に言及するくらいですが，面接室で行なわれている分析の実践では，「私が事実と呼ぶものは*それ*です」とか，「私が『不安』と言うときに意味しているのは*それ*です」とか，「*それ*が私ならば『セックス』と呼ぶものです」と言える機会があります。それには，こういう返答がありえます。「それがどうしましたか。私たちは誰もが知っていますよ」とか，「それがどうしましたか。それは戯言です——それをセックスだと言うのは，精神分析者が言いそうなことです」とか。この状況は，繰り返し生まれる可能性があります。なぜなら，私たちは憎しみ・羨望・嫉妬・不安のような言葉を使用しなければならず，「私が『羨望』や『セックス』と言うとき，*あなたが*それで意味することを，私は実際には意味していません」とは言いにくいからです。赤ちゃんの手と大人のものとの類似性のような，物理的な事実について語ることは比較的容易です。しかし，成人男性や女性の感情へと成長する赤ちゃんの感情のような精神的な事実のこととなると，そう簡単ではありません。面接室ではまだ容易です。なぜなら，「あなたが言ったばかりのこと」や「あなたが行なったばかりのことを，私はセックスと呼んでいます」とか，「あなたが普通の言葉で表現したばかりのものが，私が羨望の証拠と呼ぶものです」と言うことができるからです。そうできることの利点は，被分析者が「私はあなたに同意しません」とか，「私はあなたに同意します」とか，「私はあなたの意味していることが分かると思います」と言えることです。

みなさんは、「あなたは否定しませんが、あなたは私が言ったことが正しいと立証することはできません。おそらく後で何かが起こって、この点について私たち両方が正しいのか、ことによるとどちらも思い違いをしているかが、示されるかもしれません」と言えるでしょう。

　注意を促すのがもっと難しいことに目を向けましょう——言語的コミュニケーションの翻訳です。私が「ひどく効率的（terribly efficient）」という言葉を使用すると、翻訳者に対して問題を提起します。しかし、これらの言葉が被分析者によって使用された場合に、分析者が翻訳したいならばさらに困難です。「ひどく」と「効率的」は総合的構築の一部であり、カントのような哲学者が分析的要素と呼ぶものではありません。すなわち、アプリオリでなく総合的です。他方、「ひどい効率（terrible efficiency）」は、「ひどく効率的」によって意味されるものとは非常に異なる何かを表現するでしょう。分析者は、被分析者が発した音を「翻訳」するために、鋭く観察できなければなりません。そこにある差異は、印刷された言葉には現れません。［その難しさは、分析者と被分析者の間で話されるものとしての言語が同質であるときにも十分に有害であり、分析者は正しい（correct）英語を話すことが必要です。問題は似ていますが、ここでのように、口語体の英語と正確な（precise）英語の差異に似た差異を、ポルトガル語で表さなければならないとき、もっと困難です。分析者は、被分析者よりも高い精度で、しかし会話の速度で話さなければなりません］編注1。

　私はこれの一例を、前に［本訳書 p.12］「私は自分が何を言おうとしているのか分かりません」と言った患者について話したときに挙げました。もしも彼自身が、差異があることを理解できるならば、彼の識別能力は非常に鋭敏です。この鋭敏な能力は、1つか2つの言葉に限定されそうにはありません。しかし同じ患者が、普通の会話に耐えられないかもしれません。彼は自分が普通の会話を用いることに、耐えることさえできないかもしれません。［私は、「おそらくは精神病的な」患者で、厳密な（exact）思考と知覚の正確さ（precision）、たとえば音符が不正確に上演されることに耐えられないために苦しんでいた患者を知っていました。この種の患者との困難は、彼が正確さの重要性に、分析者

編注1　著者による後日の加筆。

が彼に明確にし続けてきたことで気づいて，彼の敵意が漠然として厳密ではない（inexact）という形で現れるときに生じます。彼は全セッションを，漠然として不正確な（imprecise）抽象概念で「事実」を伝えることに費やすでしょう]編注2。

頂点を変更すると，その患者はある音符を他のものと識別する能力を，曲を書いたり演奏したりしようとすることに耐えらないほど有しているのかもしれず，私たちには彼が音楽家として能力不足に見えるかもしれません。しかし，彼が音楽家であることや，音楽を聴くことさえできない理由は，彼が大変鋭敏な音楽家だからです。

頂点をまた変更すると，患者が諸々の色（物理学者ならば視覚要素と呼ぶ，光の波長の諸変化における差異）を，そうした差異に耐えられないほど識別できるとしましょう。それは彼が見ることができないからではなく，分析者ができるよりもはるかに多く見ることができるからです。私たちは，こうした頂点を増やすことができます。その人ができないように見える領域には，何の制限もありえません。それは彼が，特別な才能を有していないからです。巨視的な視点からは，「ああ，彼は幻覚を見ています」とか，「彼女は重い精神障害です」と言うのは本当かもしれませんが，被分析者ができるように私たちが見たり聞いたり直観できたりしたら，本当ではないでしょう。精神分析者たちは，被分析者の諸々の差異や諸困難に，それらが何であるかを認識するのに十分なほど長く，耐えられなければなりません。精神分析者たちが被分析者の言うことを解釈できることになっているのならば，自分たちが解釈を知っているという結論に飛びつかずに，被分析者の言明に耐える優れた能力を有していなければなりません。これはキーツが，シェイクスピアは「負の能力」に耐えることができたに違いない，と言ったときに意味していたと私が考えるものです。

質問者：フロイトの言葉を引用してあなたは，患者に何が起きているかをよりよく見るために，分析者が自分自身を盲目にしようとすることを提案しました。もしもこれが，作業中の分析者が身につける最善の態度であるならば，患者にとっては何が最善の態度でしょうか。「解釈が分かる」の意

編注2　著者による後日の加筆。

味は何になるでしょうか。

ビオン：患者にとって最善のことは，盲目であるか観察が鋭いか，その時点でどちらが最善であれ，そのどちらかです。分析者はこれを知っていますが，患者は知らないので，自分自身あるいは分析者の知覚に自由に敵意を表します。それがどんな犠牲を生むか，考えてはいません。

分析者の態度に関しては，何物も彼から，鋭く明らかにしているのか，著しく見えず聞こえないのかを知る責任を，免除できません。ある患者〔本訳書p. 135 以下〕はこの問題を，寝室に籠り，ブラインドを下ろし，分厚いカーテンを巡らせ，電話に呼び出されたくないと明確にすることによって，処理しました。それで問題は解決したかもしれませんが，それから彼は，自分が電話に出たら聞くだろうと思われる知らせを恐れました。彼は，自分が音を聞くことや光が入って来ることを許容したら，騒音の鋭さによって耳を聞こえなくされ，光の明るさによって目を眩まされる，と恐れました。分析では，彼は私の解釈を聞くことができませんでした。私が彼に解釈の**み**を与える方法を見つけられなかったからです。それは決して**純粋な**解釈ではありませんでした。彼が聞くことに耐えられるほどの純粋さで直観を用いることは，決してできませんでした。キーツは，シェイクスピアは書くことができるために，謎や部分的な真実，言い逃れを許容できたに違いないと述べました。彼は，シェイクスピアになりたければ，そうした対価を支払うことができなければなりませんでした。彼が書いたことは，今なお評価されています。それには強靭さがあり，私たちが達成できない耐久性があります。それにもかかわらず，彼は私たち他の者たちのように普通の人でした。シェイクスピアやウェルギリウスやミルトンのような人々をあれほど「異例」にするものは，普通でありながら，このような特別なことを行なう能力です。私たち一般人はみな，自分があたかも特別であるかのように，本当にそうだと信じることもペテン師であることもなく，あえて振る舞わなければなりません。

質問者：カントの**アプリオリ**と精神分析の直観の間には，何らかの違いか類似性があるでしょうか。

ビオン：その質問は，私には難しい問題であるものを提起します。私たちは，私たちのために何かを解明した人を，どうすれば誤って表す危険も冒すこと

なく認識できるでしょうか。もしも，私があたかも何か独創的なことを言ったかのように話をしていると見えても，私はそれが真実ではないことを知っています。なぜなら，私が言うことは通常，他の誰かによって，多くの場合はフロイトによって言われていますが，また多くの場合，私が思い出せない人々によっても言われていることだからです。私は，それらのアイデアがどこから来たのか，最初は誰のアイデアだったのか，知りません。他方，もしも私が「はい，私はフロイト派です」とか，「私はクライン派です」と言うならば，私は彼らが言ったことについての私自身のアイデアを誤って彼らに帰属させることによって，創造した人たちの名誉を棄損していないか，確信を持てません。

　幼児は，自分が良い食べ物を糞便や尿へと変えたと感じます。彼が自分の食べたものは自分の成長と何か関係があるというアイデアを得るのは，児童期まで待たなければならないかもしれません。その類比を用いて，私たちおよび私たちの被分析者は，精神的な成長を促すような精神的な食べ物として何があることになっているのか，私たちは言えるでしょうか。画家は，他の者たちが見て自分の目で「むさぼる」ことができ，その結果決して同じままでは居なくなるような，どんな絵を描くことになっているのでしょうか。人は心にとって何が成長を生み，何が毒となるかを，どのようにして知ることができるでしょうか。しばしば，精神分析者がしなければならないことは，患者が言うことを解釈することだけだと考えられています。私はそれと言い争う気はありませんが，それが正しいかどうかは知りません。また私は，当局が国民の家族に，何を見たり読んだり言ったりを許容すべきなのかは知りません。ミルトンはすでに，言論の自由についてのパンフレット，『アレオパジティカ』の中で，このことについて述べています。

　カントの・ア・プ・リ・オ・リと精神分析の直観の間の違いを，明確にしようと努めている問いについて考察します。私は・ア・プ・リ・オ・リについてのカントの見解を読む以前にも以後にも，精神分析や他の経験の過程で私に伝えられた，多くの知識を消化してきました。そのすべてが，私の精神的な成長を増したように私には思われてきましたが，私の精神的栄養物の一部分と他の部分の関係についての問いは，非常に難しいものです。それは，どんな答えよりも，は

るかに簡単に定式化されているからです。にもかかわらず，それに答えよう
とする試みには，それが私たち両方に成長を引き起こすという意味もありえ
ます。

質問者：「負の能力」という表現を，無知と疑念に耐えて，知識を獲得するこ
とへの好奇心と恐怖とともにそれに立ち向かう能力と，関連づけることは
できるでしょうか。

ビオン：私はキーツが言ったことを，そのように理解しています。「負に可
能（negatively capable）」あるいは「有能に負（capably negative）」と言う
ことはできるでしょうか。明らかに，もっとうまい言い表し方はなく，それ
を思いつくことが困難です。これらの定式化の困難は，これらの例が示すよ
うに，文章をうまく推敲する必要がある場合に生じます。

質問者：あなたは分析者の〈負の能力〉を，いわゆる反復強迫と較べてどう
考察するでしょうか。

ビオン：私はアイデアを，キーツやシェイクスピア，あるいはホメーロスや
ホラティウスができるような仕方では定式化できませんので，おそらく私は
自分が言ったことを繰り返し続けなければならないでしょう。言い換えれば，
私が質を獲得できないならば，それを量によって補おうとすることができま
す。私が言葉で明確に伝えられないならば，行動に頼るかもしれません。そ
れは言葉よりも雄弁です。私が赤ちゃんだったら，私は叫ぼうとすることが
できるでしょう。私の母親がそれを理解できなかったならば，私は騒音に怯
えた状態になって黙り込むかもしれません。そうすると誰も，私でさえ，私
の叫びを聞くことができないでしょう。私は代わりに，行動を見出さなけれ
ばならないかもしれません。そして私が大きくなって分析者を見出したら，
私は行動化をしようとするかもしれません。これは，叫びと行動化が同じだ
という意味でも，叫びが行動化に変じるという意味でもありません。また，
それは私が誰かを分析したら，その人は叫び回る成人男性になって終わるだ
ろうという意味でもありません。今日行動化している患者がずっと以前の，
彼が黙っていたときや叫ばない良い少年か少女だったとき，あるいは彼はあ
まりに叫んだので母親が「とても具合の悪い子だ」と言ったかもしれない赤
ん坊だったときに，何をしていたと述べるのは困難です。たとえ人が過去に

戻れたとしても，それがどのように見えるかは分かりません。また，私たちは強迫的に反復している人が20年後に何をしているのか，知りません。しかし私は，強迫的に反復されている要素が，自分の反復しているぼんやりと描かれた問題に魅了されていることに，意識的または無意識に気づいていることを含まない限り，「反復強迫」を用いたくはないでしょう。

質問者：「純粋な解釈」という表現を明確にしていただけますか。

ビオン：私が物理学から別の表現を借りて，「絶対的解釈」のように，「絶対零度」「絶対寒気」「絶対真空」の類比を用いたら，もっと分かりやすいかもしれません。それは単なる解釈である何かです。私の与える解釈がどれも絶対ではないことを認識できる患者は，ある程度います。私はそれを現実経験の言葉で，以下のように記述できます。患者は，私が言っていることを，騒音のために聞くことができません。時には「騒音」は私の話し方であり，時にはそれは部屋の中のハエによって気が散った状態ですが，ある意味で彼が聞くことができる騒音は，すべて同じ値があるように見えます。彼は，「私はあなたが怒っていることを知っています」と言うことができ，私がそれについて正直ならば，私は彼が正しいことを理解します。しかし彼は，私が腹を立てているのがハエの羽音になのか，交通の騒音になのか，または彼の言うこと為すことになのかを，識別していないかもしれません。これらの事実はすべて，等しい値です。これは，彼の解釈は絶対でも値の弁別能力を欠いているためにのみ生じうる例です。同様に，彼は別の瞬間には値の弁別には絶対的でも，値の症状だったものの弁別には絶対的ではないかもしれません。それはいつも変化している力動的な状況です。

質問者：私はグリッドの領域の，〈表記〉から〈注意〉そして〈審理〉へ，つまり第3，4，5列は，欲望や一般的な注意から個別化までのあらゆる注意を含み，解釈の主題と直接結びついていると感じます。あなたはグリッドのどの領域に，フロイトが言及した「構築」を入れるでしょうか。

ビオン：「万能」は「構築」と比較すれば，絶対的なものとほぼ同じです。それに対照的な構築は，バベルの塔の建設やアダムが自分の性器を隠すことによって恥を表現したことへの，神の怒りの物語でしょう。これらはどちらも，視覚像の言語化された変形と言われるかもしれません。「構築」がFやG，H

よりも，むしろＣカテゴリーの用語の中にあるべきである理由はありません
が，「構築」は「セックス」や「万能」のような単語より，もっと手の込んだ
ものを含んでいると私は思います。

　グリッドを議論しているときに，注意や表記などについて語ることは比較
的容易です。頂点を変更して，数字の無限級数について語ることはできます。
１と２の間の距離は，数の他の無限級数で定式化できるとさえ言えます——
それは数えきれないものになります。しかし，心的な現実が分節して発言さ
れて語りに少しでも似ていることは，極めてありそうにないと思われます。
「注意」「表記」「審理」のような言葉は，私たちがそれについて語りたいなら
ば私たちにとって有用かもしれませんが，現実について知りたいならば，有
用ではありません。人のアイデアが物自体へと変化しうるということは，そ
れが「行動化」（その英語の語句が理解されているように）と分析者たちが呼
ぶものと区別できないのでなければ，理解困難です。

　現象のあらゆる言語的定式化の下には基礎となる集団があり，それは思考
にも思考作用にも人間が行なう何にも属さず，人間と独立に存在しています。
私たちが目に見えない中心に関連づける乱流が，（天文学的なモデルを取り上
げれば）「かに星雲」に対応していると見えるように。今日では電磁波障害や
無線受容器のおかげで，私たちが見たり聞いたり，機械的手段によって変換
できるものの背後には，何かがあると言うことができます。たとえば，マイ
クから出てくる騒音は，声自体の，もっと聴き取れますが大きく歪んだバー
ジョンです。それは聞き取れない多くのものを省略しています。問いには，
私が与えられるいくつかの答えがありますが，私が与える答えは，聞かれる
答えは言うまでもなく，私が考えていることの弱々しい表象です。私が自分
の言ったことの録音を聞いたら，それが自分の聞こえ方であることに驚くか
もしれません。また，私が鏡を見たら，鏡の中の人が私に似ていることを見
て，ショックを受けるかもしれません。もしも分析が，被分析者が自分の性
格やパーソナリティが何に似ているか見ることができる鏡を生み出す試みと
見なされるなら，それがどれほど完璧に近づこうと，それはその人や心，存
在すると信じられるパーソナリティの，弱々しく不十分な表象にすぎないで
しょう。

質問者：表意文字は，非言語コミュニケーションとして考えることができますか。

ビオン：ええ。しかし，そうすることがそれを考察する有益な方法かどうかは，私は知りません。それは，そのように頂点を変更すれば何かがより理解できるようになるかもしれないという可能性次第です。たとえば，もしも私が 200 インチの反射鏡を通して M31 にある微かな雲を見ることができたら，私は螺旋状の星雲を見られるでしょう。しかし，私が別の感覚も提供できると仮定しましょう。ジョドレルバンク〔マンチェスター大学にある天文台〕の電波望遠鏡のおかげで，私はこの螺旋状の星雲を見ることができるだけでなく，それを聞くことができると仮定しましょう。2 つの異なる感覚，すなわち視覚と聴覚を用いることによって，複眼視よりむしろ複感覚が生み出されるかもしれません。

あなた方に何かを伝えようとして私が使用する言葉はどれも，極めて不十分です。私の言っていることをあなた方に聞いてもらえるようにできるかどうかは，あなた方が十分に友好的で寛容であるか次第です。一部の患者たちはそうすることも，自分自身が言うことに耳を傾けることもできません。彼らは，自分がすでに知っていることへの敬意がなく，その結果，自分の経験と知識が彼らには役に立ちません。問題なのは，単に患者の分析者に対する関係ではなく，患者の自分自身との関係が，自分のすでに知っていることを利用できないほど悪いかもしれないことです。彼の無意識の知識をどうすることもできませんが，それは彼が自分の意識的知識を利用できないからです。現時点では私は，彼自身でも私でも彼を助けられる仕方を知りません。私たちはどちらもセッションに来ているかもしれませんが，彼も私も彼に何も渡すことができません。

質問者：候補生たちはしばしば，患者たちからの神の問題についての素材を持ち込みます。フロイトの教えによれば，子供は大きくなり，父親を自分の賞賛の容器としては不十分だと見ます。患者は自分の現実を意識できる段階に達したなら，彼は自分の神との直接接触を認識できるはずです。私は，科学的人間と宗教的人間の間の葛藤を示しているかもしれない臨床例を述べたいと思います。患者は 2 つ夢を見ました。最初のもので彼は，非

常に強大なものがその2つの眼で自分を見ているのを見ました。第二のものでは，彼は豊かな乳房を持った一人の女性と，何か織物を展示しているもう一人の女性を見ました。

ビオン：問題は，私たちが分析者にどんなことを言えば，彼は患者に言うべきことを知りやすくなるかもしれないかです。どの年齢の子供も，人生の始まりにいても終わり近くにいても，神であるために十分な備えを授かってはいません。同時に，親つまり成熟した人間は，子供が自分の知性を侮蔑せずに父親や母親というものを理解できるような人であるべきです。言い換えると，成長した人間は自分自身についての信念が，精神科の言葉で「誇大妄想」と呼びうるものに匹敵するほどバランス感覚を欠いてはなりませんし，子供が彼を尊重する見込みがないほど，自分の目からでも子供の目からでも軽蔑に値しすぎていてはなりません。それを精神分析者と被分析者に関して翻訳すると，精神分析者は，自分が神であるとか，人々が信じがちなように自分は素晴らしいと思い込んではなりません。同時に彼は，分析を受けに来る人たちが，彼に敬意を感じる機会を持てるようにするべきです。彼らが敬意を持てないならば，彼らは深刻な剥奪を経験します。

　質問者が述べた2つの夢に戻ると，私は自分が分析者だったなら，患者の夢の言葉による説明によって，私の心の中に視覚像が呼び出されるのを期待するでしょう。私は質問者によって私に与えられた説明から，どちらの夢も，遅かれ早かれ神のようなものに変わる対象を叙述しているように感じるだろうと思います。これは，実践している分析者が得られる情報に依拠していますが，それについて書いたり述べたりしている私は得られません――通訳の発言を解釈する私の能力（通訳の方は質問者の言明を通訳できていて，質問者は同様に面接室での自分の観察を翻訳できていて，それは同様に患者が夢だと言ったものの翻訳（解釈）です）に，何らかの妥当性があると見なされると仮定しない限り――それは大きな仮定です。

7

質問者：私はあなたに，赤ん坊といる母親に関して投影同一化の現実的側面
　について，お話しいただきたいと思います。

ビオン：問題は視覚像であるもの——母親と赤ん坊——を，どうやって言語
　的に定式化するかです。そのような視覚像の利点の1つは，それが比較的単
　純で，成人の生活と心性の中の対応物をたどろうとする場合ほど，複雑では
　ないことです。より単純なこの定式化を使って，赤ん坊がとても動揺してい
　て，死ぬことのような災難が迫っている恐れを感じていると想像してみま
　しょう。赤ん坊はそれを，泣いて表します。その種の言語は，母親にとって
　理解可能であると同時に不安にさせるものであるかもしれず，母親は不安を
　こう表現して反応します——「子供がどうしたのか分からない！」。乳児は母
　親の不安と焦燥を感じて，自分自身の不安を持ち帰ることを強いられます。
　これを別の状況と比較してください。母親が赤ん坊を抱き上げてあやし，全
　然無秩序でも悩んでもいないで，何か落ち着かせる反応をしたと想定します。
　苦しんでいる幼児はそれを感じることができて，悲鳴や叫び声によって災難
　が差し迫っているという感情を，母親の中に排出します。母親の反応は，乳
　児の排出物を解毒するように感じられることができます。そして差し迫った
　災難の感覚は母親の反作用によって修正され，そうすると赤ん坊は自分にそ
　れを戻し入れることができます。乳児は差し迫った災難の感覚を取り除いて
　から，はるかにもっと耐えられるものを取り戻します。スーザン・アイザッ
　クスが記述したある状況では，赤ん坊は「ウエル，ウエル」のようなことを
　言っているように聞こえて，母親はそれを自分が「ええ，ええ」と言うのを
　模倣していると認識しました。そのようにして乳児は，内側にいる良い母親
　によって慰められると感じることができ，安心させ慰める音を自分自身に向
　けて，まさにあたかも母親がずっとそこにいるかのように作ることができま
　した。

最初の状況に戻ると，乳児は災難が差し迫っているという感覚を，再び自分の中に迎え入れます。それは母親による拒絶を通じて，そして自分自身が恐ろしさの感情を拒絶することを通じて，もっと恐ろしいものとなっています。この赤ん坊が感じられるのは，何か良いものではなく，悪さがさらに増した排出物を取り戻したということです。赤ん坊は泣き続けて，母に強い不安を喚起し続けるかもしれません。このようにして悪循環が形成され，事態は，幼児がもはや自分の悲鳴に耐えられなくなるまで悪化します。実際には，赤ん坊はそれらを自分で処理するように取り残され，無言となり，自分の内部に恐ろしくて悪い物を閉じ込めます。赤ん坊はそれがまた破裂しないかと恐れています。そうしているうちに赤ん坊は，「良い赤ちゃん」「良い子」に変わります。

　この子供が，大人として分析のために，あなたのところに来ると想定しましょう。こうした原始的な考えは，たくさんの他の思考やアイデアによって覆い隠されて，辿ることが困難になっているでしょう。それは，成人の生理学的解剖学の中に，胎児的徴候を辿ろうとすることに似ていますが，精神世界には頼れる物理的徴候はないので，それよりも困難です——あるのは私が創作しようとしたもののような，虚構のみです。さらにもっと洗練されたものは，投影同一化のような概念や理論に関連していますが，そうした理論的用語は，ほとんど無意味です。

質問者：私は死の本能の理論を理解していますが，それに触れるのは困難です。私はそれを病気の一側面としてしか，見出していません。

ビオン：死の本能の理論は，あらゆる学派や集団の精神分析者たちの間で，論争となっている事柄です。メラニー・クラインは，それが有用な理論であり，それについてのフロイトの仕事は貴重な貢献であり，それが使えなかったらもっと悪い状況にあっただろう，と信じがちでした。それが有用に見えると想定しましょう。それをパーソナリティの一部として感じることは，私たちのほとんどが病人として考える人が提示する以外の何らか状況でも，役に立つでしょうか。「病（ill）」という言葉は，身体医学で意味を持ちます。私たちがそれを借りた時点では，どんな種類の心や性格を「病」として叙述しようとしているのか，言うのは困難です。私たちがその用語法を借りるにし

ても，何の目的のためにそれを借りるのでしょうか。精神的に病んだ人や性格とは，どのようなものでしょうか。健康や具合の良い人とは，どのような人でしょうか。私はそのような言葉を，精神的な領域で，あたかも一方の極のみが存在して対極が存在しないかのように用いることができるとは思いません。分析では，単一の表現によって役立つ考え方をすることはできません。そこには常に，もう１つの極か，スペクトラムの他の端が存在するはずです。乳児と母親の物語を再び用いると，母親は「この子は病気です」と言えて喜んでいることがありえます。ほどなく乳児は子供となり，もっと簡単に「お腹が痛い」と言うようになります。なぜなら，子供は不安のための言葉を持っていませんし，いずれにせよ，はたして子供が不安であることには何か独特のものがあると考えるだろうか，と私は疑います。私は子供が非常に幼い年齢から不安を感じるとまったく疑いませんが，子供はそれを表す言語を持っておらず，不安に感じることは何か異常なことだとは考えません。子供はそれが嫌なときには，「お腹が痛い」のようなことを言わなければなりません。

質問者：「転移」の説明として，分析者と被分析者の間で起こる現象であり，心の宗教的側面であると言えるでしょうか。精神的に無力だと感じている誰かが，分析者に相談するとき，それはあたかも神のような人物に助けを求めるかのようです。

ビオン：言語には，フロイトが一人の人間と他の人間に実在するのを見出したと考えた類の関係に対する言葉がなかったので，彼はそれに「転移」という名前を与えました。精神分析の実践における私たちの問題は，「転移」と呼ばれるこの奇妙なものが，何に見えるのかを知ることです。理論的には，それは誰であれ，二人の人間の間の結合です。精神分析の実践の問いとなると，あなた方は「転移」のような記述は十分に正確ではないと感じるかもしれません。なぜなら，あなた方は二人の間の一般的な関係を扱っているのではないからです。あなた方が扱っているのは，一般的なものの特定の例です。それは，誰かのことを病気だと言ってから，「あなたは『病気』で何を意味していますか。彼にはリンパ肉腫がありますか。あるいは癌。何の病気ですか。私は医師であり，医学を実践することになっているのなら，患者が病気だとは聞きたくありません——私には分からないままです」と言いたがるよ

うなものです。同様に，分析者はこう言うかもしれません。「XとYの間には転移関係があると私に告げても，役に立ちません。転移があると患者に伝えるのは，もっと役に立ちません——何の無意味もありません！」。人が知りたいのは，精神分析の実践での特定の例で，転移が何に見えるかです。分析者たちでさえ，特定の例を一般的適用の発見と取り違えます。こうして，何百万の精神分析的発見があるように見えるでしょうが，実際には，それらはすでに存在している発見の，特定の例にすぎません。「この患者には十二指腸潰瘍がある」という言明に，「え！患者は病気だという意味ですか」とは返しません。医者はすでに，誰でも患者が病気であることは承知していても，その患者に十二指腸潰瘍があることは知らなかったと想定しています。

　宗教的な側面に関しては，問いは，この一般的な観念のどの特定の側面が，特定の精神分析者といる，特定の患者に出現したのかです。私はある開業医が，精神分析は馬鹿げていて無意味だ，と言った例を覚えています。その理由は，彼は自分の患者にエディプス・コンプレックスがあると伝えたのに，まったく改善しなかったからです。この例では，フロイトによるエディプス状況の理論は，その患者が言っていることに関連づけられていませんでした。フロイトの発見の文脈では，それは人類の一員に普遍的に認められうると言うことができます。分析では分析者は，「人類」ではなく特定の人を扱っています。だから分析者は，自分が語り掛けている特定の人に理解できる言葉で，その時点でその人に当てはまるものとしてのエディプス理論の要点を述べる必要があります。分析者はその理論を知っている必要がありませんが，その時点で自分と被分析者に姿を現わしつつある，その現実化の側面を知っている必要があります。

質問者：「頂点」という言葉をあなたがどう使用しているか，もっと説明してください。

ビオン：私が「頂点」という用語を提案した理由は，普通のもっと正確な「私の観点から」や「あなたの観点から」のような言い方よりも，複雑ではないからです。そうした言い方が混乱を生む場面があります。私は「頂点」と言えば，同じかそれ以上の混乱を生まないとは確信できませんが，それは特定の例が自由に記述される余地を残す可能性があります。私はある母親が，私

に言ったことを思い出します。彼女は，幼い娘が自分の頭を赤ん坊に密着させているのを見つけました。子供の説明では，母親が「赤ん坊から目を離さないように」と言ったので，そのとおりにしていたのでした。分析では，私たちはますます私たちの助けが，「病が重い」「障害が重篤」と私たちが呼ぶ人たち，そして言語を文字通りの仕方で用いる人たちによって求められていることに気づきます。あなた方は，「匂いの観点から」のような言葉を使うことはできません。なぜなら患者は，「私は鼻で物を見ません」と言うからです。これは，患者が頑固であろうとしているように聞こえるかもしれませんが，実際には，彼は極端に正確でいるのです。彼は，会話言語の語句は理解できません。ですから，「頂点」のように，数学から用語を借りるほうがよいのです。借りることができる用語は他にも多々あり，天文学からは，たとえば「放射点（radiant）」です。例によっては，「視点」や「頂点」のような用語は使えないかもしれません。あなた方は，観点や頂点，放射点の特定の例を定式化するためには，どの語を使用すべきか検討しなければなりません。それらは，それ自体一般的な用語である「転移」のように，一般的な用語です。しかし精神分析では，人々を一般的に扱ってはいません。私たちは，特定の人およびその特定の人が持つ別の特定の人，すなわち分析者との関係や結合，転移を扱っています。

質問者：私は，ある種の患者では，過剰な願望と無力症状態との間のバランスをとるのが難しいことについて，お聞きしたいと思います。これらの患者は，適切なリズムを達成できません。ある患者は仕事が多すぎると文句を言い，過剰な量を行ない，彼は何でも過剰に望みます。さもなければ，何も望みません。そして無力症状態に陥ります。

ビオン：ある患者が何も欲せず，無力症の状態になるときには，それもまた過剰です。患者には，「あなたはしばしば，多すぎると私に言います。一度か二度ならば，それは大したことではないかもしれませんが，あなたがしているほど頻繁に言うときには，私たちはこの『多すぎ』に注意を払わなければなりません」と言うかもしれません。これは貪欲の何らかの形式でしょうか。誰が貪欲なのでしょうか。それは患者でしょうか，分析者でしょうか。もしもどちらもそうではないならば，それは誰でしょうか。それは何らかの

種類の貪欲な神か，何らかの形の貪欲な好奇心でしょうか——通常の比喩的な話し方では，貪り食う好奇心，あるいは貪り食う道徳性とさえ言われるかもしれない好奇心でしょうか。

　その一部を，同じものの多くの具体例を持つ恒常的連接として考えてみましょう——例とは，飽和されない要素，満足しない患者や分析者，良心や美的衝動や宗教的衝動です。宗教的経験や美的経験を持ちたい人は，科学に強い不満を感じます。逆に分析者や被分析者は，極端に科学的になる一方で，ますます非人間的にもなっているかもしれません。患者はこの場合，自分が昔より有能だと感じるでしょう。もちろん，赤ん坊の頃よりは有能ですが，結果として必ずしも改善はしていません。面接室内のどちらの人も，もっと良く分析されているか，もっと有能であるかもしれませんが，もっと素敵な人だとは，ほとんど感じられないでしょう。このように「もっと」と言い出すのは，患者が知っている理想的状況の徴候でもあるかもしれません。患者はそれとの対比によって，自分がもっと良くはないことに気づきます。分析者は，「もっと良い」が測られる基準を測定しようとしなければなりません。それは患者に，自分が「悪化」していることを知らせます。分析者は，患者が「もっと」を求めることについて何もできません——分析者は，患者に欠けているものが何かを知る必要があります。

質問者：宗教的カルトと美的衝動について，そしてそれらの間の関係について話していただけますか。

ビオン：精神分析では，また通常の会話でさえ，人は常に宗教や芸術やビジネスについて話しています。これらはどれも，あなた方が話をしたいならば非常に役に立ちます。しかしあなた方が物自体について話をしたいならば，それは別の問題です。**あなた方は**〔全集版のみに強調あり〕自分自身の経験から簡単に，これらのカテゴリーの隙のない区分は，人間の思考作用には大いに関わりがあっても，私たちが住んでいる宇宙には，ごくわずかしか関わりがないのを感じることができます。それにもかかわらず，私たちがどれほど無知で誤解しているかもしれなくても，私たちは宗教と芸術がしばしば密接に作用し合ってきたのを感じることができます。精神分析に対しても，それを科学的接近方法の試みと見なせる限りで，同じことが言えます。遅かれ早か

れ，自分は解釈を知っているけれども患者に何と言うか，あるいはどう言うかを知らないと感じるでしょう。この時点で精神分析者は，もしも芸術家として，フロイトのように芸術性が高いと容易に評価される言葉で自分を表現できたならば，得るものがあるでしょう。プラトンでさえ芸術家や詩人のことを，嘘をついて仲間を常に惑わしている人たちとして批判しながらも，ソクラテスの対話篇の中では，その後どの芸術家も優ったことのない仕方で物事を表現しています——それでも彼は，芸術家に反対していたことになっているでしょう。この種の矛盾する見方はよくあります。芸術的能力や美的能力は，純粋に科学的でありたい人たちの表現の中に染み込んでいます。そして芸術家のほうでも，その芸術の中に科学を見出すことができます。[本訳書p. 45 参照。時には彼は，レオナルド・ダ・ヴィンチやデューラーらと同様に，意識的に「黄金数」に憧れることさえありうる]。

質問者：私は精神病者たちの分析のご経験について，特に統合失調症者たちについて，お聞きしたく思います。私たちは，フロイトがこれについて非常に悲観的だったことを知っています。彼は，私たちが彼らを分析できるようにするには，大きな修正を用いなければならないだろうと考えました。現在，2 つの学派があります——1 つは修正を助言し，もう 1 つはそうしません。この主題についての技法的な助言をいただければと思います。

ビオン：私はどんな変更も擁護しません——まったくの無知のために——それは私が分析の古典的な考えを良いとか有効であると信じるからではなく，もっと良いものを考えられないからです。そして，それが悪くても，変える十分な理由がなければ，それに忠実でなければなりません。私は，私の面接室に来ることができた統合失調症患者たちしか分析したことがありません。私は今も，彼らについての最良の記述は「統合失調症者」だったと思いますが，私は彼らが，入院させなければならないほどの患者たちと類似点があるとは言いません。

　私がよく知っている精神分析の世界では，「熱狂的流行」が頻繁に起こるように見えることを，付け加えなければなりません。私は，分析者が数多くの統合失調症患者を治療したことがなければ，自分の資格をほとんど主張できないと考えているように思われることの多さに，驚いています。私は，精

神科病院がどうやって生計を立てているのかも，不思議に思います。私のわずかに知っていることから，それほど多くの分析者たちが統合失調症患者たちを治療しているとは，信じ難いと思います。そのような主張は，精神分析の科学ではなく，流行の領域に属します。帽子に羽を着けることが時折流行するように，精神分析者たちは「自分の髪に精神病者たち」を纏（まと）います。

質問者：信念（belief）と知識の関係は何でしょうか。

ビオン：人が自分の知っている何かを，なぜわざわざ信じるべきなのか，私には分かりません。もちろん，人は自分の信じる能力を，証拠がない事柄を信じるために取っておくべきです。そうでなければ，人は新しい言語を見出さなければならないでしょう。「信念」のような用語は，日常言語では，そのように曖昧な仕方で用いられています。私はそれを，言いたいことを裏付ける事実を持ち合わせていないときに使いたいと思います。私は他には手段が何もないならば，統合失調症と呼ばれるかもしれない患者に精神分析を試みる価値は，あると「信じます」。その意味では，私は試みることを「信じている」と，言われるかもしれません。私は，正気でないと認定された患者を知っていますが，統合失調症患者が分析されたり治されたりしうると，考えているつもりはありません。もっとも私は，精神病者だと——定義上そうする資格がある人たちによって——認定された患者たちが私との分析を終えたときに，多くの人たちによって——しかし私によってではなく——改善したと考えられた患者たちを知っています。彼らは，その思考様式がどうであれ，自分を通常の人間の良い模倣品に見せられる仕方を見出しました。しかし，患者につながりのある人は，みなそれを信じたいと思ったので，私はそうした人たちの意見にどのような重要性を与えられるのか，分かりません。

── 8 ──

質問者：私は以下についてのあなたの見解を，おうかがいしたく思います。
分析者たちのある集団は共通の医学的頂点を，病気・病理・病因などについてのいくつかの考えに関連して持っています。別の集団は他の頂点を公式に承認していて，お金を稼ぐ欲望や権力を持つこと，教育すること，影響を与えること，精神分析を個人や集団に適用することのようなことをしています。これらは親戚関係にある諸集団を形成し，全体として見たとき，分析の実践の中に，緊張を生みます。

ビオン：私たちみなが関わっている1つの基本的な事柄は，緊張です。時には，二人の人の間で緊張が乏しすぎるために，二人はお互いに全然刺激できません。その対極では，見方や気質の違いが大きすぎて，何の討論もできません。問題は，社会や集団やペアが，刺激するのに十分なほど緊張しているけれども，どちらの極端，つまり緊張の欠如にも緊張の過多にもならないほどほどのところを見つけられるかどうかです。国（nation）は十分な均質性と十分な緊張の両方を達成できるでしょうか。

　この問題は，科学と宗教のカテゴリーにも当てはまります。真実や事実に専念していると言える科学的頂点と，同じく真実に専念していると言える宗教的頂点の間で，適切なバランスはどのように達成されることになるでしょうか。同様に，誠実な芸術家もまた，真実を描くことに関わっています。フェルメールがデルフトの小さな通りを描けて，人々がそれを見ることができるなら，人々は通りを決して再び同じように見ることはありません。画家は個人の中に，彼がかつて決して見たことのなかった真実が見られるようにする変化を引き起こしたのです。これら3つの集団——科学・宗教・芸術——は，どれも基本的に真実に専念していますが，それらの間の緊張がたるみすぎたり張りすぎたりするために真実の目標を促進できないならば，馬鹿げているように思われます。

質問者：あなたの本『変形』の中で，特に私に印象深かった主題は，幻覚症における変形の概念についてのあなたの記述でした。私はこれについてもっと詳しくお聞きしたいと思います。

ビオン：この変形の問題では，私はモデルとして，2つのまったく異なる山に見えるものの写真を，ご覧いただくことを提案します。それらは，実際には同じ山です。つまり，1枚は南の頂点から，もう1枚は北の頂点から見ています。もちろん，その2枚に羅針盤上のあらゆる点からのものを加えることはできます。これを物理的な事柄に適用されたものを理解することは，精神的現象を扱うときよりも，はるかに簡単です。精神分析者にとって，幻覚が作動していると考えたり，それを正確に観察して，患者は物が自分の目に入ってくるのを「見ている」と言えたとすることは可能です。別のときには，まったく同じに聞こえるかもしれませんが，その言葉が関連しているのは，C1カテゴリーの言明として始まり，そのようなものとして空中に投影される事物です。これらは視覚装置による視覚的排出物の定式化でしょうか，それとも摂取物でしょうか。その答えは，私たちが幻覚症の状態と呼びうる状況の性質を，どう見るかに影響するかもしれません。分析者の直観のための能力（分析的観察）は，たとえ私たちが精神科の同僚たちと意見が一致しないと思われる事態になるとしても，大いに増加し発達するようにならなければなりません。もしも，これらの異なる頂点とそれらの信奉者がお互いに何か貢献ができないとしたら，残念なことでしょう。私はこの方向性の問題——排出と摂取，そしてその二者の違いについて，後でもっとお話ししたく思います。

質問者：まず，私は嘘つきの問題についてもっとお聞きしたく思います。第二に，あなたは素人による分析の実践についてどうお考えでしょうか。

ビオン：2番目の質問を先に取り上げます。誰が「素人」だと判断するのでしょうか，そして，「素人」の定義は何でしょうか。私は何人かの人たちが，メラニー・クラインは素人だったと言うのを聞いたことがあります。1つの頂点からは，それは完璧に真実です。私は，彼女が医学の資格を取得したことがあるとは思いません。それは，「彼女はサッカーができないので，私は彼女が話すナンセンスの類に耳を傾けるつもりはありません」とか，「あの

人はクリケットをやらないので，私は彼に注意を払いません」と言うような
ものです。人が資格を有していると見えるか有していないと見えるかは，ど
の頂点からかに拠ります。

　それに似たことが，嘘つきに当てはまります。プラトンは彼の著作『国家』
の中で——ほとんど国家社会主義のように聞こえますが——詩人や画家は社
会や国を腐敗させる嘘つきなので，芸術家を禁止することを提案しました。
それは，あなた方が芸術家は真実について何かを私たちに教えることができ
ると考えるのか，たとえばレンガの壁がどのようなものかについて，それと
も，芸術家は私たちみなを実際には誤った方向に導くのかによります。した
がって重要なのは，**誰が**そして**なぜ**，その人は嘘つきだと言うのかです。私
はある患者から，完全に首尾一貫していて鮮明な叙述を聞きましたが，そこ
には真実の言葉の欠片^{かけら}もありませんでした。問題の患者が病理的な嘘つきだ
と言った人の見方には，多くの利点がありました。困難が生じるのは，人が
精神分析者であり，患者は実際に騙そうとしているという考えや，患者は真
実の多くの側面の１つについて語っているという考えに，満足しないときで
す。私はすでに，精神分析者たちには哲学者が手に入れられない仕方で誤解
を探究する機会がある，と言いました。哲学者は，理解と誤解に関わります
が，彼は精神分析者ができることをできません。それはすなわち，自分が理
解し**ながら**，そして誤解し**ながら**，その人をよく見てよく聞くことです。こ
れは，私が精神分析の諸理論にあまり興味がない理由の１つです。**もしも**訓
練を受ければ，人は理論を本の中に探し求められますが，分析の**実践**は，本
ではなく人を読むことができる唯一の場です。したがって，人を読んで過ご
せる時間を，代わりに本を読んで過ごすのは残念なことです。

　私は，頂点についての広く受け入れられた，別の問いを取り上げたいと思
います。精神分析の文献と訓練の全体は，心が存在し，それが中枢神経系に
繋がってさえいるという考えに基づいています。私たちは中枢神経系の解剖
学・生理学・発生学について一定量知っていますが，もしもこの系が視床を
超えて発達しなかったなら，状況はどうありうるかを考察したことがありま
せんでした。想像できるのは，「視床恐怖」を経験する可能性のようなもの
があるかもしれないこと，そしてそれは意識的に思考できれば，私たちみな

がよく知っている畏れや恐怖とは，非常に異なるかもしれないことです。しかし，何らかの理由で私たちはできないと仮定しましょう。私たちが特定の例で扱っている類の心は，視床的情動を超えられないと仮定しましょう。それもまた，精神分析者たちが探究しなければならないものかもしれません。その種のモデルを心の中に持ちながら，この2000年ほどアブデラのデモクリトスの時代から，中枢神経系が重要な発達であり，心・魂そして私たちが一般に精神的現象と呼ぶものと何らかの関連性があるという印象または偏見が，存在してきたと言えます。それが――私たちが考えるように――真ならば，おそらく私たちは中枢神経系の重要性について，知っているべきであるほどには知りません。私たちは，思考作用と精神的生活を根本的な結末と見なすなら，状況を十分に掘り起こしていないかもしれません。それは目的論的な見方です。精神分析のおかげで，ある種の質問紙を考案して，該当する人にはそれに記入してもらえると仮定しましょう。もしもそうできたなら，私たちは質問に答えられていない領域があること，そして精神分析の頂点からすると，私たちが記憶と欲望と呼ぶものに結びついた不透明さがあるらしいことに気づくでしょう。しかし，私たちが空白と回答のあるその質問紙を，脳の産物としての心にではなく，生理学的・解剖学的装置の症状としての心に光を照らせる頂点から見たと仮定しましょう。すると，「この質問紙には，今見えるように，こうした不透明さの異なる領域があり，それは肺のX線写真が不透明領域を示すのと同じです」と言えるかもしれません。そのような質問紙が，中枢神経系の非常に重要な性質に基づいて，心のX線写真のようなものを見せ，当該患者がたとえば癌や十二指腸潰瘍を発症しやすいことを示すと仮定しましょう。副交感神経系は，心ではなく，特定の肉体的身体の未来に関することを見せられます。つまり，精神分析は人間の心ばかりではなく，患者の身体状態を顕わにすることにも関わります。私は，一方が他方と対立すると示唆してはいません。私は，精神分析者たちの2つの集団の間の，また別の戦争に巻き込まれたくありません。しかし，精神的世界に関する心の働きに関わる分析者ばかりでなく，医学的科学や手続きにはできなかった仕方で，患者の身体の健康を明らかすることに関わる分析者がいるかもしれません。このようにして，心理学的な精神分析がありうるのとちょう

ど同じように，身体的な精神分析がありえます。

質問者：あなたのお考えの中で，今お話しされたものほど私を感激させたものはありません。もしもこれらのアイデアがもっと普及したら，探究を相当刺激して，心身関係の領野を発展させるだろうと私は信じます。

　私はあなたに是非，心的な力の基底にある身体的な力を探究していただきたいと思います。あなたがアルファ機能と呼ぶものは，感覚システムからではなく胚盤葉板から，したがって内胚葉に由来する臓器や組織から，エネルギーを得ているかもしれません。私が提起する仮説は，統計学的な仕事において，見事に一致しています。

ビオン：精神分析者たち，特に組織，全体活動の発達や生き残りに関わっている人たちに立ちはだかる問題の１つは，これらの研究所が精神分析を発展させなければ，他の誰もしないだろうということです。精神分析の訓練を危うくしたくないことで，私たちは他の諸学問に対して偏狭だと見られるのかもしれませんが，私は偏狭に見えるという以上のことではないのを願います。

　私自身の経験では，精神分析的進歩に対する責任は，請け負うのが非常に難しいものですが，それを**私たちが**しなければ，他の人がもっとひどいやり方でするでしょう。多くの人たちが，自分たちこそ精神分析者であり，精神分析的な機関や訓練部門は間違っている，とすぐ主張します。もちろん，他の人たちのほうがそれをうまく行なうかもしれません。ですから私たちが独裁的や独占的になって，「私たちが唯一の存在です」と言い始めるのは似つかわしくありません。他方，「私たちはそれについてあまり知りません。こうした他の人たちのほうがおそらくよく知っているでしょう」と言うことも危険です。それは，「知識人の裏切り」〔Julien Benda の短編小説より〕と呼ばれてきたものに近づきます。ですから，精神分析者たちと精神分析的な機関は，精神分析が存続するように留意することが重要です。同時に，精神分析者は誰でも資格を取ったら自由に，自分の発達した能力を自分が望むどのような方向にでも用いるべきです。そこには，私たちが身体的と見なして興味を持たないかもしれないものの探究も含まれます。その人が精神分析についてすでに十分に知っていて，資格を得て他の分析者たちに承認されているほどならば，害はありません。精神分析を受けた人たちが身体医学を行なっても，害

はないでしょう。たとえば，精神分析者が内科医たちと何人かのリウマチ患者たちとの討論の司会役をしたら，有益である可能性があります。彼は苦痛に満ちた訴えにある思考を，思考作用の健全な方法に従って整理するのを助けて，何か貢献できるかもしれません。哲学者たちはいつも，人々が正確に考えるべきだと感じてきました。精神分析者たちがその特定の目標の追求に，参加してはいけない理由はありません。

質問者：心身症の病理学では，〔心か身体かの〕二者択一の概念はもはや受け入れられません。「無意識は身体的なものの本質である」という言明を，どう考えますか。

ビオン：確かに私は経験から，たとえば喘息患者の問題が，その患者の皮膚の内部に納まっているものと見なすことはできない，と考える気にさせられます。ある機会に私は病棟に足を踏み入れて，喘息患者がどれほど他の患者たちの敵意を引き出せるかを目にして，ただ感嘆しました（いくらかの不安も混ざっていましたが）。その心身症的な訴えは，その特定の患者を——しばしばあるように——最終的に殺したばかりでなく，私のことも殺しかけました。無意識と意識についての問い全体はこれまで役立ってきましたが，大いに再検討する必要があります。

質問者：あなたはどのようにして，分析セッション中に，記憶と欲望を抑制することの利点に気づくようになったのでしょうか。

ビオン：私は，自明なことの閃《ひらめ》きを経験できることに気づきました。人は通常，尋常ではないものを探し出すのに忙しくて，自明なことをあたかも重要ではないかのように無視します。確かに，解釈を与えるときだと考える理由の1つは，自明であるものを誰も見てこなかったことです。

　記憶と欲望に関しては，あなたはたとえば，気楽にしたいと感じるかもしれません。その考えがどんどん頭を占めるようになったならば，あなたは「気楽にしていられれば何と素晴らしいことだろう！」と考えます。あなたがそれを考えて時間を費やしていると，現在起きていることに注意を払うのは非常に難しくなります。今している経験の知覚は，不透明になります。同様に，あなたが郷愁から過去について考えるのではなく，同じ事柄であるものを未来時制で考えたら，つまり「私が大人になったら素晴らしいことだろ

う」「私が資格を取ったら」と考えたら，過去でも未来でもない現在の瞬間に
関心を向けることは難しくなります。郷愁と期待でさえ，現在において行な
われなければなりません。私たちは現在においてそうした欲望を持ち，現在
においてそうした記憶を持ち，現在において生きています。なので，私たち
が過去と未来について考えている間は，私たちは現在の瞬間に起きているこ
とに盲目であり，聞こえません。フロイトが「漂う注意」について語ったと
き，彼はこの種のことを念頭に置いていたと私は思います。もしもあなたの
ほうが疲れていて，患者が言うことに注意を払おうと努める ならば，あなた
は彼が言うことを聞いていません——事態は不透明な質を帯びます。

　患者たちは記憶〔想起〕に苦しんでいるというフロイトの考えには，利点が
多々あります——彼らはその記憶を知っているかもしれませんし，定式化で
きるかもしれませんし，定式化に達するには分析を必要とするかもしれませ
ん。私たちが苦しむ記憶には，意識しているものも無意識のものもあります。
これは再び問いを提起します，無意識についての私たちの考えは，どう修正
する必要があるでしょうか。例のとおり，分析には片づいた問いはありませ
ん。問いが片づくのは当面にすぎず，私たちは翌週，翌月，あるいは200年
後に，問いに戻ります。

質問者：セッションで起きることを観察するこの方法は，記憶と欲望を抑制
　しているとき，非科学的な方法，つまり，他の仕方では知りえない知識や
　真実に達するために，下位自我を抑制する神秘的な実践と区別できるで
　しょうか。

ビオン：神秘論についての私の知識は伝聞を通してなので，私には意見を述
　べる資格がありません。その意見には，本来の価値以上の重みが与えられか
　ねません。常にある危険は，私たちのそれほど多くはない精神分析について
　の知識が，私たちの発言に不当な権威を授けることです。

質問者：患者‐分析者関係における投影同一化について，何かもっと教えて
　いただけますか。

ビオン：メラニー・クラインの理論は，患者が万能的空想を持っているとい
　うものです。その空想は，患者が自分の不快で欲しない感情を分裂排除して，
　分析者の中に入れることができると感じている，と言葉で表せます。私は分

析の実践から，それが単に万能的空想であって，患者が実際には行なうことはできないのか，分かりません。私はそれが，理論が用いられるべき仕方——正しい理論を使用する正しい仕方であると確信しています。しかし私は，正しい理論と正しい定式化は，面接室で起こるとは思いません。私も私の同僚の何人かも感じたことですが，患者が投影同一化に没頭して見えるとき，それは私に迫害を感じさせることができます。あたかも患者は，事実として嫌な感情を分裂排除して，私が実際に迫害感や不安を持つように，それらを私に押し込むことができるかのようです。もしもこれが正しいのなら，私たちはまだ万能的空想の理論を保持することはできますが，同時に私たちは，分析者にそう感じさせるどのようなことを患者は分析者にしているのかや，そう感じる分析者にはどのような問題があるのかを説明するような，何か他の理論がないかどうかを考慮してもよいでしょう。理論で厄介なことは，それらがすぐに時代遅れになることです。身体医学の中にでさえ，それほど前ではない頃に，どの医師も水腫（dropsy）で苦しんでいる患者がいると言っていた時代がありました。私たちは今日，そのような病はないと言うでしょう。それは，基底にある布置に注意を向けさせる症状です。もしもこの基底にある布置を見て聴診器を使うならば，心拍を聞いたり，腹部について何かを触れたりすることができます。それらは何の病気かを示すでしょう。私の前の提案に戻ると，おそらく私たちは質問紙をよく見ると，腹膜炎が1つ1つ異なるという事実に注意を引かれるでしょう。言い換えれば，それはさらに基底にある別の布置を露わにする可能性があります。もちろん誰でもこう言えます。「こういう精神分析者たちはひどい人です。医者たちと同じで，彼らはいつも新しい病気を発明しています。かつては，比較的少ししか病気はありませんでした。今や彼らは，彼らが重症筋無力症と呼ぶものを見出しています。また新たな病気です。資格を取るために，また1つ学ぶことです。科学者たちはみな，迷惑者です！」。

質問者：Oは，あなたの著作の中で使われているところでは，ゼロと同じものでしょうか。

ビオン：私がOという文字を用いるとき，それで叡智的存在（noumenon），すなわち誰も何も知ることができないもの自体を示すつもりで言っていま

す。知識は，私たちが現象を扱っているときにしか始まらないと，私は思います。ゼロは，数学者の定義に従っているべきであり，それを用いる仕方を定義しようとせずに，私たちの目的に転用されるべきではありません。Oとゼロは，もちろん同じものではありません。なぜなら，ゼロは驚くべき発見を表しており，その価値は軽々しく損なわれるべきではないからです。分析において，音楽の「休止」，間に対応するゼロがあれば，役立つでしょう。

　Oのように，誤った言葉や象徴を見出すのは簡単です。それはゼロに見えたり，聞こえたりさえしますが，違うものに関わっています。私が本を書いたら，それが残るかどうかは，誰かに時間やエネルギー，興味があって，それを読むだけでなく，それがいったい何について書いてあるのかを理解しようとするかに懸かっています。それは時間の無駄だと分かるかもしれません。人は理解できる本を書こうとしますが，成功しないことがありそうです。著者が誠実ではなくて，著者の「発見」が彼を称賛させても実際にはインチキならば，もちろんそれはもっと大きな時間の無駄です。たとえば，考古学の分野では，ドーソンはピルトダウン人の頭蓋骨を発見したと主張しました。多くの人たちはそれが偽物だと考えましたが，中には，「ドーソンのように立派な人と彼の諸々の発見を信じないとは，何と不公平なことか。彼らは嫉妬深いか羨望に満ちているに違いない」と言う人もいました。最終的に，自然史博物館がピルトダウン人頭蓋骨を再調査し，それが偽物であることを発見しました。著名な考古学者たちでさえ，相当な年月の間，偽物で時間を無駄にしていました。同様に，精神分析においてインチキな発見をする人たちは迷惑者であり，そうした発見を信じない人たちも迷惑者です。どちらがより迷惑な者なのかを見出すのには，長い時間を要します──疑う人か，信じる人か。

1974年──リオ・デ・ジャネイロ

$$— 1 —$$

　精神分析を実践している私たちはみな気づきにくいことですが，これから
お話しする主題は，思考の問題を何ら重視する習慣がないか，そもそも思考
する習慣がない人たちには，極めて曖昧です。精神分析の世界では，私たち
に固有の時間区分があり，私たちは乳児期・児童期・青年期・中年期・老年
期・思春期などのような期間について語ります。私たちにはどれもとても馴
染みがあるので，このように時間の経過を刻むことに慣れていない多くの人
たちがいることを実感するのは，難しいことです。

　私が考察したい精神的な時間の期間は，私たちには認識できるけれども，
私たちの世界に慣れていない他の人たちにはそう簡単に認識できないもので
す。人々は「思春期」のような言葉や，「潜伏期」という言葉すらよく知って
はいますが，それらを時間経過の実際の経験として，私たちが午前1時・午
前2時・午前10時・23時・24時と数えるような仕方で，それらを見なすこ
とには慣れていません。これらの期間のうちのいくつか，たとえば乳幼児期・
児童期・思春期は，人間が精神的な動揺を経験することが多い時期です。彼
らは新たな世界に不慣れなことで，起こっていることに怯えます。これらの
状態は病変ではありませんし，疾患でもありません。思春期・老年・青春
（youth）期・青年期——これらはどれも疾患ではありませんが，容易ではな
いこと（dis-ease）が経験されることが多い時期ではあります。それでもやは
り精神的な問題の経験は，そのように識別できる時期のいくつかでは，あり
ふれています——識別できるとは，つまり精神分析者たちと他の何人かには，
です。しかし，それらはどれも類比としてしか疾患ではありません。これら
の期間の間に，人々はたとえば悪夢を経験するでしょう。そして悪夢に怯え
るようになります。彼らはそれらの経験を，身内——兄弟姉妹・父親・母親
——に話すことすらして，その人たちをも怯えさせるかもしれません。恐怖
は伝わるものです。不安が十分にかき立てられて伝えられたら，身内たちは

医師や精神科医あるいは精神分析者に会いたいと言うでしょう。これが重要になるのは，はっきりと覚醒している人がその悪夢を経験している場合です。

　このような大変動の時期は患者を不安にさせますが，それは疾患ではありません。生物学的なモデルを挙げると，それはあたかも，オタマジャクシがカエルに変わりつつあるので非常に動揺するようになるようなものです。そこに異常なものは何もありません。それは疾患ではなく変化であり，オタマジャクシは誰かに，何が起きているのか説明してほしいでしょう。人間は，手引書が存在しない変化を経験します。そしてそれがまさに，精神的な問題をよく知っている人たちが関わるものであることが，認識されていません。専門の資格を得ている人たちと，乱流を経験して・い・る人たちを結びつけるのは，困難なことです。専門資格のある人が，「私が聞かされているこの経験は，確かに普通ではない，正常発達と言われる範囲の外にある」と言うことがあるのは本当です。それは彼の知っていることであって，機会が与えられたら援助できる事柄です。しかし同時に，私たちが十分な注意を払っていないのは，それらの経験は精神科病院に入院させるような大掛かりな医療的アプローチや，果てしない精神分析の処方を要するという事実です。私は精神分析者たちが，誰でも精神分析が必要だと言うのを，よく耳にします。私はそれが精神分析だったことを，固く信じたいと思います——だからこそ私はそれに，これほど多くの時間と注意を捧げます——しかし，私はそれがやや性急な言明だと思います。私ならば，その状態が通常の範囲に収まらない証拠を求めます。

　分析を受けることになる可能性のある人は，元気で幸せで情緒的に安定していて，その段階のことを延長したいほど好んでいる子供かもしれません。私たちはみな，いわば恒久的に治療されていたい患者たちをよく知っています，永遠に——それは非常に長い時間です。それは，ヒヨコの卵［フロイト「心的生起の二原理に関する定式」の脚注，1911b］が，恒久的に殻でありたいようなものです。それは素敵な殻であり，素敵な外観があります。どうして永遠に卵の殻ではいけないのでしょうか。発達の過程で，ヒヨコが孵化し始めたとします。その人が殻に同一化していればいるほど，恐ろしいことが起きていると感じます。なぜなら，殻は割れつつあり，ヒヨコのことは知らない

からです。こう自問する価値があるでしょう，この人はなぜ，分析を受けに私のところに来たのだろうか，と。彼らは両親や親戚・夫か妻に送り出されてきたのか，それとも自主的に来たのでしょうか。そしてもしそうならば，何のことででしょうか。なぜ彼らは私に，週に何回も，何週間も，何カ月も，何年間も会うことに賛成してほしいのでしょうか。私たちがその人の来たときに何をするかは，これらの問いへの答え次第でしょう。たとえば，あなたはその患者と話した後，彼が危険な状態にあると考えるかもしれません（彼は自分の具合が良いと感じ，治療を欲しないと言いますが）。もしそうならば，あなたは自分自身や誰か他の分析者に空きがあるかどうかを，はっきりとさせればよいでしょう。安定していて満足のいく状況に見えるものは，乱流状態かもしれません。逆に，華々しい物語は，語り手が思うほど不安にさせるものではないかもしれません。そうすると精神分析者は経験から，自分に伝えられることがあるかどうかを，決めなければなりません。彼がこの問いにどう答えるかは，聞き手の理解力を彼がどう評価するか次第です。実践では，精神分析者は自分自身の判断に頼らなければなりません。この点は基本的かつ単純ですが，他の人たちに伝えることはそれに比例して困難です。

　精神分析者は，贅沢品ではなく本質的なものです。それは彼が，パーソナリティというこの独特の世界をよく知っているからです。身体的な世界には，いくつかの有利な点があります。患者は「痛みがあります」と言って，「ここです」と場所を指すことができます。内科医は，自分の目と指先を使えます。そして患者の身体に触れて，「腫瘍を感じます――肥大した脾臓です」と言えます。彼は学生たちに，「その腹部に触れて，何を感じるか述べてください」と言えます。彼らは幸運です！精神生活に関わっている私たちは，人々に何と言うことができるでしょうか。身体的徴候に最も近い，私たちがいつか手にする見込みのあるものは何でしょうか。私自身の経験が示唆するその答えは，おそらく「感情」です。患者が恐ろしいとか，幻覚が見えるとか，白い服しか着られない，たとえ最高の交響楽団の演奏でさえ我慢して聴けず，バイオリンを弾くのを諦めなければならなかった，と言うとき，分析者は心の中でこう考えられます，「そう，私はこの患者の言っている意味を知っていると思う。彼がそう感じていると言うとき，私はそれがどんな種類の感情かを

理解できる」と。別の状況では，ほとんどの場合私たちには，何の感覚的経験もありません——感覚的経験とは，厳密な意味で身体的装置と中枢および交感・副交感神経系のおかげで可能な種類の経験のことです。性格には，何の感覚的症状もありません。だから人は，直観の能力を強める訓練を受けなければなりません［ミルトン『失楽園』第Ⅲ書Ⅱ51-55]。すると精神分析者は患者たちに，彼らが他のどんな仕方でも得られない援助を与えることができます。

　実践では，精神分析者は自分が不満ならば，何度でもいつまでも自問できる必要がありますが，その答えを書物の中に探すことには，あまり多くの時間を費やすべきではありません。私たちが持っている時間には限りがあるので，私たちは人々を読まなければなりません。彼らが面接室に来ようとしなければ，私たちはそうできません。私たちが頼んでよい最低限は，患者が来るか，誰かが彼を連れて来てセッションの終わりに連れて帰ることです。私たちは患者が面接室にいない時間帯については何もできませんが，彼がいる間は，私たちは責任を受け入れることができます。たとえば，私たちは彼が窓から身投げしようとするのを止めようとすることができます〔cf. 傾聴のみというイメージのロジャース派〕——私は私たちならうまくできるだろうとは言いませんが，止めようとすることはできます。彼が，彼に会う数時間で私たちが与えられる以上のケアを必要とするならば，私たちは背後に精神科病院という装備がある精神科医に，協力を求めなければなりません。

質問者：患者がセッション中に窓から身投げするのを，あなたならばどうやって避けるか，説明していただけますか。

ビオン：私の運動の装備はかつてのようではなく，今の私は，患者を止めるために身体を張って多くのことをする約束はできません。しかし私は，患者と窓の間に入ろうとするでしょうし，可能ならば，解釈をしなければならない間，私は解釈し続けるでしょう。それは患者が，自分にできる唯一のことは窓の外への身投げだと，感じないためです。身投げは，非常に高くつくコミュニケーションの形です。人はそれを不要にするほど，十分に早く解釈を与えられるでしょうか。私は，患者がその種の言語を使う代価を支払うことをどうやら覚悟していると，正しく認識しなければならないときがあると

思います。とはいえ，彼が成功したら死んでしまうことを，私たちは知っています——精神分析の実践が，それについて話すことよりも危険だという，別の例です。

質問者：書物よりむしろ人々を読むようにというあなたの言明について，さらに詳しくお話しください。

ビオン：人は書物を読むために，書かれた文法についての規則と，書かれたコミュニケーションについての美学的な規則を学習します。これらの規則はやや複雑ですが，少年少女たちに教えることができます。彼らが一定の仕方で綴れば，他の人たちは彼らが意味していることを理解するでしょう。たとえそうでも，これは限界のある主張です。なぜなら，あなた方はたとえばジェイムズ・ジョイスやエズラ・パウンドに，英語の書き方やそれを書く規則を指図できないからです。また，詩を書く規則とは何かを言うこともできません。ある点を超えると，その人の美学的能力に関係してきます。分析は，さらに大きな問題を提起します。強く迫って問われたら，窓から身投げするよりもっと良いどんな仕方で伝えられるのか，言うのは確かに困難です。人々をどう読むのかについては，「あなたが読み方を学ぶ方法はこうです。文法を学んで，アルファベットを学んで，それを組み合わせます」などと言えるようには，誰も私たちに教えられません。私たちが言えるのはただ，「私たちが知っている最良の方法は，あなたが分析者のところに行き，分析を受けることです。そうすればあなたはもう少し知って，現時点ではできないやり方で，実際のパーソナリティを読むことが可能になるかもしれません」ということです。

質問者：私たちはどうすれば直観を発達させられるでしょうか。

ビオン：小さな男の子か女の子があなたのところに来て，「私は大人ではないの？」と言うとしましょう。それは，自分が父親か母親の服を着ているからです。彼らは，「私はママやパパにそっくりでしょう？私は本当に大人にそっくりです」と言います。親として，そして分析者として，彼らが大人ではないことを知っています。しかし私たちはこう言うことができます。「そうだね，あなたは医者にそっくりですよ——ほら，聴診器を持っていて」とか，「本当にママそっくりに，赤ちゃん人形をあやしていますね」。難しいの

は，「違います。でも，あなたは大人のようになりつつあります」と言うことです。それは，子供には理解できないからです。

　分析の訓練機関は，なぜ候補生が精神分析者ではないのかを，言えないかもしれません。彼らは，「ええ，あなたは精神分析者にそっくりです」と言うかもしれませんが，それは「あなたは精神分析者になりつつあります」と言うのと，大きく異なります。どちらも似て聞こえるかもしれませんが，とてつもない違いがあります。人は「そっくり」と「なりつつある」を，区別できなければなりません。多くの人たちが，「ああ，夫と私は結婚して 20 年になります」と言います。そうはなっていません。あなた方に経験があれば，彼らを見て，彼らは結婚したカップルにそっくりでも，結婚したカップルで・はないこと・・・・が見て取れます。彼らは結婚したカップルの非常に良いモデルです。しかし彼らに何か深刻におかしいところがあるのでなければ，その問題は討論打ち切りになってはいません。結婚していることは，実際には継続的な，終わりの決まっていない過程です。結婚したカップルにそっくりであることには，未来はありません。彼らはほぼ，結婚しつつあるか，大人になりつつあるかです。

　同様に，人間は 10 歳か 13 歳のとき，性的動物にそっくりかもしれません。しかし私たちが人間のパーソナリティを尊重するならば，発達は思春期や青年期で停止しません。私たちが人間には心が存在すると信じるなら，人間のパーソナリティにそっくりであるという可能性はありません。あなた方は，人間になりつつあることしかできません。

質問者：直観がそこまで重要なら，なぜ分析者の訓練や教育に芸術的活動が含まれていないのでしょうか――特に詩が。

ビオン：おそらく時間不足のためです。重要性がないからではないことは確かです。美学的経験は，分析訓練に乗り出す前に獲得していることが期待されます。

質問者：あなたは同一化を，精神的な現象の把握のための基本的な機制と見なしますか。

ビオン：ご質問は，洗練された用語で出されています。私ならばグリッドを利用して，「この質問は F，G，H 行に属しています――その類^{クラス}の言明です」

と言うでしょう。私が「この質問は何を意味するだろうか」と自問しても，私はあなたにお伝えできるとは思いません。なぜなら，それはどの言語を私が使用しなければならないかに拠るからです。ここにいる私たちみながよく知っている洗練された用語でその質問に答えることは，価値がありません。たとえば，誰かが「虎と仔猫が見えますね——どちらもネコ科です」と言えば，生物学者ならば理解するかもしれませんが，素人は「でもよく見て——違いが分からないのですか。あれは虎と仔猫ですよ！同じではありません」と言うでしょう。洗練された生物学的な科学者にとっては，どちらもネコ科です。ですから，このような質問をされたときに知る必要があるのは，この質問はどういうものなのか，私は洗練された答えを求められているのだろうか，ということです。

　私が同じ種類の言語で返事をするとしたら，「はい」でしょう。もっと映像が浮かぶ言語で言えば，あなたは自分がその質問をしていて，自分が理解する答えを想像しているところを想像しなければならないでしょう。質問者に共感するのは，根本的なことです。専門用語では，「と共感する」は「同一化」として知られています。グリッドの用語で言えば，おそらくそれはあなたの頂点の，もっと普通の言葉ではあなたの観点の，種類に拠るでしょう。分析の実践では，どのような用語が使われても，それは同じ討論領域を通して不変でなければなりません。定義的仮説を相手に伝えずに変更することは，討論全体を無意味にします。それは，〔長調・短調など〕調子の変更に対応した〔♯，♭という〕調号の変更がなければ，楽曲が無意味になるのと同じです。

　精神分析者はこう言うかもしれません。「これは精神病患者です。彼が怖いと言うとき，それは神経症である別の患者が意味していることを言おうとはしていません。二人とも怖いと言いますが，私は，患者Ａが患者Ｂとは違うことについて語っているのを知っています」。明白な量的変化は，質の変化になります。たとえば，ある患者は「私がひどく苦しんでいるのは，とても赤面しているからです」と言います。彼は青ざめていて，どこにも赤面の印は見えません。しかし分析者が知っているべきなのは，患者が明白に毛細血管の作用を示していなくても，そうした強烈な経験をできることです。私は先の患者を，まったく普通ではないと見なすでしょう。あの患者が話し

ている言語は，この別の，赤面でひどく困っていると言い，赤面していると見なせる患者が用いる言語と同じではありません。

　私はこう頼むことができます。「あなたが『同一化』で意味していることを，もう少し教えていただけますか，そして例を挙げてください。あなたは，他の患者と同一化した患者を何と呼びますか」と。時が経つと何らかのパターンが現れて，それによってあなたは，彼の言語が意味していることを，自分の言語で言えるようになるでしょう。人は「はい，私はあなたに同意します。私自身そのような言語を使います」とか，「いいえ，私はその種の言語を自分では使いません，それは私の言い方ではありません」と言うかもしれません。これは，私たち自身の科学的な集まりにある難しさの１つです。私たちはしばしば，まさに私たちが同じ言語を話すかのように聞こえる仕方で話します。それは非常に疑わしいことです。

質問者：経験ある分析者は，患者が自分で思うほど問題は重篤だとは思わず，本当は治療を必要としないとき，どのような種類の援助を与えられるでしょうか。

ビオン：あなたは自分の面接室にいます。そしてあなたは，自分が精神分析者であると告げます。あなたはドアに自分の名前を掲げています。何かの理由で，ある人があなたを訪れています。彼はあなたを自由に使えて，あなたには 50 分の空いた時間があり，その時間に彼が自分の望むことを伝えるつもりがあれば，あなたは自分にできるならそれに応えるでしょう。私はなぜその患者が，私に会いに来ることが自分の時間とお金に値すると考えるのか，分かりません。そして私は，彼が自分のために言うべきことをもっと聞かなければ，彼が何かの理由なくこれほどの時間と手間を費やしていることが分かるとは，言いたくありません。彼は，自分が子供たちや母親や父親を殺すかもしれないと恐れている，と言うと想定しましょう。彼がそれをどうやって知るようになったのか，人は知りたいと思うでしょう。私ならば，「あなたは自分のことを長く知っていますから，それが自分のしそうなことだと思うに至った，何らかの類の証拠を持っているに違いありません。あなたは，私が持っていない証拠を持っています――それはあなたが間違っているという意味ではありませんが，あなたは私に，それを明確にしていません」と言

うでしょう。ここでは，患者がそれをできないとも，しないだろうとも言っていません。なぜなら，患者は自分のしたいことをできるからです。私はこう続けるかもしれません。「あなたが私に伝えたことは，私を怖がらせてはいませんが，あなた自身には怖がる何か理由があるはずです——だからこそ，今日ここに来えさしたのでしょう。あなたには，あなたを怖がらせた何か証拠があるはずです。あなたはその証拠が何であるか，私に明確にしていませんが——これまでのところ」と。

　別の症例を挙げましょう。その患者は，「私は妻に，自分が自殺するつもりだと言いました。彼女は非常に怯えました。私は，自分がそうしたことを何もしないのは知っています」と言います。分析者として私は，彼が自分はそうしたことを何もしないのは知っているかもしれないと言えますが，私はそうではありません。また彼は，自殺すると脅すのはまったく差し支えないと知っているかもしれませんが，私はそうではありません。彼はどうやって，人々についてよく知り，それがこけ脅しにすぎないと分かるのでしょうか。私は精神分析者ですが，それは分かりません。もしも彼が，妻に言う代わりに私に言ったならば，私はその言明を深刻に受け取るでしょう。あるいはそれを別の用語で言えば，彼の言明を尊重するでしょう。たとえ彼が，私に彼の言明を尊重しないように，それに注意を払わないようにと仕向けて来ても。彼は，自殺するという彼の脅しを気にする必要がないと思うかもしれませんが，私にはその確証がありませんし，さらには，彼が知っているとも思いません。私は患者が非常に良い精神科医なので，彼は自分が自殺をしないと本当に約束できるとも思いません。彼が約束することはできるのを，私は当然信じられます。なぜなら，約束は私にとって新しいものではないからです——私はそれによく慣れています——しかし私は，自分がその約束を果たしてもらえるとは思ってはいません。ですから，患者が自分の言明を深刻に受け取っていないとはいえ，彼の分析者はそうしなければなりません。彼は少なくとも，人々が自殺のような突飛なことをすることを知ってはいます。彼は，「ああ，これはまったくナンセンスだ」とは言えません。患者というものがこうしたことをするし，できることを知っているからです。患者たちは十分に歳を取り，十分に強く，ガス栓，ナイフ，絞殺，首吊りを理解しています。

ですから，あの患者が乳幼児だったならば自殺できないかもしれなくても，今や成人であり，自殺できない理由はありません。彼は，分析者や妻をそのような仕方で怖がらせるのを，ただ楽しいと感じているかもしれませんが，彼が分かっていないのは，自分がそうするかもしれないことです。精神分析者は，患者が自分の脅しを深刻に受け止めず，分析者にも深刻にとらないように仕向けるとき，何をすることになっているでしょうか。あなた方はその答えを，本の中には見つけないでしょう。あなた方にそれの答えを与えられる唯一のものは，あなた方の経験であり，自分の閃（ひらめ）きと直観への信頼です。こけ脅しは，行動の代わりにではなく，その行動を起こす序曲へと変形されると言えるでしょう。

　精神分析者は非常に孤独な仕事に就いています。彼にはそのことを伝えられる人が，誰もいないかもしれません。彼は患者には言えませんし，患者の身内たちにも言えません。なぜなら，彼らはおそらく，それを聞いて知識を得たり啓蒙されたりするよりも，動揺のほうが強いだろうからです。だから分析者は，自分が何もできないことについて知ることに，耐えなければなりません。これは，精神分析の実践が，精神分析についての本や話とまったく異なる点です。経験に代わるものは，何もありません。

　人々は医学の資格や精神分析の資格を取得して，精神分析者や医師にそっくりかもしれませんが，彼らは精神分析者でも医師でもありません。彼らは医師や精神科医，精神分析者になりつつあるかもしれませんが，医師でも精神科医でも精神分析者でもあり・ま・せ・ん。彼らは単に，「資格を得た」のです。

質問者：あなたが精神的経験と呼ぶものと，感覚的経験と呼ぶものの間の違いについて，もっと何か言っていただけますか。

ビオン：ある意味では，これは単純な質問であり，あらゆる単純な質問と同じく，答えることが不可能になります。こう言い表してみましょう。質問：「・あ・れは何，パパ？」。答え：「あれは牛だよ」。質問：「なぜあれが牛なの，パパ」。さて，それはなぜ牛でしょうか。誰か，哲学者でも，生物学者，精神分析者，医療関係者でも，その質問への答えを知っているでしょうか。ただ2つの質問——あれは何？なぜあれが牛なの？——であなたは，直ちに未知なものの中にいます。未知のものの世界が，あなたの前にあります。あなたは

すっかり究極的な空間にいます。それは，私たちの知識がいかに弱体である
かということです。それはたった2つの質問の奥——それがすべてです——
であり，あなたは精神的な成層圏のただなかにいます。人はどれほど長生き
しようと，「あれは何か」「それは精神分析者だ」「なぜそれが精神分析者な
のか」への答えは分からないでしょう。精神的経験と感覚的経験は，互いに
愛を交わし続けてきたと言えるでしょう——したがって精神分析者です。こ
れらの答えは合理化であり，つまりは合理的な答えです。しかし質問は，理
性的用語では答えられないかもしれません。それは合理的な答えや合理的な
知識の範囲の外に，あるのかもしれません。

— 2 —

　私たちがここでしている討論は，螺旋によって絵画的に表すこともできるでしょう。私たちは同じ地点に戻り続けていますが，螺旋の水準は異なっています。私たちが言うことはどれも，私たちが行なう分析作業の通常の経過と，触れられているさまざまな理論の両方に関係しています。あなた方がある理論に慣れていないと感じても，それは錯覚だと思います。それは，私たちがこの螺旋状の前進の中の異なる地点にいるという事実のためです。それが不慣れに見えたり聞こえたりするのは，前回（または次回）とはかなり異なった仕方で述べられているからにすぎません。

　前回私は，精神的な現象に慣れている人たちには螺旋の中の時間的あるいは空間的に異なる点での標識と見なしうる，さまざまな出来事について話しました。それは，思春期や乳幼児期・老年期・中年期といったようなものです。これらは不正確な言明であり，これらの期は時間のおそらく不正確な物差しですが，それでも私たちは，私たちの精神的探究の方法および精神的探究それ自体が，知られているどの学問にも，これまでのところどのような精度でも合致していないという事実に，慣れなければならないと思います。精神分析は数式化されていないので，科学的ではないと言われることがあります。しかし，それが数式化されていないのは，数学者たちが私たちの主題に適した数学を提供していないからであって，私たちの主題が非科学的だからではありません。私たちが美学的ではないと言うことは可能です。それは本当ではなく，知られている美学的学問が，私たちの主題に適していないのです。誰かが色を塗ったり絵を描いたりしたいならば，美術学校に行っていくつかの初歩的で基本的な教科を学ぶことができます。レオナルドと呼ばれる誰かが現れない限り，それでおそらく十分です。彼は，今あるこれらの人工的なカテゴリーのどれにも，うまく当てはまりません。あなた方は，彼が言うことを美学用語で解釈することはできるでしょう。彼が言うことを，工学

分野や何らかの種類の数学の用語で，解釈することはできるでしょう。しかし適切なものは何もなく，一群の修練さえありません。同じことは，哲学に当てはまります。プラトンやソクラテス，アリストテレスのような人は，何らかの中心的で基本的な点について語っていると見ることが可能です。それは私が，Oという文字によって意味しようとしてきたものです——それを意味するために，単にこれが「何らかの物」であることを示すために。しかし，それが何かは，私が知らないものです。カントはそれを「物自体」と呼んだかもしれません。哲学者の中には，それに反対する人がいるでしょう。しかし私は，それでもやはり，彼が叡智的存在と叡智的である物事を，物自体に関連するものと見なした考えには，良い点が多々あると考えます。分野が「宗教」と私たちが呼ぶかもしれないものならば，物自体は「神格」と呼ばれるかもしれません。螺旋の中の似た点である「神」は，そこで神格が人間の知性と交差し，したがって，人間が用いる感覚的言語で記述しうる点に対応している点です。たとえば『イザヤ書』の第六章には，イザヤがある特定の王の特定の治世において，6つずつ翼を持つ六人のセラピムを見たという，文字通りのままの記述が見られるでしょう。その二人は翼で飛び，二人は翼で自らを覆い，二人は足を覆っていました。これはすべて，極めて文字通りのことです。それはあなた方や私が，こういうときに用いるような類の言葉です。「まあ，今朝私は起きて浜辺に出掛けました。その日は，何月何日の何曜日で，そこで私が見たのは……」——それが何のことでも。もちろん，イザヤが何を意味していたのかを言うことは不可能です。なぜなら，私たちは時間的に，彼と彼の言明からあまりに引き離されているからです。もしも誰か——たとえばウィリアム・ブレイク——が，神との接触をそのままに記述するならば，私たちはそれについて何と言うべきでしょうか。私たちはどのような言語を用いるでしょうか。私たちは，「彼には幻覚があり，妄想がある，これらの事柄は幻覚だ」と言うのでしょうか。私たちはそのような意見を表明できません。なぜなら，私たちが知る限り，この螺旋における私たちの地点は，非常に異なっているからです。私たちは，今は私たちの特定の時代である20世紀だと言います。しかし，天文学的時間の時間尺度上では，世紀とは何でしょうか。アンドロメダ星雲では，その特定の宇宙では，その特定の

銀河では，何年でしょうか。これは，私たちの問題に絵画的表現を与える1つの仕方です。あなた方の面接室の宇宙に戻ると，あなた方の患者が今日あなた方に話していたとき，彼はどの日から話していたでしょうか。あなた方が患者の言ったことについて考えていたとき，それは何日のことだったでしょうか。今度はそれを，地球中心の空間の観点から考えてみましょう。この出来事は，どこで起きたのでしょうか。あなた方がたった今それを「思い出した」とき，この自由連想はどこで起きたのでしょうか。あなた方の患者が「自由連想して」いるとき，精神分析的な空間‐時間では，何日の何時でしょうか。コミュニケーションのこの問題を解決するのに十分となる数学的言語を，誰が見つけるでしょうか。

　分析者は，「あなたは今，私を怖く感じていますね」と言うかもしれません。患者は，「いいえ，そんなことはありません——私は全然怖く感じていません」と答えるかもしれません。それに対して分析者は，ただこうしか言えません。「まあ，あなたは私の気持ちを変えるに至ってはいませんが，私は自分が正しくてあなたが間違っていると言いたくもありません。しかし私は，私の解釈が正しいとまだ考えています。後になって，たぶん，私たちは**あなた**の考えていたことが正しかったのか，それとも，**私が**あなたの考えていることとして**言った**ことが正しかったのかどうかを，見る機会があるでしょう。そしてそれに加えてあなたは，私があなたの考えていることだと言ったことを，自分が本当に考えていたと結論を下すことができるかもしれません。だから，解釈は私たちが『正しい』と呼ぶものだったかもしれません。しかし別の問題があります。それが正しかったならば，あなたがそのように考えたり感じたりするのは正しかったのでしょうか。あなたが私を怖く感じたのは，まったく正しかったのでしょうか。あるいは，私たちはあなたが感じていたと合意した感情を，やはりあなたがよく知っている事実と比較できるでしょうか」。そのようにして，患者が起きていると言うことと，分析者が起きていると言うことの両方を，比較することができます。さらに，患者は自分が感じていることを，自分の他の感情と比較することもできます。そして螺旋の中のこれらの2点は，「地図に記される」ことができます——一方と他方を。

　私はあなた方にこの困難，つまり精神分析的な空間‐時間のための座標が

欠けていることに，焦点を当てていただきたいと思います。これは私が哲学者のアレクサンダー〔Samuel Alexander（6 January 1859 - 13 September 1938）本訳書 p. 96 参照〕から借りている用語です。世間では時間と空間の中にあることになっている物事について考える必要性に直面した哲学者（哲学的頂点）と，同様の事柄について話す必要性に直面した精神分析者は，似た経験をどちらにも適した用語で定式化できれば，役立つことでしょう。現状はそうではありません。宗教や芸術・数学・科学のような他の学問では，同じ目的に向かう進歩の諸段階を定式化する必要があります。クローチェは美学が普遍的言語でありうると想定しました。彼は間違っていました。私たちは精神分析者として，もっと良い提案をできるでしょうか。類比は役立つかもしれません。しかしながら私は，言葉の芸術家がそれを使うような仕方でこの用語「類比」を使用してはいません。類比の重要性は，比較される 2 つの対象（たとえばペニスと乳房）にあるのではなく，その 2 つの間に作られた結合にあることが，理解されなければなりません。

　精神分析的に言えば，私たちが関わっているのは関係であって，関連している事物ではありません。これは，対象の関係を扱っていると言う純粋数学者の見解に近いものです。私にはこれは，フロイトが「転移」という言葉を使用したときに意味したもののような（誇張抜きで，少なくとも似た）何かに思われます。彼はただ言葉を発明していたのではありませんでした。彼は語るために命名を要する物自体があることを確信していました。

　私たちと私たちの患者に戻ると，「転移」というこの単語を利用することは，私たちが精神分析について語りたいときには役立ちますが，分析自体の中では，私たちは物自体を見たり感じたり，直観したりできるべきです。私は，何が何に関連しているかは，無視します。それは，この「間にある小片」に注意を集中するためで，その結合が「転移」です。分析者は，彼の被分析者とともに居るので，実際に経験しつつ「私はあなたの言わんとすることが，分かると思います」と言うことができます。彼がそう言うとき，彼は感覚的現実（視覚・聴覚・嗅覚・触覚などを持っていれば識別可能である現実）の世界に，対処するために作られた言語を使用しています。それは，私たちの目的のためには不十分です。私たちは，1 つの務めのために作り出された言

語を，別の務めを行なうために用いなければなりません。私たちは，現象に
関わる言語を使用しなければなりませんが，私たちが関わるのが叡智的存在
であるときでもそうです。私たちは現象上のものとして記述しうる物事につ
いて語らなければなりませんが，その一方でその同じ言語を，叡智的な物事
に対して用いなければなりません。これは深刻な問題です。私たちが語を作
り出しても，誰もその語が何を意味するのか理解できないでしょう。私たち
が作り出さなければ，語の感覚的な歴史が喚起されます。軽率に用いられた
「死んだ」比喩と同じように，その幽霊が歩き始めます。言語新作は，精神障
害者の特権です。それは精神分析者が使用できるものではありません。

　私たちは私たちの語彙を増すために，他の諸学問から借ります。数学から
借りるとしましょう。ユークリッド幾何学は，私たちに役立ちません。それ
は地球中心の時間や地球中心の空間には大変結構ですが，精神分析的な空間
のためのものではありません。ブラウワーとハイティングは，直観主義の数
学を提唱しました。彼らのアプローチはいまだに議論の的です。それは今や
はるかに練り上げられ，何人かの数学者にとっては，定義がその特定の論議
領界で用いられている限り，それ自身の定義との首尾一貫性を保っています
が。それは私たちにとって，何らかの役に立つでしょうか。

　私たちは，画家や言葉の芸術家，数学者でなければならないでしょうか。
明日患者に会うという「単純な仕事」は，実に大変なことです。私たちは不
十分な道具を使わなければならず，私たちは現に話している間に，私たち自
身の特別な語り方を考案しさえしなければなりません。もしも私が，それ自
身の論議の領域で一貫性があって，同じ時刻に部屋にいる私ではない誰かが
分かるような話し方に慣れることができたなら，好都合でしょう。それに加
えて，私がここで同じ言語を使えたなら，読者は「私はあなたの意味してい
ることが分かると思います」と言えるでしょう。その経験が重要なのは，横
の〔同僚間の〕コミュニケーションを可能にするからです——それは分析者と
被分析者の間のコミュニケーションとは対照的です。あなた方の患者が明日
あなた方に話すとき，あなた方は「彼が何を話しているのか分からない。彼
がこれまで言ったことのどれに当てはまる解釈かも分からない」と，感じる
かもしれません。あなた方が傾聴し続けるにつれて，あるいはフロイトが言

う平等に漂う注意を行使するにつれて、「私は彼が言おうとしていることが分かると思う」と、感じ始めるかもしれません。これらの言葉は重要ではありませんが、感情は重要です。なぜなら、それは別の感情へと変わり、あなた方が解釈へと変えることができる何かへと、変わるからです。ですから、**あなた方**が自分は彼の言わんとすることを理解すると思ったり、彼が言おうとしていることが分かると**思ったり**するとき、それはいつか解釈となることでしょう。それは明日かも、来週かも、1年後かもしれません。それのいくつかは直ちに明らかで、そこであなた方はその解釈を与えることができます。あなた方が解釈を与えられる頃には、それは重要ではありません。なぜなら、それに対する作業は、あなた方がその患者と一緒にいた、何週間も何カ月間も何年間も前からなされてきたからです。その場の解釈は、**今**、遡ったり前に進んだりします。「私はあなたが言おうとしていることが分かると思います」。別の言葉で言えばこういうことです。「私はあなたが言っていることのようなものを、**思い出した**と思います。私はいつか自分が、あなたの話していることを**理解するだろう**と思います」。それはちらりと後ろを見ます。そして「来たるべき物事の形」を直観します。それは、解釈でも記憶でも予言でさえもない、独特の経験です。「現在」の経験は、過去であり、現在であり、未来です。それは無時間です——誰かが時空を、精神分析的な時間と空間を発明できない限り。

　私がお伝えしたい物語があります。それは、絵画的イメージの言語的な表現です。マーシャル・リョテ将軍は、船のための森、樫の森を育てる必要性について語っていると、それは絶対に実行不可能だと言われました。彼がなぜか尋ねると、「まあ、樫が使い物になるまでに、100年かかるでしょう」と言われました。「そうならば」とリョテは言いました。「私たちは一瞬も無駄にできない」。これが私たちの位置です。こうした問いは、私たち皆が心に抱いているに違いありませんが、それに答えるには100年かかるでしょう。ですから私たちは、一瞬も無駄にできません。

質問者：理解することは、経験することの代わりには用いられないでしょうか。あなたの御意見では、両者の関係はどのようなものでしょうか。

ビオン：私はフロイトを誤って解釈しているかもしれませんが、私が言おう

としていることは，フロイトがすでに自由に漂う注意に関して述べた言明と，両立すると思います。分析の過程で，分析者が記憶や欲望に耽ることは，間違っています。なぜなら，欲望は記憶の未来形ですが，どちらも曇っているからです。それらは，起きていることを隠します。それは，理解することにも該当すると私は思います。あなたが患者の言うことを理解し**よう**とする間に，患者は話し続け，あなたは彼が言うことを聞いていません。フロイトの言明は，もっと詳しい仕方で——螺旋のもっと先に進んだ点で——人は記憶・欲望・理解を避けるべきであると述べられるでしょう。そう言うのは簡単ですが，実行するのは非常に困難です。思い出すこと，先を見越すこと，理解することは，どれも関連性があり望ましいかもしれませんが，それはたとえば本を読むときや講義に出るときのことで，精神分析の実践中には，どれも有益な活動ではありません。それらは分析的な心構えに反しています。

質問者：患者が私たちの言語を理解していないと思われる場合，私たちには何ができて，どのような言語を用いるべきでしょうか。

ビオン：この問題は，患者が人とは違う仕方で考えているように見える状況で，非常に深刻になります。たとえば，私たちのほとんどは，自分の考えやアイデアを書き留めることにしたならば，左から右へと子供時代に理解し教わったように，分節して発言される言葉の規則を用いながら書くでしょう。それは人類の蓄積された知恵が，考えやアイデアを書かれたコミュニケーションへと変えるようになったことの，最も近い表われです。しかし，右から左，あるいはページの下から上へと書く誰かと知り合うと仮定しましょう。そして，彼らはそれが彼らの思考方法に，左から右に行くよりも良く合うのでそうしていると仮定しましょう。そうした人たちが，下から上へ，あるいは右から左へと**考える**と仮定しましょう。中国人は絵画的表象の方法，すなわち象形文字的コミュニケーションを用いて，その独特の思考の仕方の諸規則に従って，これらの象形文字を組み合わせると仮定しましょう。西洋文明の一員がそのコミュニケーションを，絵画すなわち象形文字に関しては正確に翻訳しても，正しくない文法であたかも分節して発言される表現の領域にあるかのようにまとめようとしたら，それらは実際にはそうではないので，その結果は奇妙な翻訳となり，ぎょっとするほど見た目には正しいけれども，

文法は分節して発言される言葉の文法ではないので間違っていることでしょう。それは象形文字的コミュニケーションの文法です。私たちの問題は，何が現実の「文法」であり，私たちのような生物学的対象はどのような文法を作り出して，現実はそれとほぼ同じということになるのか，です。精神分析では，私たちはコミュニケーションをしている間に，コミュニケーション手段を作らなければなりません。私はしばしば，精神分析しているときに自分たちの精神分析をする能力に期待しすぎることによって，私たちは妨げられていると思います。要するに，2つの危険があります——「多すぎ」と「少なすぎ」です。

　正しい文法を使用することに最も近づいたのは，西洋の詩人たちです。エズラ・パウンドは，しばしば精神病的と見なされてきました。彼の詩は，くだらないと言われてきています。しかし彼はロバート・ブラウニングを，それも『ソルデッロ』のような詩さえ理解する，十分な印を示しています。それはブラウニング自身によって，自分と神がその意味を知っていたが，彼はそれの言わんとすることを忘れてしまったので，もはや神しか知らないと言われたものです。『ソルデッロ』を書いたブラウニングと，『指輪と本』を書いたブラウニングの間の関係は，切り離されています。彼らはもはや同じ言語を話しません——そしてそれは，同じ人の中のことです。これに非常に近いことが，分析で起きます。成人した人は，自分の子供たちの振る舞いによって，自分がどのようだったかを思い出させられることに耐えられません。それは，まだ存在している自分の心の一部を思い出させられることに，耐えられないからです。彼は家族と暮らす経験を好まず，精神分析を好みません。私たちは彼を，彼が尊敬するに値するだろうと私たちが考える人物，すなわち彼自身へと引き合わせようとしています。つまり，彼がかつてそうだった彼自身へと，あるいは，かつての彼を今日の彼である彼自身へと，引き合わせようとしています。この2人は互いに嫌っており，引き合わせられたくありません。彼らはお互いを嫌い合うだけでなく，両者を引き合わせようとしているこの精神分析者を嫌います。

　当の質問に戻ると，分析者はこのことを自分自身に，自分の職業生活全体の間に，そしてまさに個々のセッションの間に尋ねなければなりません。

質問者：私たちはどのように直観を発達させることができるでしょうか。いつ直観は，投影同一化と比べて，知る手段として優勢でしょうか。

ビオン：私は，自分がその質問への答えを知っているとは思いません。私が間違っているかもしれませんが，他の誰かが知っているとも私は思いません。なぜなら，子供時代のほとんどは，成人そっくりになろうとすることに費やされ，それはあいにく，私が前に言ったように閉じたシステムだからです——それは未来を持っていません。その人は，成人そっくりになろうとすることに忙殺されているうちに，彼は偶然に成人になりつつあります。彼は直観力のある人そっくりになろうとしているのに，自分が直観力のある人になりつつあることに気づきません。その過程は，思春期でも中年でも，私たちが命名するどの節目でも終わりません。なぜなら，それは継続している状況だからです。私たちはみな直観力があるようになりつつあります——もちろん，直観力のある人そっくりになろうと大変な努力をしなければ，ですが。そちらは，閉じたシステムを目指しています。私たちがどれほど正確に，直観力のある人そっくりに何とかなるかは，私たちが直観力を持つようになることや，まだそうなれることを妨げる点を除けば，大した問題ではありません。

　もっともらしく，人は死ぬので急いでいる，と言えるでしょうし，私たちが知る限り，私たちが死んでいるとき，私たちは死んでいます——私たちが宗教的な人の観点，あるいは私が言う「頂点」を採って，身体的生活の終結を，そう見えるままのものだとは考えないのでなければ。分析者でさえ，ここで立ち止まる理由があります。なぜなら，わずか400年前には，人は30歳でどのみち死んでいましたが，それの何が問題だったでしょうか。それは自然なことでした。あなたの歯は抜け，あなたは衰え，腫瘍ができ，ありとあらゆることが起きて，それが正常でした。しかし今日，私たちは通常，30歳で死ぬと予想していません。私たちはそれをきっと病理的と見なします——私たちが病理を知っていたら，それを死の事実と照合するか，未知のものを想定できるでしょう。心の場合は，そこまで単純ではありません。私たちは，身体的毒性の精神的対応物とは何かを知りません。ある思考方法は他の方法よりも死を招くことが少ないと推測することは，できるように思われます——それらが何かを私たちが知っていたなら。実情は，私たちの人生の長さ

を，詩人の言うように「われらの齢は 70 年にすぎません。あるいは健やかで
あっても 80 年でしょう」（『詩篇』第 90 章 10 行）と，私たちは考えてよいで
しょうか。それは，私たちが有毒のものや病理的なものを，命を与えるか生
き生きとした健康なものから区別できないことに基づく，妄想かもしれませ
ん。なぜなら私たちは，心についても精神・魂についても——この感覚的に
知覚できず，感じられる範囲のスペクトラム内に収まらないものについて語
るために，私たちがどの用語を借りようと——ごくわずかしか知らないから
です。それは超身体的（ultra-physical）または身体外的（infra-physical）で
す。それは，私たちがこれまでよく知っているスペクトラムの外側です。そ
れは，物自体・生そのもの・叡智的存在が，私たちは精神的世界がそんな大
きさだという程度にしか考えられないので，私たちの精神的能力と同じ限界
があると，言おうとしているのではありません。それは途方もなく大きいか
もしれません。私たちが，便宜的に人が直観と呼ぶものを持っていたら，自
分の皮膚によって区切られたものではない心性の存在を，知覚したり気づい
たりできるのかもしれません。私の皮膚は，私の身体的組成や私の解剖学・
生理学の境界がどういうものかを述べる方法として便利です。それが私の心
の境界の，十分な説明を作り出しそうにはありません。私はあなた方に触れ
たり，聞いたり見たりできないかもしれませんが，にもかかわらず精神的に，
私たち自身と私たちではない何かとの間で接触することが可能です。文法の
言葉を用いると，「あなたと私」は，「私とそれ」や「あなたとそれ」とは異
なると言えるでしょう。生きているものと無生物の間には，何の精神的関係
もありません。しかし，生きているものと生きているものの間には，関係が
あります。難しいのは，それらの二者が何処で出会い，それらの 2 つの対象
が何処で 2 つの円のように交叉するのか，あるいはもっと数学用語を用いる
と，1 つの集合がもう 1 つの集合との重なり合いに関して，何処で関係して
いて，結果としてどちらの集合にも共通する部分——「あなたと私」と言う
ことができる集合——があるのかを，言うことです。

質問者：精神分析的な時間 - 空間概念の，精神分析的実践の使用例を挙げて
　ください。

ビオン：私はそれの例を挙げられませんが，私が自分自身についていくらか

知識を持っている限りでは，私は自分が，触れたり感じたりできるもの以上の何かに，手を伸ばしていることに気づいています。私は自分の患者に触れません。私が彼らに話し，彼らに会うことは本当ですが，私はそれが患者の心と私の心の間の出会いの十分な記述となるとは思いません。私は誰かが，テレパシーのような経験をしたと言うのを理解できます。彼らは，「おかしなことに，昨日私は，あなたが私の友人に会って<ruby>いた<rt>・・</rt></ruby>頃に，あなたが私の友人に会っていると<ruby>思いました<rt>・・・・</rt></ruby>が，あなたが会おうとしているとはまったく思っていませんでした」と言ったりします。それは，私が見たり聞いたり，匂ったり触ったり，感じたりできるものによって領域を定められていない，何らかの精神的現象がある，という考えと矛盾しないかもしれません。あなた方と私は，お互いに知られていない異なる場所にいますが，それでもやはり，何らかの重なり合うものがあるかもしれません。私はそれを証明できないでしょうし，今挙げたばかりの例で納得はしないでしょう。私はそれが，「超感覚的知覚」と呼ばれるものの1つではないかと思いますが，それはおそらく大雑把すぎます。私たちの直観が発達し続けるにつれて，私たちの心の境界が，身体的境界でも中枢神経系によって課される境界でもないことに，気づいているように見える状況に近づきます。それは，人が証拠や事実と呼びうるどんなものより，もっと推測か「勘」のようなものです。しかしそれはいつか，事実になるかもしれません。

—— 3 ——

　フロイトは1937年に書いた論文「分析における構築」(1937d) の中で，彼が構築と呼ぶものの重要性について語りました。彼はそれまでに，しばしば構築について書いていましたが，彼はそれをすべてその論文にまとめて，自分が個別の解釈を与えることよりも，実際には構築である解釈を与えることのほうが重要だと感じていると，率直に述べました。「万能」のような用語の使用には，まだ非常に多くの危険性があります。患者のなかには，「あなたが『万能』と言うとき，私には何を意味しているのか分かりません」と言う人がいます。これは最初，非現実的な，あるいは敵対的でさえある発言のようですが，実際にはそれは相当注目するに値します。分析では，無力にも感じている患者は万能的にも感じています。逆に言えば，彼らが万能的に感じているならば，無力にも感じています——その2つは現実には分かれていません。「万能」のような言葉は，連想のかなりの影を持っている非常に圧縮された言明です。万能が何らかの種類の宗教的信念に属する考えに関連している限りで，どの宗教的信念なのかを知ることは重要です。

　私たちが『失楽園』のような詩や，『アエネーイス』や『オデュッセイア』『イリアス』のような美的言明または詩を読めば，英文学あるいはラテン文学やギリシャ文学を読んでいたり教えられたりしていると考えがちです。これらの美的構築がなされたときは，それらは文学ではありませんでした。『失楽園』は，宗教的な言明を行なうための，厳粛な試みでした。それは，ミルトンが偉大な宗教的真実だと見なしたものを伝えることができる，最も単純かつ容易な方法でした——それはたまたま，素晴らしい詩でした。同じように，ウェルギリウスが『アエネーイス』を書いたとき，彼は良いラテン語や良い文学を書こうとはしていませんでした。彼は自分が言うべきことを言っていました。結果的に私たちは，重要なのは著者たちが伝えようとしていたことなのを忘れがちであり，私たちの教師でさえそれを忘れがちです。それ

らの特定の詩が名声を維持できたのは，意味を持つための能力を保持しているからです。『イリアス』や『オデュッセイア』『アエネーイス』の驚くべき性質は，その耐久性であり，何百年もの間を通して，理解がギリシャ語やラテン語の知識に制限されていない者たちに，メッセージを届けてきたという事実です。ギリシャ語やラテン語の知識は，単に予備的な**必須条件**にすぎません。

　人が，患者は私たちならば万能的と見なす仕方で振る舞っている，と言いたくても，私たちはその人が実際にどういう宗教を表していて，どの宗教に彼が身を捧げているのかが分かるまで，その振る舞いを理解できません。私がこの例を取り上げるのは，それが例外的だからではなく，分析的職業が持つ拡大していく性質の良い実例と思われるからです。私たちが明日会うことになる患者は，今日会う患者のように一見単純な言明をしますが，彼らの言うことの意識的で合理的な意味を解釈することは，ほとんど価値がありません。患者には，彼がよく知っている実際の意味に加えて，さらに意味があることを伝える必要があります。また，私たちが解釈を与えるとき，だから自由連想は間違っていたと言おうとしてはいません。便宜上，私たちは患者が「万能的」であると考えることができます。それは精神分析理論か，おそらく宗教的理論であり，私たちが彼のすでに知っていることを言うならば，それは患者にまさに何も伝えません。私たちが行なう必要があるのは，私たちには自明でも，彼は気づき損なっているものに注意を促すことです。しかし，患者の万能について解釈を与えることに乗り出す前に，この合理的な20世紀の人が信奉している宗教について，何か考えることは有用でしょう。たとえば，小さい少年の称賛の表情から，特定の教師やスポーツ選手が彼にとって非常に重要なので，彼がその人物を「崇拝している」と言えることは明らかです。私たちは分析者として，その言明を厳粛に受け取らなければなりません。そして私たちは，その小さな男の子にとっては，そのサッカー選手が自分の神であることを尊重しなければなりません。そのことには，何もおかしいところはありません。それは，その特定の言説領域では適切です。しかし，その小さな男の子が成長して，25歳，35歳，45歳の男性になって，まだサッカー選手を崇拝するとしたら，彼の宗教は進歩していないと言えるで

しょう。彼の献身のための能力，畏怖のための能力，崇拝のための，賞賛のための，謎のための能力は，発達していません。それは痕跡器官であり，彼にとって精神的に役に立ちません。それは，何らかの解剖学的欠陥によって目立つ（異常肥大した）尾が彼に残ったとしても，それが役に立たないのと同じです。ほとんどの人間が痕跡器官の宗教を必要としないのは，尾を必要としないのと同じです。しかし，彼らが実際に痕跡器官の宗教を持っているならば，その痕跡器官は，心の世界で精神的に目立ちますが，それは尾が解剖学と生理学の世界で目立つのと同じです。かつては正しく正常だった宗教的信念が，不適切になっています。私たちの考えの多くは，ふさわしい時機には正常で適切でしたが，それがその活気と力を，期限切れ（out of date）になっている時期とパーソナリティにおいても維持し続けるときには，そうではありません。

　どの日付（date）のことでしょうか。そのことは私たちを，精神分析的な空間−時間についてのこの困難に連れ戻します。私はそれについて何も知らず，誰かにそれを発見してほしいと願うばかりです。なぜなら彼らが発見するまで，精神分析は妨げられて発展できないからであり，私たちは期限切れの時間尺度を使い続けるからです。私たちは，期限切れの空間尺度を使い続けています。空間−時間は，サミュエル・アレクサンダーが著書『空間・時間・神格』（1920）の中で詳しく述べています。それは多くの点で時代を先駆けていましたが，それほど用いられてはいません。それは，リーマンやロバチョフスキーの幾何学が，地球中心ではない幾何学が登場するまでは，あまり用いられなかったのと同じです。それらは，外宇宙に対していくらかの用途がありました。それは——天文学用語を使うと——銀河系でなければならず，銀河空間にさえ，私たちは電波天文学のおかげで，可聴性の電波星や電波宇宙が存在することを今や知っています。そのことは私たちにとってそれほど重要ではありませんが，それは心に対する空間−時間尺度を発見したり発明したりすることの難しさを例示しています。

　精神的な旅行を考えてみましょう。M31 はアンドロメダ星雲で，おそらく約 50 万光年離れています。では，あなたの明日の面接室のことを，考えてみましょう。私たちが知っているどんな時間の限界も超えた外宇宙空間から，

リオ・デ・ジャネイロでの明日の朝8時までとは，なんという旅でしょう！私たちは精神的に，こうした旅をすることができます。私たちは精神的に，こうした広大な空間を横切ることができます。また，ホメーロスの心理学やウェルギリウスの心理学，宗教について語ることができます。このために必要なのは，今日のセッションの中だけでなく，明日の患者たちとのセッションの中で精神的に移動できることです。私がいくらかお伝えしたかったのは，どれほど膨大な量の仕事が，この患者に会うために，精神分析者や精神科医・哲学者であるのに適した心の状態を達成するために，なされる必要があるかということです――それは，人間のパーソナリティに関わる誰でもそうです。それによって，この問題の緊急性や，なぜ私たちには一刻の猶予もないのか，いくらか分かります。そうでなければ人類は，おそらくもう一つの放棄された実験にすぎません。人類は期限切れなので，存続しなくなります――もちろん，時代に追いつく仕方を何とか見出さなければ，ということです。私たちのほとんどは，精神分析が重要だと考えています。それは，精神分析が非常に良いからではなく（私たちは，現存する精神分析理論の全体でさえ，私たちの問題の表面を引っかく以上のことは，大してできないことを知っています），私たちが，私たちには心があると考えるのが正しいならば，私たちは心について何かをしなければならないだろうからです。

質問者：私はあなたに，質問の万能性についてのお話をお聞きしたいと思います。

ビオン：人が質問の万能性を前提にしていないと言うことは，不可能だと私は思います。私たちは簡単に，質問が本当に万能性の結果であると想定できます。私たちは，分析者であるためには普通の人間たちに頼らなければならない限りで，こうしたまさに同じ機制の多くから，逃れることは決してできないでしょう。私たちは，自分たちの動物的な遺伝に気づく必要があります。それが性的活動や殺人活動の能力であっても。そして4本足で動き回ることから後ろ足2本で歩くことへと変化する私たちの能力にさえ，気づくことが必要です。私たちは可能な限り，悪と善の両方の潜在可能性についてのカソリックの考えを理解する必要があります。「悪と善」――改めて，何が参照枠でしょうか。そうした宗教的な考えでしょうか，それとも，それらは美学

的な考えでしょうか，科学的な考えでしょうか。その質問は，精神分析や宗教・子供の養育に関連しているでしょうか。私たちのほとんどは，子供にどうやって自分の人生を生きるかを教えるという問題に，直面しなければなりません。ほとんどの精神分析者たちは，自分の人生をうまくやっているので他人のものもうまくできる，という振りをしたいとは思わないことに同意するでしょう。これが，分析者は自分の能力と自分の精神分析的知識の限界についても，何らかの基礎となる考えを持つ必要がある理由です。そのような自己認識は私たちを，彼らに自分がどう考えているかを示すのではなく，どう生きるべきかを教えようとする危険から救うかもしれません。

質問者：構築と精神分析的な時間‐空間の間の関係は，何でしょうか。精神分析的な時間‐空間の中での患者や分析者の喪失感を，どう理解するべきでしょうか。

　　万能感は，この喪失の感覚のどこにしっくり合うでしょうか。あなたは臨床的な仕事で，構築（グリッド）を用いています。これらの構築は，解釈の代わりに患者に与えられるのでしょうか。

　　私たちが感じるものと私たちが考えるものの間の空間と時間は，混乱や迫害・抑うつあるいは良い感情で占められているのでしょうか。

ビオン：私は，患者たちが「ひどく恐く」感じていると言うのを，聞くのに慣れています。恐怖の程度を測る尺度は何でしょうか。患者は，「過度の不安」を示したり，「過度に自己満足」していたり，「細部に過度の注意」を払ったり，彼の「誤解は異常だ」と言われたりします。これまで精神分析者たちは，多かれ少なかれ，自分たちが直面した問題に対処することができました。今日私たちは，かつて精神分析的活動と考えていたものの範囲の外にある問題を，扱うように求められています。私たちは何の参照枠もなしに，これらの問題を絶えず扱っています。分析者は，「私はこの患者に対処できない，彼は敵意に満ちすぎている」と感じるかもしれません。敵意の正しい程度とは，どれほどでしょうか。ここは敵意がわずかで，ここは敵意が過剰だという測定の尺度は，どこにあるのでしょうか。それを測るのは，分析者がセッション中に持つ感情によるのでなければ，どのようにするのでしょうか。「プラス」や「マイナス」は，精神分析者の「標準」からの逸脱を示すために用い

ることができるでしょう。これは，不満足で主観的で非科学的と言えるでしょう。それにもかかわらず，私が知る限り，これ以上のものはありません。そのどれでも，私たちは適切な測定尺度なしで，時刻を教えてくれる適切な時計なしで，何とかやっていかなければなりません。これが深刻になるのは，「ああ，彼は異常で，病気すぎて，本当に境界精神病者だ」と言われたことがあるかもしれない患者を扱うときです。本当を言うと，彼は私たちのスペクトラムの区域からあまりにも大きな遠出をさせるので，嫌われています。私たちは発達しなければならず，動物の成熟を超えたところにあるけれども文化的なセックスを目標として残している成熟の基準を，達成しなければなりません。動物のセクシュアリティは，精神的な成熟の前に達成されます。後者の達成は，これからです。精神的な成熟や情熱的な愛のようなものがあるにしても，いつの日に誰かが，単に性的に成熟していることとは対立した情熱的な愛を達成できるのかは言えません。

　グリッドは，道具を作るための弱々しい試みです。道具は理論ではありません。それは理論からまとめ上げられたもので，インチとセンチメートルで目盛を付けられた定規が，多くの理論に従って作られてきたのと同じです。しかし定規は，さまざまな人たちがありとあらゆる目的のために使えます。私が学校の生徒だったとき，先生は「手を広げなさい」と言っては，掌を叩くために定規を使いました——それは痛みを与えました。本当はそれが定規の作られた目的でも，それにインチやセンチメートルの目盛を付けられていた理由でもありませんでしたが，それは機能しました。私がグリッドに対して要求できることは，これくらいです。人によってはそれを，別の目的のために用いることができるかもしれません。誰かが精神分析を実践している精神分析者の何らかの役に立ちうるグリッドを，発明する方法を見つけるかもしれません。それはまだ発見されていないのです。というのも，私はもちろん自分の描いたグリッドが，その欲求を満たしているとは思わないからです。私は，それがいかに拙いか，課題に対してそれを作ったけれどもいかに不適切かを知れば，十分だと思います。しかし，たとえそれがある程度の精神的苦痛を与えるにしても，私はあなた方がそれを活用して，より良いものを作っていただければと思います。

質問者：あなたは，精神分析が科学と見なされるためには，それを数学的にしなければならないとお考えでしょうか。

ビオン：精神分析が数学化されたとしても，私は感銘を受けないでしょう——まったく受けません。しかし，そうしようとする気がある人がいたら，そのやる気を削ぎたくはありません。なぜなら私は，精神分析が決して完璧ではなく，良い道具でさえないことが分かるからです。私に関して言えば，それは私が出会った中で最良のものです。私はそう言うのを躊躇します。なぜなら，精神分析は大したものではないと直ちに信じる人が，あまりにも多いからです。それは，何が「多い」で何が「少ない」かについての，あなた方の尺度が何なのかによります。人間の心の働きは，決して効率的ではありません。実際，私たちの精神的能力は，知恵よりも利口さに訴えるほどです。私たちはとても利口な猿なので，自分たちをこの地球の表面や宇宙の表面から吹き飛ばすことができます。そのずっと後で，私たちは原子爆弾を弄ぶことが危険だと発見します。核分裂が有効ならば連鎖反応が起きて，私たちが呼吸や生活に必要な物質全体が，一瞬の間に破壊されるだろうと心配した人たちがいました。私たちにとって幸運なことに，私たちはそこまで利口ではありません——今のところ。明日おそらく誰かが十分に勇敢で愚かで無関心で，「それはとても刺激的だろう——この危険なマッチを点けて，何が起きるのか見てみたい」と言うでしょう。利口であることと知恵があることの間を人為的に分けると，知恵があることのほうが，利口になることよりも，時間が掛かるようだと言えるでしょう。

　私は原子物理学者と話したことを覚えていますが，彼はギリシャ語やラテン語や詩や文学といったことは，どれも膨大な無意味で，オックスフォード大学は恐ろしく多くの時間を無駄にしていると感じているようでした。私はそのことで言い争いはしませんが，だからといって私は，知恵の成長を促すことなく，私たちの猿のような策略を奨励すべきだとは思いません。私は，人類が原爆による終焉を迎えることが，人文科学の研究よりもはるかに速いことが分かります——それは徹底的で効果的で迅速でしょう。それが精神分析より進んだものかどうかは，意見が分かれるところです——健闘をお祈りします！

私が小さいとき，先生たちが定規でセンチメートルとインチを測るために使うことを学んでいて，私の手を叩かないでくれていたら，私には良かったことでしょう。私は科学者たちに原子物理学を私の助けとなる何らかの仕方で使ってほしく，私を灰やガスに変えないでもらいたいと思います。何が知恵の成長を促すのかを知るのは，難しいことです。精神分析は，何が成長を促進するのかを解明することに，最も希望を与えてくれるように思われます——それが腫瘍の成長なのか，健康な組織の成長なのかは，私には分かりません。そのときまで，私たちが精神分析の技法を洗練させている間に，おそらく私たちは，どのように知恵のある人たちを，ただ利口な猿ではなく精神分析者に育てるのかを学ぶことができるでしょう。

質問者：私は，「神秘」という言葉のあなたの使い方について，もっとお聞きしたく思います。それは私の心には，アガサ・クリスティの響き，スフィンクスの謎，人間の起源などを思い起こさせます。あなたがこの表現を用いるときには，何が心にありますか。

ビオン：私がその言葉で意味しているのは，未知のものに対して尊敬の感情を持つ能力のことです。それは私たちが無知なものを尊重する能力を持つことであり，私たちが理解しないものを恐れるあまり，「ああ，彼が何について話しているのか分からない——精神科病院に入れなさい」とか，「この男は何をしているのか分からない。彼を処刑しよう」とか言いたくならないことです。たいていの人たちは，首を切り落とされてしまえば，あまり優秀な殺人者ではないことは本当ですが，その結果私たちは彼らについてごくわずかしか知りません。人は殺される前に，暴力的な人や物が何なのか，知る機会を持ちたいことでしょう。しかし暴力は，思考することよりもずっと速いようです。特に，行動の代わりである類の思考ではなく，行動に向けられた類の思考と比べるとそうです。どういうわけか，そうした思考はゆっくりした過程で，おそらくその仕事にとっては遅すぎるようです。しかし，これはどれも，仕事をしようとしないというより，仕事に忠実で献身的であることを示しています。

あらゆることの説明を，人間の心についての説明さえも学んだと感じている人は，まだ学ぶ能力がある人よりもつまらない人のようです。精神分析に

耽っている人は，二次元的になるように思われます——彼らは平板であり，人ではなく人の設計図です。もしも私たちが，人々を適切な仕方で（それが何を意味しようと）分析できたならば，彼らは自分自身の心ばかりでなく，他の人たちの心にも敬意を持つかもしれません。その心に含まれるのは，人間の心自体に畏敬の念を抱く能力でしょう。それは，私が北方のオーロラのような光景に畏敬の念を抱けるようでありたいのと同じです。私は自分が，「ああ，これは単に電気が見せているものです。それは電気現象です」と言っても，進歩したとは思わないでしょう。それは利口ですが，知恵ではありません。

　誰かがラジオを聞いていて，暗騒音，すなわち混信について知りたくなったとしましょう。やがて彼らは，混信を聞くために巨大な電波望遠鏡を建設するのに足りるほど，知りたくなります。これはすべて，自然現象を尊重し畏怖する能力にかかっています。精神分析が進歩する見込みは，人間の心を尊重する人が十分にいるようになるまでありません。それは，彼らが人間の心を好きかどうか，それを間違った種類の心だと思うかどうか，その心の特定の種類の働き方に賛成しないかどうかに関わりません。ですから，精神分析者たちが今も未来も，人間の心，人間のパーソナリティを尊重できるべきであること，たとえそれが何なのかも，それについて何も知らなくても，尊重できることは重要です。これは私が，神秘に包まれたままでいられると呼ぶものの一部です。私たちは，神秘と私たち自身の無知に，耐えられなければなりません。

質問者：カトリック教徒の宇宙での万能と，メソジスト派の宇宙でのそれの間には，面接室の内側でも外側でも，どのような違いがあるのでしょうか。

ビオン：カトリック教徒とメソジスト派の経験を，いくらか持つことが必要でしょう。さらに良いのは，ある特定のメソジストや，特定のカトリックの経験をすることです。私は，精神分析者のみが見出す見込みがあるだろうと思います。分析者は，二人が同じ神を崇拝していることや，一人がゴルフのプロを崇拝し，もう一人はサッカー選手を崇拝していることに気づくかもしれません。しかし，それでも彼は依然として，「まあ，私は二人しか調査していませんが，彼らから私は，とにかく誰もが知っているものを見出すよう

に導かれたようです」と言えなければならないでしょう。一生没頭してきた
のに，すでにそうした考えを持っている，非常に多くの人たちに辛うじて追
いついたと感じるのは，つらいことです。私たちの誰であろうと，何か新し
いものを発見する見込みはほとんどありません。私はすでに発見されていな
かったものを見つけたことは，一度もありません。しかし人々は，自分が信
じたいものを信じ，対象が信じるに値すると信じる，大変な能力を持ってい
ます。創造的な人間の存在を信じたいという欲望は，独自性と独創性や創造
性との間を区別する能力を曇らせます。

　ニーチェは『ツァラトゥストラかく語りき』の中で，国家の機能は一人の
天才を生み出すことだと述べています。そのことから，尺度がよく分かりま
す。つまり，6,000万人の人間がいたら，天才を一人生み出すことができる
かもしれません。そしてこの6,000万人の集まりが，天才が1人現れたなら
ば彼が生き残れるようにして，彼を処刑したり，吹き飛ばしたり，関心を払
わずに死なせたりしなければ，それは良いことでしょう。しかし，誰が唯一
の天才であるかについて，6,000万人を同意へと導く能力は，稀です。精神
分析では，問題は唯一で特定です。

　質問者は，質問が特定で唯一なのか一般的なのかを，決定しなければなら
ないでしょう。もしも具体的であれば，答えは具体的な機会に見出されなけ
ればならないでしょう。

質問者：分析における時間を経験する能力の発達は，万能と無能の連続した
　経験を通して達成されるでしょうか。

ビオン：時間は，一方から他方への揺れによって測定されることができます。
「私はいつも自分の起きたい時間に，それについて前の晩に考えることで起
きられます。もしも午前5時に起きたければ，午前5時に起きます」と言う
人たちは，もちろんよく知られています。私はそれが生得的に不可能だとは
思いません。それが何のおかげなのか，私は知りません。それは心拍のよう
な生理学的なものや，万能から無力への揺れのようなものに，依存している
かもしれません。あなた方がそのような揺れを示す患者をお持ちでしたら，
調べる価値はあるかもしれないと私は思います。実際は今のところ，機械装
置のようなものが11：15と告げることに依存していて，私たちはみな，それ

によって畏怖の念に打たれなければなりません。私たちはその機械装置が，時計の針の特定の位置に追いついた事実に，感銘を受けなければなりません。ですから，私たちは小さな時計に頭を下げたほうがよいと思います。

4

　私が討論したいことは，私たちが関係している話題から遥かに遠く離れているように見えると思います。近年，天文学では機械の発達がありますが，それは望遠鏡の発見に似ています。これまで天文学は，人間の視覚装置が見ることができるものによって制限されていました。パロマにある 200 インチの反射鏡のような強力な道具によって，拡張されたときにもそうです。それが今や，電波天文学の発見によってさらに拡張されています。電波天文学者たちは，天文学領野の空間に相当するものの中に，彼らが「ブラックホール」と呼ぶものを発見しました。彼らは，「ブラックホール」とは星が凝縮しすぎて，それ自体の上に崩れ落ちてしまった空間だと信じています——星は崩壊したのです。かつて星があったところに今や「ブラックホール」があり，それは果てしなく巨大な力の源だと天文学者たちは推測しています。

　私は，人間の心についての精神分析理論で，「ブラックホール」の天文学的理論のように聞こえるものをよく知っています——私に天文学的定式化を理解できる限りでのことですが。なぜ，精神分析者は精神現象を説明する理論を考案しなければならず，天文学者はそれと独立に，彼らが天文学空間の中のブラックホールと考えるものについて類似した理論を作り上げなくてはならないのでしょうか。どちらがどちらを引き起こしているのでしょうか。これは人間の心の何らかの特異性で，それを上空へと投影しているのでしょうか，それとも，これは空間の中の何か現実のもので，それから心の中の空間という考え自体が由来するのでしょうか。おそらく，この「ブラックホール」を探究する時間と気持ちのある人がいるかもしれません。もちろん，探究の結果は否定的な発見，つまり，それ以上調べることを不要にする発見かもしれませんし，おそらく精神分析者はすでに，人間の心の特殊性に気づいており，もしも彼らの疑念が正しければ，それはまた更なる精神分析的な探究と理論につながるでしょう。私は現代の宇宙論の考えを，精神分析のため

のモデルとして使用しましたが，精神分析を人間の心の探究の出発点として使おうとも思っています。

何百万光年も離れたところにあるものではなく，本当に間近のものを見ましょう——それは自己自身です。フロイトはルー・アンドレアス・ザロメへの手紙で，自分が非常に闇深い主題を探究しているとき，自分を人工的に盲目にしてそれを探究することが，時には啓発的であると述べました。『失楽園』の第三巻でミルトンは，「おお，聖なる光よ，天の初子よ，汝の上に栄あらんことを！それとも，もし支障なければ，永遠者と等しく永遠なる光よ，と呼ぶことを許し給え！神は光でいでまし，人のおろそかに近づき難き光にのみ永遠より住み，したがってまた汝のうちに住み給うがゆえに，——おお，汝，造られざる本質より出でたる輝けるものよ！〔平井正穂訳『失楽園（上）』岩波文庫 p.117〕……あの空虚な形のない無限から勝ち取られた！」と言っています。彼が盲目だったことには疑いがないようであり，ミルトンにはもちろん疑いはありませんでした——「それほど徹底的に黒内障が視力を奪い去ってしまったからだ。いや，眼球を覆ってしまったのは，他の底翳（そこひ）かもしれぬ」。眼球は温かさを感じられますが，彼は何も見ることができません。今日，有能な眼の専門家ならばミルトンの失明の性質について考えがあることでしょう。私たちは，ミルトンが人為的に自分を失明させたのか，それとも彼は無意識的に，諸々の事実の輝かしい光に盲いられている間は「人間には見えないもの」を探究できないことに気づいたのか，何とも言えません。ミルトンを精神分析することはできませんが，彼が明らかに盲目であるという経験を役立てられらしいことには，当惑させられます。それはまさに，フロイトが人為的に自分を盲目にしなければ，こうした闇深く曖昧な場所を探究できなかったのと同じです。

私たちが明日患者に会おうとしているときに，精神分析についてできる限り多くのことを知り，明日のセッションで出会う事実にできる限り素晴らしい照明を注ぐのは，良いことでしょうか。それとも，私たちは自分を人為的に盲目にしたほうが，暗闇が遍（あまね）く広がって，どんな非常に不鮮明な対象もはっきりと見えるので，良いでしょうか——暗い地下室にいる黒猫を，まったく明かりなしで探すことについて言い表すように。私たちは患者が私たち

に話す際に，どちらにしたほうが良いかを熟慮することができます。すなわち，精神分析について一人の人が知っておくべきあらゆることを知るか，それとも，私たちの直観がどれほど微かにでも，患者が私たちに言っていることの中に，どれほど不鮮明で不明瞭でも何かを見る機会を得ることができるために，さまざまな事実をできる限り忘れるようにするか，です。私たちは，精神的な複眼視のようなものを必要としています——片目は盲目で，もう片方の目には十分な視力があります。イギリスのネルソン提督はかつて，命令に背くためには，信号を見なかったと言えるように，出された信号に「目をつぶる」ことが賢明だと決断しました。彼は，自分の見えない目に望遠鏡を当てました。私たちが行なうように言われてきたことに注意を払いすぎないほうが，かえって良いときはないでしょうか。私たちが知っている解釈も，教えられてきたりした（私たちの先人たちによって正しく教えられた）解釈も，状況に光明を投げ掛けないと思われる場合，私たちがするように言われていることを確かめるのではなく，私たち自身の独創力を使うほうが良いでしょうか。そうするのは，非常に危険なことです！それは傲慢であり，言われたことをすべて無視して自分のほうがよく知っていると想像するためには，ある意味で少し愚かであることが必要です。しかし，私たち自身の子供時代でさえ，私たちの両親は間違っていることがありました。彼らは子供の育て方について，私たちよりもずっと多く知っていましたが，時には，私たちが本当に言うことを聞かなかったときには，私たちもまったく正しかったかもしれません——私たちには信用がありません。私たちがすでに成人した男と女でありながら，まだ学ぶことがたくさんあると感じている今日，私たちはそれを呼び集められるでしょうか。私たちはいわば子供でも成人でもあります。私たちは子供として正しいと学んだことを忘れることにしましょうか，それとも，成人として正しいと学んだことも忘れることにしましょうか。あなた方は自分の直観を用いるべきだ，それがどれほど微かで紛らわしく，もしも誤った進路を取ればどれほど危険かもしれなくても，という私の考えを，どうお伝えすればいいでしょうか。

　今度は，もう1つの目を通して見ましょう——天文学に戻ります。ほとんどの人たちが「これはひどいラジオだ，とうてい番組が聞けそうにない，音

楽は混信のせいでかき消される」と言うのに対して，ある気難しくてひねくれた，愚かで無知な人は，美しい音楽は聴かないことにして，代わりに混信を聴くことに決めました。それ以上ひねくれて愚かなことを，想像できるでしょうか——バッハやベートーベンを聴くのではなく，混信を聴くという。それにもかかわらず，それほど何年も経ずに，誰かがこの混信を聞くために，暗騒音を聞くために，巨大な電波望遠鏡を建造しました。例の途方もない，愚かで精神病的な，ひねくれてうんざりする人たちとは，そんなものです！なぜ彼らは，このような発見をするために選ばれた人々なのでしょうか。なぜガリレオは，重要な宗教関係の当局を含むあらゆる権威に逆らって，宇宙は地球にいる神の代表者たちが事実だと言っていたものとは異なる，と言ったのでしょうか。私たちは都合よく，「正気の人たちについて気に掛けるのは止めましょう。私たちが本当に励ましたいのは，私たちが扱う気の触れた人たちだけです」と言う余裕はありません。しかし，私たちはもちろん，「こちらが正気の人たちで，あちらが狂った人たちです」と言うわけにはいきません。ある瞬間に反抗的な精神病者が，ほぼ即座に，正気でカリスマ性を備えた，体制側の人に変わることは事実です。

　私が「私自身」と呼ぶかもしれないこの狭い範囲で，私は自分が無意味なことを言っているのか，それとも誰かが聞く時間を割くに値することを言っているのかに関して，何らかの評価をしようとしなければなりません。思考を行なう世界で，人は行動の前触れであって行動の代わりではないように思考しているとき，決定しなければいけないのは，たとえ続けて話すことがそれほどなくても，自分が持っている考えを述べて人々を煩わせるだけの価値がそれにあるかどうかです。それは無意味ではないかもしれません。それは，この小さな宇宙にいる私たちの誰もが突きつけられるジレンマです。その宇宙は，私たち自身の宇宙であり，もしも私たちが解剖学と生理学に頼ることができるなら，「自己自身」であると言えるものよりもかなり大きいようです。私が誰なのかは，もしも私が自分の境界が肌の境界と同じだと考えてよいならば，はっきりと理解できることでしょう。しかし私は，私の心が諸々の部分の残りとともに，本当に皮膚の内側にあるのかどうか，疑わしく思います。もしも私たちが，人間の心と呼ぶに値する何かがあり，それには探究

する価値があるという理論に基づいたこの精神分析的偏見を有しているのな
らば，それはこうしたあらゆる電波混信と同じほど，重要かもしれません。
混信には，私たちの先輩たちが聞くべきものと決定したプログラムよりむし
ろ，耳を傾ける価値があります。

　私たちの明日の患者は，私たちにいくつかのことを伝えようとしており，
私たちは彼らの話を聞くべきです。それを無視することはありえません。し
かし患者に対して，こう言うことはできるでしょう。「あなたが私に伝えて
いることばかりでなく，私はあなたが言おうとしていないことにも，注意を
向けたいと思います——それは，あなたがくだらないと思うかもしれないこ
とです。私はあなたに，あなたが知っているあなたの心と，これまでくだら
ないと思っていたあなたの心の部分に，敬意を持っていただきたく思いま
す」。そしてメラニー・クラインによれば，それは乳児が幼いときに分裂排
除し（あるいはそうしていると思い），尿をミルクではないので，そして便
を食べては良くないので取り除くことを学ぶ仕方で，取り除く（あるいはそ
うしていると思う）ものです。誰も自分の心を飲んだり食べたりはしません
が，分裂排除する習慣は続く可能性があります。「私は自分がこれまでに取
り除いた悪いものすべてと，一切関わりたくありません」と言えればという
願望が残ることはありえます。分析者は，「ぜひこの悪いものを見てくださ
い。あなたがあなたの人生のある時点で悪いと思って取り除こうとしたもの
を，ぜひ見てください」と言っています。精神分析の実践では，「よく見る」
ことは，「乱流」を経験することと不可分です。この混じり合って混沌とした
混乱はおそらく，精神的な「ブラックホール」の内容であるかもしれません。
それは，精神分析を「経験する」よりも，それに「ついて聞く」ことのほう
が好まれることが多い理由です。ですから，「ブラックホール」を取り除く
前に，もう一度よく見てください，あなた方の父親たちと母親たちがあなた
に言ったことをすべてくだらないと決める前に。私たちの意識的で合理的な
あらゆる知識を取り除く前に，それをよく見ることもしましょう。要は，混
信をよく見てみましょう。

　そこには併発する問題がありますが，それをこれから見ていくことに驚か
ないでしょう。私たちの中の赤ん坊は，成人を嫌います。憎しみはお互いに

あります。明日，私たちの患者の一人が，成長したくないというあらゆる兆候を示すかもしれません——彼は成長することが悪い考えだと思っています。彼はむしろ一生赤ん坊のままでいたいと思っています。私自身は，自分がどこかの精神分析協会の役員ではないことを嬉しく思います。誰か別の人に，成人になってその仕事をしてもらいましょう。同様に被分析者は，自分がそうなるだろうと恐れていますが，子供や乳幼児の心の状態になり下がりたくありません。しかしそれは，きっぱりとけりが付くことではありません。私たちは人間という動物のままであり，時には若い人間という動物です。時には，私たちは成人した人間という動物だと言えるでしょう。それらは，一緒に働くようにできるでしょうか。それらは，隠喩を使うと複眼視，2つの精神による知覚を十分に生み出せるほど，協力できるでしょうか。私たちは分析者として，正しい方向に進んでいるでしょうか。私たちは，心があること，それには時間とお金を費やす価値があること，明日出会うであろう心の特定の標本に時間を費やす価値があることを，当然のことにしています。それが*私たち*の考えることです。しかし私たちは，とても小さい，少数派です。

質問者：あなたは，神秘を尊重することの重要性と，精神分析者の直観の重要性を強調しました。このことと，候補生たちの選考の際に医学を学んだ経歴が優先されることとは，どのように折り合いを付けられるのでしょうか。医学の訓練は，一般に直観的というよりもむしろ器質論に基づいた態度を教えるので，そのことと人文学を学んだ人たちを優先したほうが良くはないのでしょうか。

ビオン：この問題は，英国協会にいつも影響を与え，継続的な論争の的でした。一般に，会員の 1/3 は非医師の会員であるべきだと合意されましたが，主な必要不可欠な条件は，すべての会員がこの仕事に誠実に没頭する印を示すべきだということです。ある人に医学の資格があるならば，その人たちはある訓練を受けたことを示しました。同様に非医師の会員は，精神的に訓練を受けた組織の一部であるとはどういうことかを，知っていることが期待されました。それは，たとえば哲学の学位を取得するのに十分な研究をした，というようなことです。医学訓練には，精神分析の実践に対する準備として，多くの良い点があります。医師は，不安になっていて怯えている人たちに慣

れています。しかし，その一方で彼らは，物質主義者の偏見によってハンディがあるかもしれません。誇張して言うと，あなた方は腹部を触診できると，そこにしこりを感じるかもしれません。もしも心を触診できないならば，心に何か問題があると言うのは馬鹿げている，ということになります。

　私たちは選考委員会が最悪を排除して最善を排除しないことを，願わなければなりません。この選考の問題は，終わりなく見直される案件でなければなりません。私たちはこの問題にきっぱりとけりを付けたことは一度もありませんし，私たちを個々の例の真価について考え抜く必要性から解放する答えを，見出すこともできません。

質問者：分析セッション中の沈黙というブラックホールについて，何か教えていただきたく思います。また，人に見えないものを知覚させる幻覚の奇妙な光についても，何かお願いします。

ビオン：私たちが楽曲を聴くとき，その中には休止が含まれています。英語では「休止（rests）」と言いますが，それは音楽の一部です。私はあるとき，集団についてこう聞かれました。「あなたは，話す以外のことを何かするのですか」と。私は言いました。「ええ，私たちは沈黙します」。その質問をした哲学の博士は，私が冗談を言っていると思ったと思います。しかし私は真剣でした。人々の集団は，いつも話してはいません。彼らは沈黙することがあり，その沈黙は，彼らがしていることの一部です。英語には，「〔何かを〕孕んだ沈黙」という表現さえあります。それは，そのことをよく表現しています。無である沈黙があります。それは数学で言えばゼロです。しかし，ゼロは数字の1と1の間に入れられることがあり，するとそれは101になります。同様に，先行する音と後続する音を，価値のあるコミュニケーションに変えるような沈黙があります。優れた詩人は，普通の言葉と普通の沈黙を用いますが，それらの用い方によって，言葉も沈黙も特別な何かに変えられます。分析では，あなた方は観察できる可能性のある沈黙を，区別できるかもしれません。「実践」ではできますが，「理論」ではできません。

　困難なのは，無を意味するゼロと重要である何かの間，すなわち空虚な思考である沈黙と〔何かを〕孕んだ沈黙の間を区別することです。もしも私が身体的な性交とその結果——妊娠など——について話していたのなら，これら

の言葉は問題ないでしょう。しかし私は，解剖学や生理学について話そうとはしていません。私は精神的な経験について話しています。問題は沈黙を解釈すること，あるいは沈黙と思われるものを解釈することです。ジョン・リックマンが私に述べた患者は，全身を毛布で覆っていて，片目だけ出していました——解釈するリックマンに与えられたのは，それだけでした。それを分析の本で調べようとしても，無駄なことです。その解釈が何なのか，他の誰かに尋ねても役に立ちません。あなた方はそこに行って，そのように振る舞う患者を受け持たなければなりません。そして何かが現れるのに十分なほど長く，それに耐えなければなりません。フロイトは，数学者は無意味でばらばらのまとまりがない諸々の事実の集まりを，そこにパターンを見つけて，そのパターンを数学的定式で書き表せると考えるまで，見続けなければならないと述べています。

　徹底して沈黙を用いる患者，あなた方のところに来ても何も言わず，セッションの終わりにはどうやら満足して出て行く患者の振る舞いを解釈するためには，どのような分析が必要とされるでしょうか。もしも私たちが，分析者と被分析者の間の言語的なやり取りに自己限定しようとしているならば，私たちはその種の患者とはあまり進展しないだろうと思います。分析者の「限定された」発言と，患者の「沈黙」の間には，大きすぎる溝が残り，結びつきはありません。101 は 11 のままです。それは百一ではなく，十一でもありません。誰かが沈黙の——明白ではない沈黙の——言語を，発明しなければならないでしょう。

　私のある患者は，私が話しかけると，私の言葉を観察してそれが部屋を漂ってカーテンの上で模様になる——と彼は考えて——まで，見ていたものでした。彼の振る舞いが私に理解できるようになったとき，彼は一言も発しませんでしたが，私はそれを言葉で表そうとすることができて，それには何らかの成果があるようでした。これが，私たちの直面している種の問題です。私たちは，「この患者には敵意がある」と言いますが，その沈黙を解釈するのに間違った精神分析を用いているかもしれません。あなた方が明日，患者に会うときには，あなた方は何が起こっているのかに注意を払わなければならないばかりでなく，分析をしながら，その分析を行なうための道具を発明し

なければならないかもしれません。ガリレオが望遠鏡を発明し，望遠鏡を作り，自分が探究したい事柄を研究するために，自分でレンズを研かなければならなかったように。

質問者：精神分析の用語では，「混信（interference）」は何でしょうか。

ビオン：あなた方は患者と話をしているとき，患者がこちらに耳を傾けていないことに気づき，感じることができるときがあります。同時に，あなた方は彼が何かに耳を傾けているのを感じることができます。そのとき，患者と分析者の間の会話は，妨げられて（interfere）います。それが混信で，私の意味していることです。あなた方は，彼があなた方に言っていることに注目するでしょうか。あるいは，あなたの持っている書物が言ったことに注目するでしょうか。それとも，混信に注目するでしょうか。これが実践での精神分析の難しさです。これが明日のセッションにある難しさです。「あなたは自由連想をしていません」とか「この患者は私に話しません。私は彼に何もできません」と言うのは無駄です。あなた方は沈黙することができます。そして，聞くことができます。あなた方は話すことをやめて，何が起こっているのかを聞く機会を持つことができます。あなた方がそのときに聴かなければならないのは，精神分析的な「混信」であり，それは誰かが電波混信を聞かなければならなかったのと同じです。私たちが通常，精神病あるいは境界線精神病と呼ぶこれらの領域での進歩の見込みは，何が起こっているかを私たちが聞くまでは，ほとんどありません——それは，必要なときに沈黙することができるという意味でです。

　あなたはご質問の中で，言語の必要性を例示しましたが，あなたは私に結局は，道具を発明することを求めています。その道具は，あなたが私に「何が……？」と質問しているとき，質問に答えるばかりでなく質問するためのものです。私の知っている精神分析用語がないのは，あなた方の知っているものがないのと同じです。私たちは二人とも，他の分野から借りなければなりません。

質問者：私は，好奇心についてのあなたの見解を，もっとおうかがいしたく思います。好奇心には，さまざまな種類があるでしょうか。

ビオン：私が好奇心やさまざまな種類の好奇心についてどう思うかは，重要

ではありません。あなた方は自分自身に対して，そして面接室で起きているかことに耳を傾けたり観察したりする自分の能力に対して，敬意を持たなければなりません。あなた方が答えを見出す場所は，そこです——私からでも，どんな本からでも，同僚の誰からでもなく。あなた方が知りたい気持ちでそこに座っていると，患者が今度は別の仕方で沈黙していると感じるかもしれません。患者が話し始めて，あなた方に質問をし始めると仮定しましょう。あなた方は，「患者の知りたい気持ち〔好奇心〕は，助けを求めているということだ」と感じるかもしれません。同じ質問が，何度も何度も何度も繰り返されるかもしれません。「私は自分が何を言おうとしているのか分かりません」と，私に言った患者［本訳書 p. 12］のように。知りたい気持ちでいる患者に耳を傾けながら，あなた方は「この患者は，私を怒らせるためにこういう質問をしています」と言えるでしょう。もっと後では，「この患者が私にこういう質問をしているのは，私についての何らかの情報を引き出したいからです」と。そのようにして，あなたはさまざまな種類の知りたい気持ちに，注目することができます。それが正しい方向性でしょう——私に尋ねるのは違いますし，図書館に行くのも違います。その質問への答えを見出す最良の場は，あなた方の面接室の中であり，あなた方が知りたい気持ちで患者に耳を傾けることにあります。私はこの主題についてのあなた方の講義の本に，期待することにします。それは，あなた方が今読んでいる本よりも重要です。

質問者：あなたは，美しさの感覚を真実の徴候として，分析の仕事の中に取り入れられることができるとお考えでしょうか，アインシュタインがそれを科学的真実の徴候と見なしたように。

ビオン：私はあなたが，キーツの言った「真実は美であり，美は真実である」というようなことに言及しているに違いないと思います。科学者たちは，自分たちが真実にのみ，事実にのみ関わっていると感じがちです。最近，ライナス・ポーリングが，ビタミン C は風邪の治療薬だと言ったことに対して，相当の批判が続いています。医者たちは，「何て無意味なことを！」と言いました。ノーベル賞受賞者の一人に，無意味なことを言っていると伝えるのは，危険なことです。彼はそうしているかもしれません——無意味なことは，誰の私有財産でもありませんので。しかしノーベル賞受賞者は，この難題に

対して非常に優れた答えを持っている見込みが高いでしょうし，ライナス・ポーリングは医学の資格を有する人たちに，それもしばしば高度な医学の資格を有する人たちに，彼が非科学的ではないのを示すことができました。

　人が，「頂点」と私の呼ぶものを，変えると仮定しましょう。私たちは科学的な頂点を離れて，美学的な頂点に移ります。真実の定義は，論理学や科学的方法において申し分ないかもしれませんが，その定義は，私たちが頂点を美学や美の基準・美的領域における真実に変えたときに変更した論議領界には，当てはまらないかもしれません。もしも私が人間の絵を描くことになっているとしたら，あなた方が「それはいったい何ですか。それは私がこの世で見たことのあるどの動物にも似ていません」と言うのは，もっともかもしれません。しかし，ピカソがそれを描いたとしましょう。「私が妻や夫の肖像画が欲しければ，ピカソにその仕事をしてもらいたいとは思いません。私はそれがきれいな絵だとは全然思いませんから」と言えるでしょう。しかし，尋常ではないのは，あなた方が本物のピカソの作品を見ていると，「ああ，この男がどういうつもりなのか，分かる気がします——それは私が，『あれは私の妻だ』と解釈できるようなものではありませんが，『あれは何かについてであり，取るに足りないもの（nothing）についてではない』とは言えます」と感じることです。ピカソのその絵は，ゼロによって適切に数式化はされません。あなた方は，ピカソが示しているものを理解できるほど，本当に十分に知ってはいないと感じるかもしれません。

　あなた方は自分の被分析者に正しい解釈，つまり真実を表現しているとあなた方が確信している解釈を与えるかもしれませんが，それでも患者は，「私はこの精神分析の無意味なことが分かりません！」と言うかもしれません。あなた方ができるのは，「ああ，あなたはそれが無意味なことだと感じるのですね。しかしおそらく，後になってそれは『意味が－ない』と感じるかもしれません」とただ言い，——それくらいにしておくことです。精神分析者である私たちには明白な解釈の多くは，患者にとっては非常に曖昧に思われるかもしれません。患者は本気で，「無意味なことだと思います」と言うかもしれません。しかし分析に伴って，互いに相手への敬意が増すことがあります。両親には，何か子供に教えることがあったかもしれません。今日，成

人した子供は，かつて知っていたよりもよく知っていますが，彼は成人した自分に何かを教えることができる子供でもあります。結局のところその子供は，成長して今なお生き残っているほど，十分に知っていたに違いありません。分析に伴って，被分析者の自分自身に対する敬意が増すことがあります。

　人は分析者に同一化することもできれば，被分析者に同一化することもできます。「私は彼が私の解釈を理解していないことを理解できますが，実際のところ，私には自分の解釈を変更する理由がありません。私はそれが真実だと思います。私は彼がそれを無意味なことだと思っていることは，よく分かります。時が経てば，はっきりするでしょう」と感じることができます。時間はものを言います。

─ 5 ─

　私たちはみな，「何も話すことを思いつきません」と言う患者を経験した
ことがあります。これは尋常ではない事態です。なぜなら，誰もどれかの主
題を討論から除外するとは言っていませんし，患者が話したいと思えば，そ
のための領域が丸々あるからです。精神分析者は同じ50分間，同じ部屋にい
ても，同じ立場にはいません。彼は職務によって，討論の範囲を制限されて
います。フロイトが示唆した最小の範囲は，エディプス状況・夢の解釈・性
に関する討論でした。もしもそれが，実際にその三領域だけに適用されれば，
作業は確かに制限されることでしょうが，どの主な話題もそれぞれ数多く小
分けされ，それらはさらに細分化されていき，やがて膨大な数のありうる解
釈になります。それは，あなたが諸々の解釈の共通の根について制限された
見方をとるか，さまざまな変種をとるかによります。精神的な領域は，主な
範疇が頂点によって変化すると考えられるとき，ますます広がります。たと
えば，宗教的・美学的・科学的な頂点があります。

　面接室で行なわれる会話は，現実生活に似ているべきです。絵を描くこと
は，私たちが住んでいる世界を何らかの仕方で思い出させる絵画を，作り出
すべきです。彫刻も同様です。しかし人々は変わります。ギリシャ人はプラ
クシテレスのヘルメスの彫刻を崇拝していましたが，ロダンが彫刻で人の外
見ではなく性格を表現しようとしていることを，理解できないでしょう。

　すでにこれらの話題は，驚くべき仕方で広大な範囲の討論へと広がりまし
た。それは同じく急速に，患者が「私は話すことが何も思いつきません」と
言うと縮小します。私たちはこの状況について，何と言うべきで，どう考え
るべきでしょうか。患者は，話すことの範囲が狭すぎると見なすでしょうか。
彼は，「私は話せません。話すことでは私は何も発揮できません。私はバイ
オリンを弾いてあなたに聴かせることならできます。そうすれば，私は何か
言うことがあるでしょう」と言う人でしょうか。私たちは，「この患者は何

かを否認している」と思うかもしれませんが、それは単純化しすぎて制限された解釈の可能性があります。彼が現実を否認していると言うだけでは、十分ではありません——私たちは彼が何を肯定しているのかを、知る必要があります。私たちはすでに、もしも彼が現実を肯定しているのなら、彼が何を除外しているのか知る必要があることを見ました（私は「除外する」や「否認」などの用語を面接室では疑わしく思いますが、分析について討論するのには役立ちます）。

　患者が話すことは何もないと言った後、私たちは待ちます——「期待に満ちた」沈黙の中で。どのような可能性があるでしょうか。あなた方は、患者が何も言わずに横たわっているのを見ていて、彼の沈黙は何かを見つけるためのものだと思うかもしれません。彼が何も言わないのは、分析者が質問しなければならなくするためでしょうか。それから被分析者は、分析者が何を考えているのか、機嫌が悪いかどうか、被分析者が来たかどうかを気にかけるのかどうかを知るでしょう。あなた方は、「この沈黙は想像力をかき立てる。この患者は、誰がまずどんな秘密を漏らすかを知ろうと待っていると思う」と感じるかもしれません。私たちはそれが正しいのか間違っているのか何も知りませんが、あなた方が待てば、あなた方の「直感」は確信になるかもしれません。もし誰かが、なぜその患者が想像力をかき立てると思うのかをあなた方に尋ねたら、「もしもあなたが私と面接室にいたならば、あなたはそれについて私と同じく、疑うことはないことでしょう」としか言えないでしょう。学術集会では、それを説明するのは本当に難しいことです。そのために人々は、しばしば苛立ちます。それはまさに、みなを不機嫌にさせるように計算された類の経験です。

　フロイトは、重要なのは患者に注意を払えることだと言っています。それは、起きていることをよく見て聞くことを、あるパターンが現れるまで続けることです。ポアンカレは、多くの意味もつながりもないばらばらの事実が、十分に長い間熟考すると、数学的定式を思いつかせると言っています。すると彼は、その数学的定式がこれまで説明されていなかった多くの事実を説明することに気づきます。そして、あなた方が幸運ならば、それはあなた方が考えてもいなかった非常に多くの事実も説明してくれます。分析では、それ

まで理解していなかった多くのことを，明らかにする解釈にぶつかることがあります。そればかりではありません——それは次の3，4回のセッションで起こる，それまで起きていなかった多くのことも説明します。これが起きると，分析は急速に進展するようです。私たちは，分析に長い時間が掛かることに慣れています。しかし，物事によっては，驚くほどの速さで起こります。たとえば，患者に100回目と思われる解釈を与えても——微塵も効果がありません。彼はいつもとほぼ同じように「本当に何も話すことがありません」と言います。あなた方はまた試して，「ああもう101回目，102回目，103回目だ」と苛立って考えているまさにそのとき——解釈を数えることは，羊を数えるのと同じくらいあなたを寝かしつけるのに効果的です——患者はあなた方に話し始め，あなた方は思います，「何と，彼は目が覚めたぞ！彼は生き生きとして聞こえる。イントネーションはすっかり違う。ひどく陰鬱で退屈な話し方をされて，私にはほとんど経験するのが耐えられない代わりに，彼は生き生きとして関心を引く話し方をしている——何も言うことがなかったあの同じ患者が」と。あなたはとても驚いてしまい，非常に満足して，状況はおそらく以前と同じくらい危険であることを忘れるか，患者が変化したことを認め損ない，決して変化しない永遠に続く分析を期待するというパターンに陥るか，です。あなた方が耐えられる必要があるのは，実際に大きく変わった状況が——患者は大きく変わりました——ある面ではまったく変わっていないという事実にです。たとえば，もしもあなた方は，患者が危険なほど無責任な人間だと納得しているなら，彼はほぼ確実に今も危険なほど無責任な人間ですが，その種類は変化しています。彼には，4つあるいは50通りの無責任で危険な在り方があります——ただ1つではなくて。もっと理論的な言葉にすると，基本的な物事は変わりません。芸術・科学・宗教は変わりません。これらは人間という動物の基本的な特徴です。数学用語を使うと，表面的な変数は確かに変わります。

　私はこの状況を，単純で挿し絵のような仕方で描写できます——$\psi(\xi)$というように。Ψ は心を表し，一定です。ξ は変数であり，始終変化し続けます。全体は，男性であれ女性であれ，はっきりと分かるほど同じで，一定のままです。さもなければあなた方には，この患者が昨日もその前日もその

前も，あなた方に会いに来たことが分からないでしょう。それは患者にもそうです。しかし，それほどの一定性にもかかわらず，変化しうる要素もあります。分析では私たちは，この独特の過程にある永遠の神秘を見る機会があります。それについて，孔子（エズラ・パウンドによる翻訳）の語るところによれば，大人の知恵は物がいかに成長し変化するかを，「心の擂鉢」の中で研鑽しながら見ることに，その本質があります。精神分析の興味深く楽しめる構成成分は，人が成長する仕方を観察する機会があることです。家庭生活でも同様に，父親や母親になる機会のある人は，子供がどう成長するかをよく見ることができます――それは魅力的で報われる経験です。

　子供には，そうした経験はありません，なぜなら，子供は自分が成長とおおいに関係していることを理解できないからです。これは患者が，自分が極度に破壊的であることに恐怖を感じることに，支配されうる理由の１つです。つまり彼の感じでは，自分がたとえ何かを愛していても，食べ物を愛するようにそれを愛します――彼はそれを噛んで，糞や尿に変えてしまうのです。子供はそのことを，かなり容易にそして素早く理解しますが，長い時間がかかるのは，子供が自分の食べるものの結果として，実際に成長しているのを学べるようになることです。彼が壁の前に立って，前回は４フィート３インチだったのが，今では４フィート３インチ半の身長だと理解できる頃には，自分が食べるものを破壊しているという確信は，確固としたものとなっています。分析とは，彼は成長したという考えを彼に引き合わせることができるようなものであり，その考えを，彼の抑うつや絶望・退屈・怒りの感情に引き合わせるようなものでしょう。彼は，「お前は本当に言うことを聞かない子だ。なぜ何でもばらばらにするのか」とよく言われてきました。彼は，「僕は朝食を――あるいは昼食やおやつを――ばらばらにしただけだよ，もっと大きくなりたいと思っているから」と言えません――子供である彼は，このように異論を唱えられません。こうした二人――破壊的で絶望した自暴自棄の人と，創造的で建設的な成長する人は，私たちが分析の中で互いに引き合わせることができなければ，出会うことはありません。私たちは患者に，彼がどれほど悪いかを見せたり，彼は決して良くならないだろうと感じさせたりしようとはしていません。私たちが彼に示そうとしているのは，なぜ彼

がそこまで抑うつ的なのか，そして，彼はそれについて何も知らないかもしれませんが，実際には彼が食べ物から便と尿だけではないものを作ることです。女の子は，自分が赤ちゃんを作れるかもしれないと感じる機会があり，それによってある程度の安心感を得ることができます。他方男の子は，自分の妹が赤ちゃんを作れても，自分にはできないということを聞きます。彼にとってそれを理解するのは簡単ですが，ずっと困難なのは，自分が何の役に立つのかを理解することです。男性は性器性交をしていてさえ，自分の寄与をまったくわずかだと感じることがありえます。たとえ彼は性交ができても，彼がすることは，乳房が──あるいは彼の母親や妹が──することと比べて，ほんのわずかです。分析的経験は，単に少年や少女，男性や女性について，何が彼らの欠点や誤りかを知るという意味で知ることではありません。それが他に意味するのは，彼らに機会を与えて，彼らが物を粉々にすることはそのとおりかもしれないけれども，それが真実の全体ではないと分かるようにすることです。

質問者：あなたは，精神分析における理論と実践の違いを，人間が職務を実行することによるとは考えませんか。そして理論と実践をめぐる困難は，一部には，分析者が自分自身の無意識を恐れる──そうして理論と記憶を避けることによる，とは考えませんか。あなたが理論やあらかじめ考えた観念を忘れるように提案するとき，あなたは私たちに，私たちの無意識，私たちの精神的装置の働きに頼ることを求めていないでしょうか。そこにはタナトスばかりでなく，エロスも住まっています。

ビオン：もしも私たちが人間でなければ，私たちは精神分析者として役に立たないことでしょう。私たちが人間であるならば，被分析者に見出すような欠点を私たちが免れると考えるのは，愚かしいことでしょう。分析において私たちは，被分析者が抱えている差し迫った困難を見ることができる可能性があることを望んでいます。しかし分析者には，自分が犯している間違いをなくすのを助けてくれる人は，求めても存在しません。間違いが最小限になることを願うことしかできません。私たちは必ずいつか，私たちの弱点を刺激する患者に出会います。言い換えれば，私たちは患者が持つべきではない分析者です。しかし私たちは，私たちにとって最良の類の親であるような親

を，いつも持ってはいません。また私たちがいつも，私たちにとって最良で
あるような子供を，持ってはいません。選択の問題となるときには，私たち
は誰といるかを選択する機会が，確かにあります。私たちは，どのような種
類の職業団体に属するかを，選ぶことができます。私たちは，ある程度まで
は，付き合いたい類の親を選ぶことができます——たとえそれが他人の親で
も。そういうわけで，少なくとも子供時代には，特定の母親と父親を持つこ
とによる不利は，私たちが自分の問題のいくつかを，祖父母や叔母・叔父と
の間で解決できるという事実によって修正されます。同じ種類のことが，孫
たちにも甥・姪たちにも適用されることを願いましょう。もしも私たちが，
自分たちにとって良いと感じる経験を子供たちとあまりしていなくても，孫
や甥・姪たちとは，少なくとももっと良い過ごし方ができるかもしれません。
もう１つの選択肢は，私たちにいる類の親や子供たちを，最大限に活用する
ことです。それができる人たちもいます。それは彼らの暮らし向きが良いか
らではなく，自分の不運を十分に利用できるから，より裕福なのです。人は，
いわば非常に幸運なことに，不幸に見舞われることがあります。女の子は，
とても美しくて，誰もが自動的に称賛することがありえます。そのように美
しくあるためには，女の子は非常に多くの知恵を必要とします。たいてい彼
女は，愚か者のように見えます。認識するのが難しいのは，自分の不幸を最
大限に生かすためには，多くの知恵が必要であることです。理解するのがさ
らにもっと難しいのは，あなた方が恵まれた才能を生き抜くには，非常に賢
明でなければならないかもしれないことです。そうした人は，何でも困難な
く手に入れることに慣れてしまい，現実の世界に対処しなければならないと
きに，それは結局ほとんど変わらないので，まいってしまいます——彼らは
悪条件下で最善を尽くす経験を，ほとんどしたことがないのです。彼らは良
い条件下で最善を尽くすか，それを最悪にさえする経験しかしたことがあり
ません。

質問者：スーパーヴィジョンの間に言われた，「生まれていない赤ん坊」につ
いて，もっとお話しいただけますか。

ビオン：詩人のブリッジズは『美の遺言（*The Testament of Beauty*）』（1929）
の中で，知恵は「予期しないものを見事に管理すること」をその本質とする

と言っています。予期しないものは，私の分析経験では，「生まれていない赤ん坊」の一例です。分析では「生まれていない赤ん坊」は，まだ生まれていないけれども，いつ生まれてもおかしくない考え（アイデア）です。それは良い考えかもしれませんが，悪い考えかもしれません。それは赤ん坊が，良い子になったり悪い子になったりする可能性があるのと同じです。被分析者は，「生まれていない赤ん坊」を扱えるようになるべきです。それは，かつて生まれたことはないけれども，いつ生まれてもおかしくないものです。もしも人間への敬意があるならば，どの患者も潜在的には「生まれていない赤ん坊」です。どの考えも，これまでに誰もそれを定式化していなかったならば，生まれていない考えです。

　この論議は，私が「生まれていない赤ん坊」で言おうとしていることの例で満ちています。私は読者に，自分が予期していなかったことを，「管理する」ことをお任せします。

質問者：人間の心やパーソナリティに払われるべき敬意にあなたが触れていることを念頭に置くと，あなたは何が候補生を落第させる因子や誘因だと思いますか。

ビオン：私の長年のイギリス精神分析協会における選考の経験では，私はこの質問に対する答えを見つけたとは言えません。私たちは全員には資格を与えませんが，その与えなかった人たちの中には，残念なことに，私たちが資格を与えた人たちよりもはるかに優れた人がいると思います。私たちはこうした決定を，私たちが有する限りでの知力を活用しながら行なわなければなりませんが，私たちは正しい決定をするのに十分な知恵や知力を持ち合わせていないかもしれません。それは人間の欠点です。不適切な人たちがサッカーチームのメンバーに選ばれたり，外科医や医師，牧師や首相に選ばれたりします。首相たちの供給は少しですが，それでも私たちが最悪の首相を選ぶことができるのは，驚くべきことです。私の友人の一人は，「自薦する不向きな者たち」と彼が呼ぶものについて，よく話していました。誰かがある仕事に指名されますが，それは彼が自分をその仕事に選んだからです。そういう人の供給が大量にあります。軍隊には，自分に勲章を与えた人たちがいました——自分たち自身に与えたのは，ある種の非常に不快な困難から抜け出す

方法としてです。

　私は，好感が持てる人以外は嫌う人には，資格を与える気にならないでしょう。私たちはほとんどの場合，失敗したか，あまりうまくできていない人たちを，扱わなければなりません。彼らは，自分の務めにうまく取り組めるように，私たちがしなければならない人たちです。人によっては，これまで持っていたすべてのもの——教育，財産，結婚生活，そのすべて——を台無しにしたかもしれませんが，それでも分析者が成功させてくれるのを期待しているでしょう。そして分析者は，そのような人が成功を収めることに成功することを期待されています。彼が人々を嫌うなら，そういうことはしないでしょう。

質問者：分析における逆転移の使用について，お話しください。

ビオン：逆転移は専門用語ですが，よくあるように専門用語は使い古されて，価値を失った擦り切れた硬貨のようなものになります。私たちはこれらを，うまく働く状態に保つべきです。逆転移についての理論は，逆転移とは分析者が自分で持っていることを知らずに患者に持っている転移関係である，というものです。あなた方は分析者たちが，「私はその患者が好きではありませんが，私は自分の逆転移を利用することができます」と言うのを，聞くことでしょう。分析者は自分の逆転移を使うことはできません。彼は，自分が患者を嫌っているという事実を利用できるかもしれませんが，それは逆転移ではありません。逆転移に関係するのはただ1つのことであり，それは，分析を受けるということです。面接室で逆転移を生かすことはできません。それは用語上矛盾です。その用語をそうした仕方で使うことは，「逆転移」という言葉で行なわれてきた作業をするために，新しい用語を創案しなければならなくなることを意味します。逆転移は患者についての分析者の**無意識**の感情であり，それは無意識なので私たちができることは何もありません。もしも逆転移が分析セッションで働いて・い・るならば，被分析者は不運です——分析者も不運です。それを扱うべき時期は，過去の，分析者自身の分析においてでした。私たちは，逆転移が私たちを動かしすぎないこと，そして私たちが無意識の働きの数を最小限に抑えるのに十分なほど分析を受けていることを，願うしかできません。

$$--- 6 ---$$

　アブデラのデモクリトスは最初に，脳が思考と何らかの関係があるという理論を提唱しました。約2000年後の今日でも，中枢神経系の機能に関する私たちの知識は，まだ基本的な段階にあります。脳の解剖学と生理学の知識と経験の蓄積は，広い範囲にわたってあります。しかしながら，心の解剖学的や生理学的構造が──存在すると仮定して──何であるか，あるいは心と中枢神経系との間にはどのような関係があるかを述べるのは困難です。たとえば，交感神経系や副交感神経系は，心やパーソナリティと何か関係があるのでしょうか。心（理論上の概念です）は，解剖学的・生理学的な中枢神経系と同じほど重要でしょうか。

　私たちは精神分析者として，私たちがなぜ，そしてどういう点で「心」が重要だと考えるのかを，定式化しようとしています。私たちが推定しているのは，精神分析の膨大な文献が心の産物であり，それは心を1つの現実として，心やパーソナリティというものが存在するという理論に対応する現実として，描写する仕方であることです。もしも心があるなら，心の産物と見なしうる何らかの事象，すなわち心の存在の結果を見出せるはずだ，と主張する人がいるかもしれません。精神病者が何らかの身体的表現を生み出すことができると仮定すると，その表現は，その人に固有の種類の心の存在や性質を示すでしょうか。精神病者によって描かれた絵はどれも類似性を示すので，何百枚もの絵を見たら，「ええ，私はこれらの50枚，60枚，80枚の絵をまとめることができます。そして，それらはどれも一定の特徴を示すと思います」と言うでしょうか。そしてもしも私がこれらの特徴のパターンは何かを解釈できたならば，私はこれらがすべてある種の心の産物であることを発見するでしょう。犯罪学者たちは，指紋が身体的存在を同定する手段を提供していると，固く信じています。彼らは，1つの指紋を他のものと同定するために対応しなければならない点の合計を比べられることに，見たところ満

足しています。私たちには，1つの心を他の心と比べられる，似た仕組みがありません。これは男性と女性の間に存在するかもしれない，あれほど大きな違いに見える場合でさえそうです。

　私が描き出している精製の過程は，心がさらにもっと微妙な身体状態やその萌芽を，つまりそれが感覚による探究によって見分けられる大きさになる前でさえ表しうることを示しているかもしれません。私が予測を仮定しているのは，精神分析の発達についてではなく，それが身体的な未来を表すかもしれないことについてであるのを注意してください。両者は，互いに排他的ではありません。ポアソン分布として知られる統計学的公式は，一例です。その分布は，極端に稀な事象に特徴的で，時間の広大な領域や膨大な人数に散らばった事象ですが，いくつかの数学的パターンによって特徴づけられます。それは個人が解釈するには，はるかにもっと捉え難いものでしょうが，知識が言ってみれば1000年間にわたって蓄積されたなら，できるかもしれません。人類の蓄積された知恵は，このようにして個人に特徴的だったいくつかのパターンを見分けられることでしょう。明らかにこれは，精神分析者たちが知っている個々人よりも，もっと永続性のあるものに依拠しています。

　したがって，私たちはこう言えるかもしれません。「このパターンは，まだ発現していない何らかの身体疾患に特徴的なものではなく，まだ発現していない何らかの種類の心に特徴的なパターンです」。それは，私たちが「方向」と呼びうるものに依拠しています。1つの方向では，それはまだ生まれていないものである心の状態を表す可能性があります。明日のセッションでは，どのような心の状態が分析者の前で展開しているのか，知る必要があります。さらに解決されなければならない問いは，過去の状態か未来の状態それとも現在の状態のどれが，現在のスクリーンに影を落としているのかということです。私たちは現在のスクリーンの上で，それを詳細に叙述することを願っています。このことを精神分析の用語で述べましょう。スクリーンは転移です。そして解釈は，何が「転移されて」いるのかを決定することです。絵画的に述べると，影がありますが，照明の源はどこにあるでしょうか。読者はこれらの言明を，経験から自分に最も役立つことが示される言語に，翻訳しなければなりません。

私たちはみな，患者に会うことに関わっていますが，私たちが目にするものは，分析者としての私たちには理解できないかもしれません。なぜなら，私たちの人生は十分に長く続かないからです。しかしながら，人種や国民の一部としては，私たちの仕事には意義があるかもしれません。個人としての私たちは，自分が全体のどの部分なのかをあまり分かっておらず，それは，私たちの組織の顕微鏡でしか見えない部分の１つが，人体のどの部分であるのかを知らないのと同じです。精神分析者としての私たちの仕事は，私たちが個人を非常に尊重することに依拠していますが，その個人が，ある全体の中の一細胞としてどう重要であるかを言うことは困難です。それは私たちが，観察できる事実に非常に敏感である必要があることを示唆します。私たちは今や，私たちの後継者たちに理解できるコミュニケーションの方法を，発明すべきです。それは，個人としての私たちにとっては，誰にもそれほど重要ではありませんが，いつの日か重要だと分かるかもしれません。それは，アリスタルコスの地動説が何世代も後になって，人々が望遠鏡や顕微鏡を作ったり，スペクトルの写真を撮ってフラウンホーファー線に注目して，それを解釈したりできたときに重要だと判明したのと，ちょうど同じです。すべては，人々の協働作業と判明するもの次第ですが，その人たちは，お互いに知り合うことはありえなかったでしょう。ナトリウムに特有の，フラウンホーファー線のような問題に注目しましょう。今や知られているのは，フラウンホーファー線には幅があり——予想されていたとおりではありません——結果として，その特定の形のスペクトラムは，新しい方法で解析される必要があることです。それは古い方法に似ていますが，新しい方法です。フラウンホーファー線は「混信」の例であり，誰かが白色光の代わりに注目して研究していました。「生命は多彩色ガラスのドームのように，〈永遠〉の白の輝きに染みをつける」［シェリー「アドネイス」］。私たち人間は，自分たちを過大視しますが，「永遠」の上の「染み」です。現在の分析はいつか，私たちの後継者に理解できるものになるかもしれません。

　私たちが面接室で起きていることに感受性を十分に働かせるなら，私たちは自分たちが見ているものを，いつか理解できるかもしれません。私は，「私たちが見るもの」と言っていますが，もちろん私たちが「見る」ことはあり

ません。私たちが知る限り，つまり普通の視力（sight）の範囲の中で見えるものは，何もありません。「洞察力（insight）」のような用語を使って，それはまだ普通の洞察力の範囲の中にはないと言ってみましょう——もっとも，もしも私たちが時代を超え，何世代にもわたって観察を続けられれば，それはその範囲にあるかもしれません。もしも私たちが，十分な注意を払って，患者が私たちに言葉以外，たとえば身振りを用いて伝えてくるものを見るなら，私たちは自分が働ける人生の短い期間に，理解を深めるかもしれません。私たちが個人の重要性に対して，分析者としての自分の偉さに目をふさがれずに，感受性を働かせ続けられるなら，私たちは人間生活にもっと寄与するかもしれません——車輪を発明した，あの知られざる天才がそうしたように。

　たとえば，ある患者は面接室に入ってきても，何も言いません。おそらく彼は，6日も6週も6カ月も来続けても，何も言わないでしょう。それに持ちこたえられれば，6カ月たったところでこう考え始めるかもしれません。「私はこの沈黙のパターンについて，考えがあります。私はどんな場合でも彼の今日の沈黙が，金曜日の沈黙と同じでなければ，明日とも同じではないだろうかを言うのを控えますが，沈黙している彼を聞き続けられれば，私はそう考えます」——フロイトが，患者と十分に長い間面接室にいることの重要性について述べているように——「私はあるパターンに気づき始めました」。私たちは何か聞いたことがあったかどうかは言えませんが，こう言えます。「それは私に影響を与えます——私の逆転移に対してではなく——そして私はセッションの沈黙に敬意を持ってきたと思います」。もしも私たちが沈黙に敬意を払えないならば——「私はこの人を気にかけていられません。毎日ここに来て，何も言わずにカウチに横になっている彼に，会ってはいられません」——そうすると，さらに進歩する可能性はありません。難しいのは，その場にいない誰かに，なぜ私たちがある沈黙と別の沈黙の違いを聞き分けられると思うのかを，説明することです。しかしながら，患者はその場にいます。

　この困難のいくぶん大雑把な叙述として，私が子供の患者を6週間観察したとしましょう。誰かが言います。「あなたはどうしてそんなことをして，

時間を無駄にするのですか。誰が見ても，自閉症児だと分かります」と。終止符。終わり。診断は単純です——「自閉症児です」。私が言えるのは，「ええ，私は自閉症分析者です」ということだけです。私がそれを立派に聞こえるようにしたければ，「私は自閉症児たちを治療する専門家です」とか，「私は思春期の人たちを治療する専門家です」とか，「私は潜伏期の子供を治療する専門家です」と言うことができます。それは立派に見せるかもしれませんが，何も説明していません。私がそれについて正直に言うとしたら，「私は6週間黙っている人の話を聞きます」と言わなければならず，昔の小話の中の狂人に喩えられる危険を冒さなければならないでしょう。その男は，「外にいる」「正気の」人に，「中に入って」と言ったのです。そこでは，外からの圧力に耐えて，その「沈黙」の中にいて感じることに，患者ができているように耐える覚悟がなければなりません。誘惑なのは，「自閉症児」「青少年」「成人」のような，熟していない早熟な理解と診断に飛びつくことです。私たちはこう言わなければなりません。「まあ，ええ，彼は一番最近のサッカーの試合見物について，詳しく話してくれました。私は聞いていませんでした。しかし私は，彼が私に言わなかったことを聞きましたし，その沈黙はかなり違った雑音でした。彼が言わなかったことのパターンは，それを示していました……」と。私たちが明日患者に会うとき，私たちは彼が言うことと，言わ・ない・ことを聞かなければなりません。「直観」しなければなりません。「私は沈黙を聞いていました。私は混信を聞いていました。私は彼と私の間に現れたものを聞いていました。私は今では，私が何十分も何週間も何年もの間に直観したものの表象を，言葉で（または絵で，または人間活動の他のどの技法でも）描くことができます」。

　私たちはセッションで起こっていることに対して，幅広く受け止められる必要があります（私はフロイトが「自由に漂う注意」で意味しているのは，これだと思います）。セッションの，観察されていなくて理解できず，聞き取れない，言葉で表現できない部分は，あなた方が与える未来の解釈が到来する元になる素材です。それは何週間も，何カ月も，何年もの時間の中でのことです。すぐに与えられた解釈は，しばらく前に決まっていました——いつのことかは分かりません。私たちは，患者が何「のよう」かではなく，患者

がセッションの中でどう「なりつつある」かに，関わらなければなりません。そして，その過程を見守るという重圧に，持ちこたえられなければなりません。

質問者：以下の臨床素材について，ご意見をお聞かせください。患者は20歳の男性で，電子工学・物理学・数学の教師で，結婚しておらず，同胞3名の第3子でした。彼は父親が彼と母親との関係に嫉妬することに，苦情を強く述べました。彼は，それが自分の子供時代を台無しにしたと言いました。彼は特に食べ物が好きでした。手の込んだ食事で，彼はほとんど恍惚状態になりました。彼は母親の料理が素晴らしいと言いました。その一方で，彼はひどく簡素な食事で暮らすことがあり，珍味も流動食も必要と感じませんでした。時には彼は家の外で，最悪の食べ物やまずい料理を選び，食欲もなく食べていました。彼は若者に魅了されるようになり，その人物を，顔が長くて顎髭が細く尖り，口髭が薄く，髪が長くて絹のようだと描写しました。彼はこの若者を追ってそのアパートまで行き，そこで場当たりの性交渉をしました。彼は，その若者の顔が丸くて最初に思ったほど長くはなく，父親の顔に似ていたと言いました。彼は私の顔も丸いと言いました。私は，彼が私の顔も長めだと思っている，と言いました。後で私は，彼が最近の似た状況を繰り返していると言いました。彼はひどく落ち込んだ様子で，黙って引きこもっていました。私は，彼が以前に経験したことがあるけれども，話すことができない状況を再経験していると言いました——それは，母乳で育てるという一次的関係です。それから彼は，ピカソの絵『母子像（Maternité）』を見て，「この絵は私を不安にさせます」と言いました。私は，彼が話せなかった乳児期に失った時間と，コミュニケーションができる現在の間の関係を，彼は立証していると言いました。彼は，自分はよく話すけれども内容はない，と言いました。彼は自分の印象を明確にできなかった過去に経験したことと現在を，区別できませんでした。

　彼は，自分が教えていた学校の教授会に参加するために出掛けた道程から戻ってくると，私にこう話しました。彼がほどほどの速度で運転していると，酔っ払った女性が歩道から彼の車の真正面に飛び込んできて，彼は

ブレーキを掛けられず，彼女を撥ねました。目撃者によると，彼女はわざと車の前に身を投げたのでした。その結果，彼は非常に動揺し，自分の過去を思い出させるものは何でも避けました。

　現在，彼は難しい時期に来ていて，現実から逃れようとして，深く激しい生活の仕方を避けています。彼は音楽を聴くことができず——以前は堪能していたのですが——食べ物を拒絶しています。彼はどんな女性の乳房を見るのも避けていて，レストランで食べるまずい食事を，女性の乳房に関連づけます。

　これが現在の状況です——難しいのは，時間的にはあまりに遠くて，彼の現実にはあまりに近い，この関係を確立することです。解釈が彼に過去とのこの関係を感じさせるとき，彼は混乱します。

ビオン：この患者は，自分では対処できない罪意識を，ひどく恐れています。彼は，自分がその女性の殺害に責任があると感じています。彼は，「その女性」から逃れる自分の機動力と自由を，自分に証明するために，旅に出るのを余儀なくされていると感じています。その女性は，彼がいつも予想するように，どこでも何でもいつでも彼に追いついて，彼に殺されることができます。彼が目撃者たちの助けを借りて逃げることは，女性殺害の責任を避けることによって，踏んだり蹴ったりの目に遭っているように感じられます。私が思うに，彼は似た罪悪感を，分析でのどんな進展にも感じるのです。それが人生を先に進めることを促すかもしれなくても。罪悪感は，有益であればあるほど強まり，「虜になる」可能性が高まります——虜になるとは，私たちが反復強迫と呼ぶようなものを意味します。しかし彼の場合，それは継続的な行動化であり，取り返しのつかない災害が引き起こされるまで続くでしょう。

　この患者との問題の1つは，彼が何を見ることができるか，です。分析者は面接室で，患者が見ているものは分析者が見ているものと，ほぼ同じに違いないという考えを抱くことができます——そう考えるものでしょう。しかし，患者は自分が何を見ているのか，その経験が何なのかを描写できず，そのために分析者は彼が何を見ることができるのかを理解できるのか，それとも，患者が分析者の見ているものを理解できないのは，何か違うものを見て

いるからでしょうか。事実として彼は，まったく違うものを見ていることはできません。彼は面接室の中にいるので，分析者は自分にできるように，患者がほぼ同じ種類のものを見たり聞いたり嗅いだりできることを，疑う理由がありません。なぜなら，二人とも同じ時間に同じ面接室に来ているからです。分析者が見るものと患者が見るものとの間には，ある程度の類似性があるに違いありません。その場合，なぜ患者は，何か言ったり音を立てたりサインを出したりして，患者と分析者が同じ時間に，同じ場所で，同じ経験をしていることを示さないのでしょうか。ありうるのは，これまでのところ立証されていない何かの理由で，分析者が見ているものに加えて（それの代わりに，ではなく），患者が何か別のものを見たり，聞いたり，感じたりしている，ということです。この患者は，何を見たり，感じたり，理解したりしているのでしょうか。合理的に想定すると，彼は少なくとも２つの異なる物語を，同時に見たり，感じたり，理解したりしています。同じ50分間，同じ面接室で，同じ日に，彼は分析者と同じものを見ていますが，違う何かを見て理解しています。もしもそれが視覚的な問題だったならば，分析者は「あなたが２枚違うスライドを同時に映写機に入れたので，混乱した画像になっています」と言えるでしょう。彼は，分析者の経験とは違う経験をしているようです。それは，こう言って説明できるでしょう。「ええ，分析者とこの患者は，それぞれ別の人です。ですから，二人は同じものを見ていません。それは，山の一方の側にいる人と山の反対側にいる別の人が，同じものを見るときのようです」。しかしこれもまた，絵画的な方法の話し方であり，絵画的な方法の考え方でさえあります。分かる限りでは，この患者が自分は混乱していると言うとき，それが理解可能になるのは，彼が同じ時間に同じ場所で，２つかそれ以上の経験を見たり経験したりしている場合です。彼が自分の経験していることを話そうとするなら，新しい言語を発明するか，といってもそれは理解不可能でしょうが，さもなければ同時に２つの異なる像を言う言語を用いなければならないでしょう。分析者が患者の話していることを理解できる限りで，分析者もまた，同じ事実で同じ時間の，２つかそれ以上の異なる話についての，印象を得ます。差しあたりそれが正しいと仮定すると，分析者は患者に何を言うところでしょうか。ここが，精神分析の実践が精神分

析についての理論と，大きく異なるところです（この状況は，もしも分析が
まだ続いているのならば，この症例についてさらに話すことが賢明なのは会
合の中であって，精神分析の親密な関係の中ではないという問題も提起しま
す。実際，精神分析協会の学術集会の問題全体が，この特定の問いと答えに
内在しています）。私には，分析者が何をこれから言うのか分かりません。な
ぜなら，分析者が用いなければならない言語は，患者を分析する目的のため
に発明も制作もされなかったからです。分析者が用いなければならない言語
は，通常の慣習的なコミュニケーションの言語であり，それは日常生活で役
立ちます。しかしそれは，分析を行なう目的には適していません。精神分析
についてこれまでに何も聞いたことがない人は，誰であろうと，分析者と患
者についてこう言うでしょう。「二人の人がいて，会話をしています──単
に，一人がもう一人に話しているだけです」。しかし，精神分析は比類のない
経験であると考える，十分な理由があります。その経験については，どうす
ればよいでしょうか。分析の過程では，どの言語が話されるべきでしょうか。
アリスタルコスは，世界が太陽の周りを回っているという自分の推測につい
て，何を言うつもりだったのでしょうか。彼は古代エジプト人が，太陽は世
界を回り，沈んで，翌朝反対側にまた顔を出すと信じていたことに対しては，
何と言ったことでしょうか。彼は誰かが望遠鏡を発明するのに，2000 年待た
なければなりませんでした。分析者は，この患者に正しい言語で解釈を与え
るためには 2000 年待たなければならないとしたら，何と言うことになるで
しょうか。

　私が信じるところでは，もしも私がこの患者を聞くなら，もしも私が患者
の言おうとすることを聞く覚悟をするなら，もしも患者が私のところに来る
なら私が自分に見えるものを見る覚悟をするならば，患者は私が普通の言語
を使っていると私が彼に言うことを理解できませんが，私が逃げ出しておら
ず，彼を精神病院に閉じ込めておらず，明日彼に会う手配ができているとい
う事実の意味を，理解できるかもしれません。以上のどれも，言語的には表
されていませんが，それでも，これまで分析者が部屋にとどまり，おそらく
明日も部屋にいるだろうという事実自体が，ある言語を構成することがあり
えます。それは，分析者が理解せず，患者も理解していないけれども，その

2人で一緒に，はっきりと表現しなければならない言語です。もしもそれが正しいなら，今日のセッション，明日のセッション，そしてまだ行なわれていない他のあらゆるセッションが，患者に影響を与えるかもしれません。もしも分析者が覚悟をして耳を傾け，目を開き，耳を開き，感覚を開き，直観を開くなら，それから被分析者は影響を受けて，成長するようです。セッションは患者の心に，身体的な経験の事柄なら「良い食べ物」と言えるものを提供します。

　分析者は無知──自分自身の──と，自分が神秘，すなわち半分の真実［本訳書 p. 45 参照──〈負の能力〉］の場にいることに耐えることも，できなければなりません。このことは，心が成長できるようなことを経験できるようにすると思われます。もしも赤ん坊の母親が，その子が死にそうなことや，怒り狂っていることや，愚かであることへの恐怖に耐えられるなら，赤ん坊はそのような母親がいるおかげで，気分良く感じるように思われます。もしも母親がそれに耐えられなければ，赤ん坊も耐えられず，結果として赤ん坊は精神的に成長できないように思われます。もしも赤ん坊が成長していくなら，それ特有の仕方でそうしなければなりません。そのことはひるがえって，それを一定の形に成長させる効果があります。後に誰かが，「精神病的」とか，「統合失調症的」「境界例」と言うでしょう──それは診断そっくりに聞こえます。

　しかし，分析者は成長に耐えられるでしょうか。共同社会は成長に耐えられるでしょうか。国家は成長に耐えられるでしょうか。それとも，国家は怯えるあまり，こう言わざるを得ないでしょうか。「ここまでで，これが限度です。もう進歩はしないでください。私はそれを好みません」。それとも，国家や集団や個人は，「私はそれを我慢します。私は何かが成長するのを見ることに耐えられます」と言えるでしょうか。それは素晴らしい成果ではなく，成長が病理的である──心に癌を生む危険を，確かに含んでいます。その可能性はどちらにとっても，分析経験の恐ろしい性質の一因になります。その性質は，分析的な発達が良性であると証明することを必要とさせる一因になります。状況がどれほど危険でも，分析者たちを眠りにつかせられるかもしれない精神薬の発見の，一因にもなります。

—— 7 ——

　以下の本当にあった話は，おそらく私たちが誰でもよく知っているいくつもの点を例示しており，時が経つにつれて，もっとよく知るようになるかもしれません。

　私は，非常に知的だと言われている 21 歳の若い男性に，会うように頼まれました。彼にはさして問題がなく，おそらく精神分析に適した症例だということでした。彼を知っていた精神科医の友人も，彼のことを誉めていました。最近の彼は，初めの頃の有望さを実現していないようでしたが，彼はとても愉快で面白くて，まさに精神分析を活かせる人間だと，その友人からも言われました。

　患者の母親は精神分析が不要だと感じて，それに反対しました。彼女は，息子はいつもよくやってきた，彼には大きな問題となるようなことは何もないと言い，精神分析という措置に不満を示しました。しかし，彼女は反対し続けませんでした。

　父親は，精神分析にまったく同意しませんでした。彼はそれを，たいていの流行と同じく，若者が自分の仕事に取り組まないで時間とお金を無駄にする，一時的な流行の 1 つだと感じました。父親は，息子が大学の経歴を進めて，より良い仕事に就くだろうと思いました。

　彼を知っていたか，彼のことを聞いたことがあった多くの人たちも，彼が非常に愉快だし，ある場面では，特に彼の 21 歳の誕生日には，機知に富んだ愉快なスピーチをしたことを認めました。私は，21 歳を過ぎたばかりの患者に会うことに同意しました。

　彼は本当に協力的で，一度も休まず，自由に話しました。彼は妹とは仲が良くないと言い，彼の意見では妹はひどい嘘つきでした。

　私は，彼が分析を受けにくる前に，妹と会う機会がありました。彼女は自由で余裕がある聡明な話し方をして，自分自身のことや学業での成果につい

て，長い話を私に語りました。彼女は患者の2歳下でした。

　父親はあるとき私に，彼の娘のことをどう思うか尋ねました。私は，彼女は才能のある興味深い人物のようだと述べました。すると彼は，あたかも彼の予想するとおりだと思ったかのように，私を見ました——そしてそれは，歓迎の言葉ではまったくありませんでした。彼が，私のことをとんでもなく愚かだと思っていることは，明らかでした。去り際に彼は，「先生，あの娘が最初から最後まで本当のことを1つも話していないことは，お分かりでしょう？——全部作り話ですよ」と言いました。明らかに彼は，その話のどこにも本当のことがないと気づかなかった私を，愚か者に違いないと感じていました。

　父親は，自分がよく思っていない女の子と息子が婚約しようとしていることも，私に教えてくれました。彼は「私はあなたが，こうした戯言を全部終わらせられるのを願っています」と言いました。「この女性は悪いやつで，息子がたくさんお金を持っていると思って，取るつもりなのだと私は確信しています。実際には彼は一文なしですし，私は彼にお金をいっさい渡すつもりはありません。彼に判断力があるとはまったく思わないからです。私はその女性を，私立探偵事務所に見張らせました。彼らの報告書は，私の最悪の恐れを裏付けました」。私は，そうした探偵事務所の報告には，あまり納得しないことがありますと言いました。父親はそれを聞いてまた，私が相当愚かだと考えました。私は，「探偵事務所はあなたがその女性を疑っていることを知っており，彼らがあなたを不安にさせて，彼らを雇い続けたいと思うようになりそうな事実をたくさん見つけるのは，とても簡単です」と言いました。彼はこの言葉に狼狽しましたが，すぐにそれを，おおかた戯言だろうと却下しました。

　患者は私に，自分はその女性に少しも興味がなく，彼女と関わるつもりはまったくないと述べました。にもかかわらず彼は，彼女が素敵な女性で，セックスの良い相手だろうと思いました。

　その頃私は，患者の友人から，彼がいかに良い人で，大きなトラブルを抱えているので私が彼の助けになることを望んでいる，と書いた手紙を受け取りました。「彼はお金をたくさん持っていますが，私が彼を知るようになっ

たこの 2，3 年，毎年莫大な金額を失っています」。

　その頃には，私は誰が何について話しているのだろうかと，不思議に思い始めていました。私は胸の内で状況を，彼らがみな英語表現で言うところの「頭が外れて」おかしいと判断しましたが，どの頭が誰に属しているのかは見当がつきませんでした。そこで私は，患者の話を聞くことに身を入れました。

　彼の話は，筋が通っているようでした。彼は時折大いに活気づきましたが，特に気の利いたことも面白いことも言いませんでした。彼は，妹が自分に敵意を向けていて，彼が糞便の臭いを好むので非難してくると言いました。分析が進むにつれて彼は，通常上品な会話では用いられない，下卑た言葉や表現をますます使うようになりました。私は彼に，彼が誰にでもこのように話すのか，それとも精神分析者のような人に対してのみなのか尋ねました。彼は，自分の言葉遣いには何の問題もないと思うし，本当に糞便の臭いが好きなのだと言いました。彼は憤然として，「私は糞便の臭いが好きです。それは素敵だと思います」と言いました。私は，彼が私に会いに来た理由を，私たちは分かっていないことを指摘しました。彼は，「私はあなたが知っていると思っていました。私の問題は，ひどく赤面してしまうことです。私はあなたがもう気づいているかと思いました」と言いました。実際には，彼はいつも青ざめていました。私は彼の顔に血の気があるのを，一度も見ませんでした。彼はそれが苦痛だと言いました——あまりに苦痛なので，彼は滅多にあえて人前には出ず，最近は友人たちに会ったり付き合ったりするのを，実際に諦めました。

　分析の 1 年目の終わりが近づいた頃——私は彼に週 5 回会っていました——，彼は泉で飲んでいたと言い始めました。それは奇妙な表現に思われましたが，私はそれを，彼が詩人や作家のつもりでいるせいにしました。折に触れて彼は，自分が泉で飲んでいると繰り返し，それは私が疑いを確認するために「あなたは泉のために，何を使いますか」と尋ねるまで続きました。彼は，「もちろん，普通のワイングラスです」と答えました。しばらくして，少しずつ，ある週には一文の一部が，次の週には別の部分が，さらに別の週には別の部分が現れ，彼が泉を飲んでいると言うたびにしていたことは，自

分の尿を飲むことだったと明らかになりました。

　この時点で私は，自分の患者はどんな意味で好ましくて機知に富み，知的で協調的なのかと呆れました。また，この患者のどういうところが，彼に何の苦もなく，こうした無意識的な（と私は当時思いました）衝動と行動方法を採らせているのだろうかと思いました。そして，なぜこの患者が何の苦もなく，私には精神分析理論に精通していない限り理解できないと思われることを理解するのだろうか，と。手短に言えば，この患者は，精神分析的な解釈については何の困難もありませんでしたが，私たちが通常，意識的な発言と呼ぶものを，理解できませんでした。彼が意識的な言明を理解できるとしたら，彼は分析に似た過程を経て，辿り着かなければならなかったでしょう。しかし，通常私は精神分析的な解釈であるものを見出すのに，普通の英語を解釈しなければならないという予想をしているのに対して，彼との場合，私は事実であるものを見出すために，普通の精神分析的な解釈を翻訳しなければならないのでした。

　その頃患者は，カーテンを閉じて自分の部屋の中で住んでいて，誰の電話も受けないように手配していました。それは，人々が電話によって彼の部屋の中に入って来て，生活の平穏さを中断する可能性があることが，彼を動揺させたからです。それが彼の好む生き方でした。彼は糞便を好み，尿を好み，誰の手も届かないその暗い部屋で過ごすのを好みました。彼は，電話が鳴るといつも悪い知らせに違いないと怯えるので，電話が掛かってくるのに耐えられないのだと説明しました。

　私は，「あなたが誰も電話を掛けて来ないように手配しているのなら，当然あなたは，掛かって来たときには非常に悪い知らせだと思うでしょう。当然あなたは，電話が鳴ったら怯えることでしょう」と，言いたくなりました。実際，そうした環境にいて電話のベルに怯えること，耳にするものに怯えることや，見えなくて暗闇の中で暮らすことばかりでなく，何も聞けない状況の中で暮らすのがとても不安なことは，自然でしょう。しかし私は，「私の解釈はあなたに聞こえていると思いますが，それらはあなたに何も意味しないと思います」と言いました。「ええ，そのとおりです，そのとおりです。まさにあなたの言うとおりです」と彼は言ました。「何も意味しません」。私

は，「あなたは本当に生きていることが全然好きではなく，母親の中に完全に戻っていると感じたいのだと思います，暗くて臭くて危険な場所で，良いミルクも良い食べ物もなく，糞便と臭いと毒しかないところに」と言いました。彼は，「ええ，そのとおりです」と言いました。私は，もしも自分が優れた分析者で，私が正しいということがありえたのだったなら，どれほど満足がいくだろうか，と思いました。しかし，私は自分が正しいとは思いません。私は，この患者が精神分析を与えられる必要があるとは思いません——私のすることではありません。私は，患者が私に追い払われたくないことも，分かりました。私は自分が生きている間，その患者に会うのでした。彼は私に会いに来るのを，止めるつもりはありませんでした。なぜ彼が私に会いに来るのかは，私には分かりませんでした。おそらく彼が分析を好きだったのは，それが何とも汚れた主題の，汚れた言語で，卑猥で有毒なものだったからですが，私には分かりませんでした。

　あるとき，私が別の患者に会っている間に，私への電話メッセージがありました。私は，「後で掛けて直してください」と言いました。「いいえ先生，これは緊急の用です。あなたは，XT氏（私の患者）という名前の人を知っていますか」「はい」「彼は道路を渡るときに，大事故に遭ったところです。彼を見に来られますか」「ええ，そうします——後で。今は，私は忙しいのです。私は後で彼に会います」。私のジレンマは，次のようなものでした。もしも，医者である私がその患者に会おうとしなかったなら，誰もが「患者が大事故に遭ったときに会いに行こうとしないとは，非常におかしな類の医者だ」と言うでしょう。他方，もしも私がこの患者に会いに行ったなら，私は彼が，私生活に干渉する私に，憤慨するだろうと知っていました。彼は，彼の生活の仕方や，彼が事故に遭ったときにそれに口出しすることが私の職務だとは，まったく考えませんでした。後に私は，何が起きたのかを彼から知りました。彼は道路を横断したかったので，渡りました。道は非常に混雑していて，やって来た車は停止できず，彼を撥ねました。私は彼に，彼は自分が道路を横断したいなら，交通量や道路を使っている他の人たちについて思い悩む必要はない——ただ行動に移してよいと感じていることを指摘しました。「ええ」と彼は言いました。「そのとおりです。どうしていけないのでしょう

か」。手短に言うと，彼は事実の世界と悪夢の世界を，区別しませんでした。彼は，私たちのほとんどが熟睡していて，悪夢を見ていたならばすると思われるのと同じことを，現実の生活でしていました。彼は悪夢を見ず，悪夢の中に住んでいるかのように振る舞いました。彼は，椅子や机などが，通常私たちが夢の備品と呼ぶべきものである世界に住んでいました。しかし，みなさんが夢の中で見出すと予想する備品は，現実の生活の備品でした。

　また別のときのことです。電話が鳴ります。「あなたはビオン先生ですか。X氏を御存知ですか」「はい」「こちらは警察です。私たちはその男性を独房に閉じ込めています。彼を引き取りに来られますか」。このように私は，他の患者のことを考えられないようにされていました。と言うのも，私はいつも，X氏についての新たな知らせを伝える電話が来るのを，覚悟していたからです。もちろん私は，電話線を抜いて部屋を暗くし，何も見たり聞いたりしないようにして，彼に専念できるようにすることはできました。誰が誰を分析していたのでしょうか。私が彼を治していたのでしょうか，それとも彼が私を治していたのでしょうか。私はみなさんに答えを言わないで，推測の練習として残しておきます——あなた方は，実践の中でそうした経験をすることがあるかもしれません。たぶん，みなさんの友人や身内が，あなたは実に良い分析者だと言うでしょう——彼らには，あなたにちょうど合った患者がいるのです，若くて機知に富み，21歳で知的な，まさに「あなた好みの人物」です。それが名声というものです——精神分析者たちにとって。私はかつて，自分が間違った仕事を選んだのではないかと思ったものです。自分は普通の医師として，恵まれたほうではないかもしれない，と。しかし普通の医師たちには，同じ類の患者がいます。普通の父親と母親には，同じ類の子供がいます。普通の姉妹には，そのような兄弟がいます。通常の兄弟には，彼の妹のような姉妹がいます。彼らはみな，最後には精神分析のところに来ます。私たちが十分に長く生きて，精神分析が十分に長く続くなら，患者不足は起こらないでしょう。治癒の不足はあるかもしれませんし，精神分析には悪評が立つかもしれません。私たちはこのような普通ではない人たちと付き合うから，そしてどんな父親でも母親でも承認しないような，普通ではない仕方で彼らを治療するからです。精神分析者がいて精神分析がある限り，非難す

べき人を見つけることには，何の苦労もないでしょう。

　私は患者に，もしも彼が十分に偉くなったならば，もしも彼が有名に，患者になったならば，やっと彼は，十分な数の人たちがそれを知ったならば自殺するに値すると感じるだろう，という気持ちに注意を向けさせることができました。私は患者がこう言うのを想像できました。「でも私は，殺しが好•きなのです。私は自分を殺したいと思います。私は葬儀に行って見てみたいのです」。ある日，私はメッセージを受け取りました。患者は自分の部屋を去って，ロンドンから約 20 マイル離れた原野で，死んでいたのが見つかったのです。

　私は，自分がよくやったと感じたとは言えません。他方，私は自分の犯したミスが何かについて，本当に明確に感じたとも言えません。しかし，私はもちろん，誰もそれを，機知に富んで，知的で賢く，協調的で友好的な若い男性についての，満足のいく分析だったと見なすとは思えませんでした。

質問者：あなたは通常，患者に質問をしますか。それとも，ただ自由連想を待ちますか。患者の身内たちがあなたと話したいとき，あなたはどうしますか。患者が一時入院しなければならないときに，あなた自身が彼に会いに行きますか。それとも，誰か別の人がそうするべきだと提案しますか。

　——たとえば，何らかの精神分析的な知識がある精神科医が。

ビオン：精神分析の実践では，規則どおりにすることは困難です。1 つの理由としては，私は何が精神分析の規則なのか知りません。たくさんの人たちが，「あなたは精神分析の理論を知らないのですか」と言うでしょう。私は，「ええ，知りません，さまざまな理論を何度も何度も読みましたが。今では私は，本当に最良の精神分析理論を読むための時間しか残っていない，と感じています——それが何なのかが，分かりさえすればいいのですが」と言えるでしょう。しかしながら，それは私が自分に設けようとしている制限です。**本物**の精神分析の実践は，本当に非常に厄介な仕事です。それは，感じが良くて，簡単で，心地良い生き方として選ばれるべきものの類ではありません。理論は簡単に読まれ，語られます。それと精神分析の実践は，別の問題です。分析者が精神分析の実践ではないものに従事したら，実践する精神分析者としての彼の代わりをする人はいません。私は答えが得られそうだと思えば，

どんな質問でもします。私がお話ししてきた患者からは，何か情報が得られるとは期待しないでしょう——彼の父親からも，母親からも，姉妹からもですが。精神分析的な知識は，精神分析的にのみ得ることができます。他の情報は，どれほど重要であろうと，精神分析的な発見の代わりをすることはできません。被分析者と私が一緒に発見できるものがどれほど不十分でも，それの代わりをできるものはありません。分析者は，何が自分の作業の仕方に必要な最低限なのかを，発見しなければなりません。他の誰かに必要なものは，関係ありません。

「古典的精神分析」として知られているものがあります。そこでは，分析者は分析を実践する分析的状況を有しています。そして適応のある患者を受け持って，適切で認定された——正しい解釈を与えます。私は，そうした状態を経験したことがありません。分析的状況は，実践する者が個別に，自分にとって十分だと感じる状況です。

重篤な障害を持つ患者は，何か重要なことを私に伝えることができるときがあります。時に彼は私に，正しいことを偶然に伝えます。しかし，私は情報によって事情がよく分かるならば，それが故意にでも偶然にでもかまいません。私は獣医に，「とても難しいに違いありません——あなたが担当する動物たちはあなたに何も言えませんから」と話したことを覚えています。彼の答えは，「まあ，幸いにも，動物たちは私に嘘も言えませんから」でした。分析者のものでも被分析者のものでも，沈黙は金です——それを用いる二人の能力に拠りますが。あるブラジル人分析者は私に，5つの言語で沈黙できる患者がいることがあると，気づかせてくれました——それは覚えておく価値があります。

会いに行くか，行かないか，その患者は原理上，私が輪郭を描いた諸条件によって支配されています。その原理の個別的な適用は，そのときに実践している精神分析者以外には決定できません。実践は実践に依存します。

質問者：あなたは，分析者は沈黙を長期間にわたって観察し，1つの沈黙と他との違いを感じることができると言いました。記憶の外で作業しているときに，どうやって今日の沈黙と別の日の沈黙を比較できるのでしょうか。それは，あなたが推奨した他の規則を，破棄しないとできないのではない

でしょうか。〔be を by に修正〕

ビオン：私はその規則を「忘れる」ことを，強くお勧めします。それは，あなたが自分の知性を用いるのを止めるかもしれません。あなたが持っているような知性や知恵を使うのは，ずっと良いことです。

　私の患者は，自分の記憶を使わないようにと言われる必要がありませんでした。彼はブラインドを下ろし，自分に誰も話しかけてこないように，そして自分の分析者の解釈を聞かないように，手配しました。最終的に彼は，まさに治癒であるものを見出しました——彼は死んだのです。その後，私たちが知る限りでは，彼は何も聞くことができませんでした。しかしそれは荒療治の類いであり，非常にはっきりしたセッションの終わり方です。もしも人が生き続けることのほうに肩入れしているのならば，困難に突き当たるはずですし，どんな規則にも従うのを困難に感じるようになるはずです。あなたがしようと望むことができるのは，あなたに役立ったような経験を用いることです。ですから私は，精神分析の訓練が役に立たないとか，子供時代は役に立たないとか，あなたの母親や父親が有益なことをあなたに伝えることができないとか，言おうとはしていません。しかし，何かを学ぶための時間は非常に限られており，大人と同じように，兄弟たちや姉妹たちのように誰であれ，他人のようになろうとして時間を無駄にしがちです。それは保護色なのです。問題への実践的な解決は，分析がそれを見出さない限り，存在しません。

質問者：もしも教育する分析者が，不十分な分析しか受けておらず，候補生の分析をしていて，その人が今度は資格を取り，最終的に教育する分析者になると，精神分析的的な実践の水準は，当然のことながら落ちるのは確かです。あなたはイギリスやアメリカで，この状況をどう経験して御存知でしょうか。

ビオン：私は，両親が嘘つきと酔っ払いなのに，子供は非常に魅力的で，発達をし続けた症例を思い出します。みなに酔っ払った両親をお勧めするのは躊躇するところですが，なぜその子供がとてもよくできたのかは，私がいまだに理解していない謎です。そして，たとえ私が，自由に利用できる大量の精神分析的な専門用語をすべて聞くことができたとしても，それでも私はその説明が分からないでしょう。逆に，環境にはほぼ落ち度がないように見え

る患者が，有利な状況を破壊できるようにする専門知識しか学んでいないように思われるかもしれません。私には，イギリスやアメリカについてお尋ねいただいた一般的な質問に，答えるだけの科学的根拠がありませんが，私が言及している諸例は，より広く当てはまるのではないかと考えています。

　フロイトは決して，夢が良いものであるとか，不安が良いものであるとは示唆しませんでした。彼が示唆したのは，一定の手順を実行すれば，夢を十分に活用できるということだけです——夢自体は，良いものではありませんし，悪いものでもありません。しかし人によっては，それを利用できます。逆境は良いものではありません。戦争は良いものではありませんし，平和も良いものではありません。それらは，良くも悪くもないのです。しかし，人によっては，経験を十分に活用します。私たちが悪条件の仕事を最大限に活用するのを学ぶことは，早ければ早いほど良いです。分析は，結果はさておき，この現実世界で行なわれなければなりません。

質問者：あなたが引き合いに出した症例では，分析者の役割は，患者が死ぬのを助けることのように思われます。分析者は患者が生きるのを助けられないからです。生きることを助けるのか，死ぬことを助けるのか，という観点からすると，あなたは何が現在の社会における分析者の役割だと考えますか。

ビオン：分析者の機能は，精神分析をすることです。それは，患者の前に掲げた鏡のように，患者が自分はどのように見えているかをすべて見ることを助けるものでありえます。私が今述べたことに一致して，「そっくり」である代わりに，患者と分析者のどちらもが「なっていくこと」を始めるかもしれないことを願っています。患者に精神分析や精神分析理論を教えようとすることは，教育の一部であって精神分析ではありません。もしも分析が，患者に自分自身を紹介するという結果をもたらすならば，それは「成長」を開始すると思われます。それまで自分の人生を誰か他人に，「そっくり」になろうとして過ごしてから，私たちは患者たちに，彼らは自分自身であるべきである，それがどういう人であろうと，と提起しています。それは，彼らには欠点を補う取り柄があるかもしれないからです。

8

　私が前章で述べた混乱は，人間の活動で突出した特徴なので，私たちはこの問題についてさらに討論しなければなりません。第一に，私たちが気をつけなければならないのは，熟す前に解決を求めることによって，討論から人間の精神活動のおそらく本質的特徴であるものを除外する危険性です。討論は，終えることではなく，討論の対象を解明することを意図しています。喩えて言えば，肖像画を描かれた人の代わりにするのは，危険なことでしょう。

　私が描写したい状況は，週・月・年という通常の時間軸を使えば，16, 17歳から23, 24 歳の間のどこかになります。もっと絵画的であまり数学的ではない用語で言えば，青年期の期間です。しかし，「期間」という言葉は，状況を単純化することによって歪めます。私が考察しようとしている精神状態は，決して病理的でも病的でもなければ，安定もしていません。ただし，病気や病理学的事象は，研究されているその「段階（phase）」の一部かもしれません。私がすぐにやって来るかもしれないと想像できるのは，全般を見る精神分析者はいなくなり，精神分析の特定の側面を専門とする者ばかりになることです。特定の段階には，特定の精神分析者が任命されるように。しかし，こうしたカテゴリーを用いる際に，それらが関連しているのは人間の心の限界にであって，研究対象の限界にではないことに気づき損ねると，混乱した状況にさらに混乱をもたらすことになります。これが特にそうなのは，私たちが人間のパーソナリティを研究しなければならないときです。解剖学や生理学から採られた類推は，啓発的である可能性がありますが，それらの特徴に注意が払われていなければ，そうならなくなります。

　どの現実化も，乱流のこの段階の言語的な記述とほぼ同じものではありません。たとえば，青年期で乱流が起きるのは，パーソナリティがまだ子供時代のものであって，それがどんな感じかを覚えていると同時に，すでに大人に十分に育っていて，それがどんな感じかに気づくときです。私たちは，オ

タマジャクシがカエルになるときに起こる大きな変化に似たような徴候は何も示しませんが，移行の時期は**あり**，それは合間の期間よりもはるかに目立ちます。私たちは，青年期以前・青年期以後・遅れた青年期について語ることができ，それぞれの区分をさらに細分化することができます。こうした時間的細分化は前の文化の名残りで，1時間を60分としたり，円を360度としたりするのと同じです。あなた方は，ある1分が次の1分にいつ変わるのかは，認識できません——時計かその種の機械類を見ない限り。精神分析でも同じように，あなた方は精神分析の論文や本のようなものを見ない限り，こうした区分を見ることはできません。現実はもっとずっと混乱していて，人間が現実にほぼ等しいものを考案した形跡はありません。唯一確かなのは，その形跡が人間の特徴を示していることです。それでも，混乱でも実りのある源が生まれるのは，私たちが人間の心の特異性を，存在している現実と区別し損ねるからです。

　フロイトは，多くの特徴と時期を，地図のように描き表しました。それらは人間に特有であると認められるもの，すなわち人間の心と人間のパーソナリティの特徴です。まさにその仕事のおかげで，今やいくつかの時期を詳しく見られるようになっています。実践的な分析とは，私の呼び方では，その種の時期や精神状態を実際に経験すること，自分自身のものか分析経験を分かち合いに来る人のものを，経験することです。青年期にある人は，まだ消えていない子供時代の思考や感情・考えの名残りを経験します。それらは痕跡のようなものですが，多くの活力があるまま残っています。言語は，フロイトが素晴らしい発明だと見なしましたが，そこにはその発生の痕跡があります。文法は，これらのいくつかを表しています。たとえば，隠喩です。生気を失ったものもあれば，まだ生きているものもあります。誰かが，「胡散臭い〔ネズミの匂いがする〕，蕾のうちに摘み取るぞ」と言ったら，それは2つの隠喩で，どちらもそれぞれの文脈では問題ありませんが，それらを1つにまとめると，これらの死んだ常套句，死んだ隠喩が生き生きとしてきて，その結果は滑稽です。これらの死んだあるいは死にゆく精神状態には，十分な活力を保って残り，次に来る精神状態とうまく合致［符合あるいは一致］するものもありますが，合致しないものもあります。次とは青年期以後の精神状態

であり，それは活気を呈しつつあります。ですから，死につつあることになっている精神状態や，生まれて来ることになっている精神状態やで，混乱させる状況が生み出されます。私たちが目にしたり研究したりしている精神状態が，衰退しつつあるのか成熟しつつあるのかを判断するのは，容易ではありません。それが青年期のような時期を，青少年にも観察者にも非常に難しくするのです。観察者（分析者）は特異な立場にあります。なぜなら彼は，安定を保って同じ論議領域に留まり，同じ言語を用いることになっていて，もしも自分が比喩的に話していると言うなら，その特定の論議領域の中で首尾一貫した隠喩を用いていることが期待されるからです。彼は，作曲の際にキーの変更を示さない音楽家のようではあるべきではなく，論議における「キーの変更」を示すべきです。分析者はこう言えるべきです。「私は外科手術について話していませんし，宗教について話してはいません。私は芸術についても話していません——ただし，私は話す過程でこれらすべてを用いるかもしれません。私は精神分析について話しています」。

　残念ながら私たちは，すでにある言語を用いなければなりません。私たちは「羨望」という語を使うことがあります。精神分析者ではない人たちは，羨望とは何かを知っていると確信しています。精神分析者である人たちは，そこまで確信していません。私は 20 年前には，精神分析とは何かを知っていると思っていました。今日，私はそれを知るには，知りすぎているか，少なくとも自分が無知だと知るのに十分なほどは知っています。私はそのことを宣伝していませんが，その理由は特に私がそうすると，誰か自分のほうが知っていると思う人が，そうではないのに空いた地位を横取りすることになるからです。

　誰かが言います。「私は羨望とは何かを知っています。羨望についてあらゆることを知っています」。しかしその人たちが，精神病的な羨望とは何かを知っているかは，疑わしいでしょう。あるいは，隠喩を提供するために医学に頼ると，彼らは視床下の羨望とは何か，視床下の憎悪とは何か，あるいは視床の基層や視床外の憎悪とは何かを知っているのでしょうか。私は今ここで，自分の思考や考えを表現するための言語を，即興で作っています。私が伝えようとしていることを表現するのは困難です。それは，たとえ思考の

世界に親しみのある人たちに語りかけられる，特権的な立場にいてもそうです。そうした人たちは分析者や心理学者，あるいは芸術家や音楽家かもしれませんが，みな人間の心の諸機能の何らかの面をよく知っている人たちです。自分の知識や経験を他の人に伝えようとする分析者は，その人からこう言われる危険を冒しています。「こんなナンセンスは耐えられません，私は聞きません」「こんなものに我慢できません。講義や講演や精神分析や何やらには，もう行くつもりはありません――精神分析をしている人は，みな狂っています」と。しかしながら私たちは，自分たちの主題について何も知らないと非難されることに，耐えなければなりません。残念ながらそれは真実に非常に近いのですが――完全に真実ではありません。私は，私たちがこの問題に関して実際には珍しくはないのではと思います。たとえば，医療の現実に私たちがはっきりと触れることができたら，あなた方が医師を必要とするなら，見通しは実に暗いと言えるでしょう。資格を持っている人やその肩書を与えられている人，そう名乗る権利のある人はたくさんいますが，ごくわずかの医師しか現実にはいません。美術学校に通って学位や修了証書をもらっている人はたくさんいますが，芸術家はごくわずかしかいません。時たまピカソのような人がいて，母国から追放される危険を冒します。傑出した芸術家が生き残って，実際にある世界の中で生きていられ続けるかどうかは偶然です。したがって，精神分析者たちが行なわなければならない仕事は，このうえなく重要です。なぜなら，もしもそれが行なわれなければ，個人は生き残れないからです。危機は，私たちがそれを認識しようがしまいが，そこにあります。それは潜伏期や児童期のように穏やかで単純に見えるかもしれませんが，分析者は潜伏期の子供を，自分が持っているような直観と直観的装置を用いてよく見るならば，その子供がすでに思春期であることの萌芽を持っていることが分かるでしょう。私は，乳児についても同じことが言えるのかどうか知りませんが，「子供はその人の父親〔三つ子の魂百まで〕」という言い回しは，確かに言い得て妙です。子供は決して全面的に子供なのではありません。子供には，観察の鋭い訓練された目から見ると，すでに大人になっていることが分かる側面があります。

　私たちはすでに，人間の心のごく一部を，それの短期間について研究する

ように強いられています。私が「短い」と言っても，それは短くも長くもありませんが，**何らか**の種類の寸法はあります。私たちは資格を取ってから，自分が何者であり何ができるのかを，見出そうとし始めることができます。私たちはみな，私たちにとって最も簡単で最も自然な私たちのパーソナリティの側面を動員することができ，それによって私たちが特に適している領域へと導かれます。それから厄介なことが，私たちに始まります。それは，訓練を終えたときには自然に競技をしていたときと実力はほとんど変わらないテニス選手が，プロのコーチに通うことに似ています。しかし彼にはもっと良くなる可能性があるかもしれず，言ってみれば，彼が強いバックハンドを持っていることを発見できるかもしれませんし，彼はそれを対戦相手に使うでしょう。分析者も同様です。彼は訓練が終了したときに，自分が何者であり，何ができるのかを学び始めることができます。それには長い時間がかかるかもしれません——長すぎないことを願いたいものです。私たちが生きるのは限られた期間でしかないので，それは緊急性のある問題です。しばらくすると，人々は私たちに何ができるのかを知り，私たちのところに来ます。そして私たちの実践は，私たちに合わせられたり，私たちが合わせたりするものになります。

　私はあなた方に，これらの節目となる点の1つを探究する，という考えを奨励したいと思います。あなた方はそれらに，名前を付けることができます——青年期，思春期，潜伏期のように。青年期のようなものを選ぶことの利点は，青少年が，過去とこれから起こること両方について，生き生きとした感覚を持っていることです。そのため，青少年は気が狂ってしまうのではと恐れたり，行き詰まってしまったのではと恐れたり，精神分析にいっさい関わりたくないのではと恐れたり，工学をやりたくないのではと恐れたり，「同性愛」——新たに補充された専門用語です——ではないかと恐れたりします。この乱流の期間はしばしば，精神分析者でない人たちに感知されます。彼らはこう言います。「この少年（あるいはこの少女）は，とても奇妙な行動をしている。こういう青少年は，うんざりする人たちだ——とても心配させるが，それが青年期だ」。あるいはこう言うかもしれません。「ほんの子供だ」と。しかし，誰もほんの子供ではありません。大人で，すっかり大きくなっ

たので「まだ子供」ではない，という人はいません。子供で，すでに一部が
大人ではない人はいません。人間は早い年齢で肉体的に成熟しますが，個人
がその時点で心理学的にも精神的にも成熟しているとか，その段階が特定の
時点で終わると言えるとかに，私たちが同意すると私は思いません。私たち
が，心の成長は18歳でも40歳，50歳，60歳でも止まると言ったら，その発
言は，熟していないか早熟かです。80歳ではそういうことはもっとありそう
になります。その人はほとんど終わったとか，すでに精神的に衰えていると
言うのは，筋が通っていると思われます。しかし，私たちが精神的成熟の達
成された日を知っていて，その時点から衰退していくということは，自明で
はありません。

　少しの間，青年期というこの比較的単純な状態から離れて，（身体的な）
乳児期のような時期について考えてみましょう。乳児は私たちが慣れている
類の言語を話せないので，大人の発話のような雑音を出すことはできますが，
乳児心性の専門家は，乳児の将来性がない雑音と，いつか人間の発話になる
かもしれない雑音の間の違いを，言えなければならないでしょう。あなた方
は，赤ん坊が泣き叫ぶのを聞いて，こ・の・叫びには将来性がなく，こ・の・叫びは
何かに変わっていく，と告げる専門家でなければならないでしょう。もしも
私たちが，私たちの力と識別能力を発達させることができれば，自分たちに
は違いが分かると分かることも，正当にそう考えることも，できるかもしれ
ません。

　原子物理学者マックス・プランクは，自分の回想録の陰鬱な一節の中で，
自分の同時代人には何も教えられないということを発見したと言っていま
す。進歩は，彼らが何かを学ぶことにあるのではありません。起こるのは，
彼らは死んで，もっと若い人たちがやって来るということです。彼のこの悲
しい発見は，どの分析者も承知していなければならないことです。

質問者：あなたは患者とのコミュニケーションの問題について話し，彼が何
　を理解できるかを伝えることの利点に注意を促しました。分析者はたびた
　び，患者が理解できないということを分かることができます。そのような
　患者にどう話しかけられるでしょうか。私たちが使っている言語を使う以
　外のコミュニケーションの手段は，あるのでしょうか。

ビオン：私はそれを行なう仕方があるに違いないとは思いますが，それが何かを知るのは困難です。確かに子供たちは，私たちが理解していることを理解しているように見えることがあります。ベアトリクス・ポッターが書いた，『ばにばにきょうだいのはなし（*The Tale of the Flopsy Bunnies*）』という，「まったくのその日暮らし（improvident）で陽気な」ウサギの家族についての話があります。子供たちはそう言われても異議がないようですが，彼らが「その日暮らし」のような言葉の意味を知っていると信じることは不可能です。同じ物語の中で私たちは，「レタスはとても眠気を催す（soporific）」と聞きます。それで子供たちには何の問題もありません。子供たちが「その日暮らし」とか「眠気を催す」のような言葉で，何を理解しているのか私には分かりませんが，代わりに何か簡単な言葉が使われたら，その話は確かに間違いであり，子どもは憤慨することでしょう。これらの長い言葉は，その物語の不可欠な部分です。

　しかしそれは，全部が「語」の問題ではありません。子供の観点からすると，互いに愛し合っている親の代わりは絶対にありません。どれほどの量の話も理論も，お互いに愛し合っている両親の代わりにはなりません。それは子どもに何かを——もっと長い言葉を使うと——言語の基層の（infra-verbal），言語を超えた（ultra-verbal），言語以前の（pre-verbal），言語以後（post-veral）のものを，渡すことのようです。それがどのような種類の「言語的」なものなのかを，叙述する方法はありません。この言語（language）は，私が「ベータ要素」という奇妙な呼び方をしたものによって伝えられます。それは言葉ではない何かです。言葉による（verbal）言語ではない言語とは，何でしょうか。子供の言語と，「眠気を催す」や「その日暮らし」のような言葉との言語的な隔たりは，非常に大きいと思われますが，非言語的な隔たりは非常に小さいか，存在しないようにさえ見えます。

　今出された問いは，おそらく探究の出発点になるでしょう。これは，分析の実践を刺激的なものにする一例です。

質問者：あなたはセミナーやスーパーヴィジョンでしばしば，患者が分析者の面接室に行く約束を守ることの重要性に触れています。あなたは，なぜ患者は行くのかと尋ねてもいます。これについて，もっと詳しく話してい

ただけますか。

ビオン：分析者たちはとても頻繁に，なぜ患者が来そびれるのかに気を取られているようで，反比例する謎を認知していません——それは，なぜ彼らは来るのか，です。探究は，どちらの極も無視するべきではありません。時には患者たちは，こちらが彼らの時間やお金の分の価値があるとは思い難く感じるときに来続けますが，そこから何かを得ているに違いなく，彼らは価値があると考えているに違いありません。それは，分析者が決して意識の水平線の下に消えるに任せるべきではない事実です。分析者たちが患者の敵意などについて語るのは，馬鹿げたことです——私たちは，敵意がたくさんあることは知っています。しかし驚くべきことは，友好性がかくもふんだんにあるらしいことです。人々は実際に，協力するために自分の最善を尽くします。彼らは面接室にやって来ます。来ても何もできないと確信しているときでさえ。

質問者：あなたがスーパーヴィジョンで，患者が見た自分の誕生から始まる最早期の諸経験にどう触れるのか，もう少し詳しく聞かせてください。

ビオン：私自身，その主題についてもう少し聞けたら，と思います。分析のために私のところに来ている人たちが私に話すことに耳を傾けることによって，私はそれについていくらか聞くことができます。これは非常に面白い主題ですが，私には経験も知識もないので，それについて多くを知ることはできません。私が疑わないのは，私たちが自閉症児と呼んでいるものは，実際にはある感じ方や心の状態にある子供たちで，私たちはそれにこれまで気づき損ねてきたことです。それはあたかも私たちが，子供は子供であり，大人でもあれば経験不足でもあることに気づかなかったかのようです。私が自給自足的（self-contained）システムをこれらの言葉で叙述する限りでは，フロイトが「自閉的」という用語を使っている［「心的生起の二原理に関する定式」1911b］のと同じく，それは自閉段階の記述でもあるかもしれません。そのような探究は，その問いへの答えを示すかもしれません。

　私たちは親としてしばしば，子供が「すっかり」知っていることを期待しているかのように振る舞い，話します。私たちは「分からないの？」と憤慨して，行儀が悪く見える少年少女に「それは行儀の悪いことだよね？」と言

います。ええ，彼らには分かりません。彼らは高い花瓶を手に取って猫に投げつけたり，それで犬の頭を殴って壊したりしたかもしれませんが，それを「とてもとても行儀の悪いこと」だとは思いません。彼らは，とても満足のいく経験だと言えるかもしれません。それは，花瓶にはあまり良くないかもしれませんし，犬や猫にもあまり良くないかもしれませんが，子供はそれをした後，気分がとても良くなります。子供は「こうするとどれだけ愉快か，分からないの？」と言えます。親は，「あんな振る舞いをするなんて，どれだけ行儀が悪いか分からないの？」と言えます——いや，分かりません——どちらもがです。この親子は，互いにすれ違って離れたところから声を掛け合っている二人のようなものですが，その一人は１つの方向に，もう一人は反対の方向に進んでいます（精神分析者は，二人がすれ違う際に精神分析的「ドップラー効果」を観察するかもしれません。この効果は注意を必要とするものです）。言葉は同じでも，意味が違います。「まったくのその日暮らしで陽気な」という表現について，母親と父親はそれが何を意味するのか，知っていると思っています。子供たちもそうです。その言葉は同じ言葉のように思われますが，やはり意味が違います。「これは自閉症児だ」と言うことは，ほとんど何も言っていません。それは大人の側で，いつか通じる言葉になるかもしれない雑音に，非常に近いものです。

　新生児は，私たちが知っているどんな言語も用いませんが，母親たちはその言語を理解できることがあります。赤ん坊が叫び，母親は正しい答えを知っています。それは言語的なときもあれば，母親は子供を抱きあげて何も言わないこともあります。母親は「子供がどうしたのか私には分かりません」と言って，乳母にあるいは，ときには残念なことに，精神科医や精神分析者に渡すことさえあるかもしれません。もちろん私は子供を精神分析することに偏見はありませんが，分析者を母親の代わりにすることは毛嫌いしています。両者は相補的かもしれませんが，損害なしに一方を他方の代わりにすることはできません。

質問者：あなたは私たちに警告して，目で見るばかりでなく他の感覚も使って，たとえば患者の排泄物を検知するように言いました。しかしそれでも私たちには，十分な感受性がありません。なぜなら私たちの心，そして患

者たちの心も排泄していると思われるのは，私たちが何も知らない感覚器
官を通して感じられるべきだからです。これは，私たちが注意を集中すべ
き謎の１つなのでしょうか。

ビオン：私はどんな分析者も，謎つまり未解決の問題に対する能力を失った
ら，向上しないと思います。これは長い質問であるばかりでなく，その答え
は恐ろしく長いかもしれません。私は短い答えを，ある医師のお話をするこ
とでお伝えできます。その医師は，ビーカーに何か物質を入れて学生たちに
見せました。「さあ」彼は言いました。「非常に重要なのは，あなたたちは吟
味したり，見たり，試したり，自分の五感を使ったりすることを恐れずに，
あるものが何なのかを見出すべきだということです——たとえこれのような
ものでも。御覧なさい」。彼はそれに指を浸して，味見しました。それから彼
は，ビーカーを学生たちに回しました。すると，ありとあらゆる不快な表情
と，恐怖と，嫌悪の顔つきが現れました。その医師は悲しげに言いました。
「すみませんがみなさんは，私が浸した指とは別の指を口にしたのを，観察し
ていませんでしたね」。私にはその物語の「教訓」が何なのか分かりません
が，私の「言わんとすること」は，そこにあります。

$$—— 9 ——$$

質問者：なぜ羨望の分析は，非常に強調されるのでしょうか。これはあたか
も，それが最早期の反生命情動であるかのようです。羨望が死をもたらす
ものとして人間生活の中に登場する前に，私たちは傲慢さ（pride）によっ
て死刑を宣告されていました。もしも傲慢さが，霊的な所有を求める贅沢
で規律のない欲望の根底にあるものならば——この欲望は，〈神〉のように
なることです——なぜ私たちは，傲慢さと思われる理想化の内容を調べな
いのでしょうか。なぜ私たちは，傲慢さの 12 段階の 2 つとして記述され
る，自慢と虚栄心の分析を省略するのでしょうか。

ビオン：私はその質問自体，ある種の文化的手順に依拠していると感じて，
それに疑問を持ちます。それが属していると思われる文化の領域には，物事
に始まりと中間と終わりがあります。そして，その同じ文化の本質的な部分
は，語りによる説明であり，それにも始まりと中間と終わりがあります。私
はそれが，ある目的に適っていると思います。実際，私たちは今でも同種の
言語表現領域に属する言語を話しています。しかし，極めて異なる形式の表
現に遭遇したとしましょう。それはたとえば，中国式の言語化の方法に共通
する表現形式だと呼べるもので，観念を図表的記述によって表すイデオグラ
フを用いています。下から上へ，あるいは右から左へという方向は，私たち
の思考様式とは根本的に異なるものには適しているかもしれませんが，私た
ちが上から下へ，あるいは左から右へという言語を話しているときには，コ
ミュニケーションは困難になります——それは，傲慢さから羨望へ，羨望か
ら傲慢さへ，セックスから競争へという言語を話しているときのことです。
実際の分析では，分析者はどちらが先に来るか分かるかもしれません——も
ちろん，私たちが現実を尊重して，一般的である秩序を，それがあるとして
表現したいと思うのでなければですが。秩序を納得している学問分野はあり
ます。精神分析の実践では，私たちは明らかにすることに関心があります。

しかし，論理的思考の問題全体が見直さなければなりません。私たちがまだ学んでいる限りで，私たちが知っていることには，見直しの余地があります。たとえば，今日では太陽が地球の周りを回っていると想像することは誤った考えだと言えますが，かつてそれは「正しい」ものでした。

　フロイトは人間の心の探究を，人間存在のナルシシズムへの攻撃であると述べました。実際私たちは，心が私たちの与えている重要な位置から降格されていることに気づいて，ひどく憤慨するかもしれません。私たちはそれに重要性を与えることを抑えられません。私たちは人間です。そして特定の種類の動物の一員であり，自分を非常に重要だと見なし，人間の心を人間存在全体の重要な部分と見なすことに慣れています。それがおそらくそれほど重要ではないし，私たちが扱わなければならない問題を把握することさえできなくても，おそらく問題ではないと示唆することは革命的な変化です。

　現実が提起する諸問題は，人間の心の能力を超えていると判明することがありえます。人間の心の論理的・科学的・宗教的・芸術的能力は，それが解決しなければならない諸問題には適性がありません。人間の心を中心的な位置，すなわち思考の世界は人類中心であるとする仮定から降格させることは，人間存在の自己愛的確信への打撃です。その状況では，私たちは自分たちの問題の重大さを把握するのに十分な能力があり，進歩しているけれども，それらをどうすべきか分かるほど十分には進歩していないと見なせるでしょう。

　私はこれが，自閉症児の置かれている状況だと思います。この問題を研究した人たちが記述した現象は，自閉症児は世界に気づいているけれども，それに対する装備がまったく不十分だという理由で，説明できるでしょう。乳児はともかくも非常に知的なので，それの問題の巨大さは分かりますが，それを扱う装備は何も持っていません。人類は，似た（しかし螺旋の異なる「水準」にある）地点に，到達しつつあるのかもしれません。そこでは，人間の中の最も才能のあるメンバーたちがそれらの問題に対する関係は，自閉的な乳幼児のものに似ています。私たちの中の最も才能があり最も有能な思索者たちは，私たちが置かれている状況の諸現実に困惑しており，十分な装備を持っていないかもしれません。

羨望が傲慢さよりも先か，あるいはセックスが生殖よりも先かという問いに戻ると，私たちは，生理学者ならば生殖とセックスは同時だと考えることを知っています。もしも誰かが始まりと終わりがあると信じ，それが有用だと思うなら，私は彼がそれを信じるのをやめるべきである理由を何も知りません——彼がもっと良いものを見つけるまでは。

別の例を挙げると，私は「明日の日の出に起きよう」と言うことに，何の異論もありません。私は地球が静止していて，太陽がある位置で昇り，回って別の位置に沈むとは信じていません。しかし，私は普通の話し方を改善したいとは思いません。私はそれが人間にとって役に立つと，今も思っています。しかし他方で，私は太陽中心の天文学を廃棄しようという主張を，朝起きることについての地球中心的な言語と矛盾するからという理由で，するつもりはありません。それはいくつかの単純な目的のためには役立つ言語ですが，探査機を打ち上げて木星の大気圏を通過させ，水星への接近を経て，さらに宇宙空間に出て土星の性質を調べるといった，もっと複合的な状況には不向きです。こうした（私には）途方もない数学的問題を解くことができる，数学者たちが存在するに違いありません。私は，リオからロサンゼルスまでや，ロサンゼルスからロンドンまでの移動時間のような簡単なことを，普通の算数を使って計算するのにも四苦八苦するでしょう。しかし，そうしたことができる人はいますし，その人の心が，思考する心を探究することが提起する問題には無力かもしれないとは，信じ難いことです。私は古典的分析や，フロイト・アブラハム・クラインなどの理論に異議はありません——私が考えなければならないのはここまでで，これが限界だと言われない限りで。そのような制限を課そうとすることは，地球に対して太陽の周りをこのように不可解な仕方で回るのはやめろ，と言うのと同じくらい空しいことです。宇宙は誰の命令にも従いません。どれほど自惚れた人のものでも。私は普通の話し方や書き方に異論はありませんが，その方法が私たちの問題を解決するのに十分だと仮定することには，異論ばかりです。精神分析は——最良の精神分析でも——十分ではありません。「精神分析は，私の分析者にとって十分良いものだったし，私の分析者の分析者にとって十分良いものだった。そして私の分析者の分析者にとって十分良いものは，私の分析者の

被分析者たちにとって十分良いものだ」——などと，心が死ぬまで言う人には，誰であろうと私は賛成できません。私たちは意味が何か分からないかもしれませんが，無意味にはしばしば気づきます。

　もしも私が最初に意識するのが，自分の兄弟や姉妹を羨望していることか，彼らの私への羨望ならば，それは実際の赤ん坊としての私にとって大事なことです。しかし他の誰かは，最初に出会うものが羨望や憎しみではなく，高慢（arrogance）や傲慢さのようなものかもしれません。何が円の出発点でしょうか。それは私がたまたま，出発を意識するところだとしか言えません。

質問者：もしも精神分析において「良くなる」ことが，第一に統合，つまりパーソナリティの総合に依存するなら，分析の過程が提供する総合で十分でしょうか。それとも，総合を促進するためにいくつかの技法を用いなければならないことがあるのでしょうか。

ビオン：私はこうも言えます。第一の質問ですが，なぜ今日はこの質問から始めるのでしょうか。なぜ2番目の質問は2番目にして，第二の質問を最初にしないのでしょうか。第二の質問として，なぜ総合（synthesis）でしょうか。なぜ分析ではないのでしょうか。なぜ分析（analysis）でしょうか。なぜ触媒（catalysis）ではないのでしょうか。あるいは，なぜ破局（catastrophe）ではないのでしょうか。私にはなぜそうでないのか，どんな理由も分かりません。おそらくは，とても，とても，とてもつまらない答えのようなもの以外には。それはすなわち，質問者の始めたところであり，私が最初にぶつかったものです。もっと映像が浮かぶ言語を用いると，私の弟は私自身よりも大した赤ん坊ではなかったとき，たまたま私の頭をハンマーで殴り，私は死にました——終了，ピリオド。私たちがなぜ，あるいはどのようにこれまで生き残ってきたのか私には分かりませんが，私たちは生き残っているので，私たちは思考する過程を，誕生と現在の間の何処からでも始めることができます。もしもあなた方が，最初に意識することが高慢であり，最初に注目することが殺人的な敵意であるなら，探究をそこから始めることができます。しかし乳児期には，私たちが最初に名づけるのは，私たちの身体の五感が感知できるものです。たとえば乳児は，広大な空間や信じ難い諸々の空間，信じ難い数を意識するようになります。そしてそれから私たちは，広大な空間が

「自己」と赤ん坊が横たわっている寝台の間の境界にすぎないことや，これらの膨大な数は私たちが「3」の感覚に与える名前であることを発見します。赤ん坊はすぐに腹痛に気づきますが，何が傷つけているのかや，誰が傷つけているのかは分かりません。もちろん，赤ん坊が徹底したクライン派であるならば，「この腹痛は私の内側にある」と言うかもしれませんし，外側から攻撃されていると感じるかもしれません。残念ながら私たちは，赤ん坊に尋ねることはできません——今のところ。

質問者：集団療法の創始者として，あなたは精神分析を，以前は個人分析の高額な料金を支払う余裕がなかった多くの中流階級の人たちの手が届くところにもたらしました。それでも非常に多くの人たちが，集団分析を受ける余裕のないままです。あなたはこのような人たちに対処するために，精神分析の社会化を支持しますか。支払いはどの程度まで，治療に影響しますか。

ビオン：私が集団療法を創始したと想像するのは，大きな間違いでしょう。集団療法にその種の名前が与えられさえするはるか前から，それに携わってきた人たちがいます。私がそのリストに登場したのは，ずっと後です。

　私は精神分析を社会化することに賛成するでしょうか。言い換えれば，私は精神分析の費用を特定の集団に負担させることに賛成でしょうか，反対でしょうか。誰が分析のためにお金を払うのでしょうか——集団分析であれ個人分析であれ。誰が分析を受けないことの付けを払うでしょうか，集団分析でも他のものでも。そして，何がその代償になるのでしょうか。多くの人たちは，好むと好まざるとにかかわらず，分析がないことに付けを払わなければならないでしょう（仮定としてここでは，時間とお金と労力の代価や，金融システムが提供する通常の測定尺度に含まれていないあらゆるものを考慮して，分析にはとにかくお金を払う価値があるとします）。私は問題を，ペギーの接近方法の言葉で説明できます。彼は「自由，平等，友愛」というフランスのモットーに言及しつつ，自由と友愛は，平等とはまったく種類が異なると述べています。平等は他の2つに較べると，内容の乏しい結果である要素に混ざっています。人々は平等に生まれず，備わるものも異なって人生を始めます。ペギーは，富と機会の平等はほとんど社会問題ではないが，貧

困は社会問題だと指摘しました。人々が貧しいという事実は，共同社会には大して害を与えませんが，貧困は個人の問題以上のものです。貧困者は，社会すなわち集団を腐らせます。貧困は，どのような種類の集団の中のものでも，早晩，その集団を破壊するでしょう。ですから，貧困という社会問題は，決して軽んじたり無視したりするべきではありません。これは，精神分析を社会化することではありません。しかしながらこれは，ペギーによれば，私は彼の定式化には多くの良い点があると思いますが，貧困はすでに社会化されていて，社会化された質です。私には社会主義にどのような利点があるのかは分かりませんが，いつものように，社会主義の不都合な点，特に貧困の社会化とは何かを見るのは，はるかに容易です——それはどの国家も，どの共同社会も，どの集団も，抱えておく余裕がないものです。

　私には支払いが治療にどう影響するか分かりませんが，治療は支払いに影響を与えるべきだと考えています。つまり，作り出したい状況は，精神分析の結果，貧困が減少し，生計を立てることや共同社会の富を増やすことができなかった人たちが，そうできるようになることです。ジョン・ラスキンは，富とは共同社会の健康と幸福を増大させるようなものを意味すると述べました——それは生命を与える属性です。生命を与える物質を生み出す集団の能力は，増やされるべきです。

　お金は言語のように，役に立つことが証明されている発明です。それをどう使うのかは，まだ発見されていません。現在の経済的な失敗によって，私たちはお金の使い方を考えるときが来たと，納得させられるかもしれません。もしも私たちが分析の中で，この討論を無用にする方法を見つけても，これらの問題の解決に何も貢献しないでしょう。だから「支払い」は，ここで行なっているように，討論を刺激する役なら果たすかもしれません。この点では，探究自体の過程で参加者が気づく他の刺激と，何ら変わりはありません。あなた方がこの本を読むのにかかる代価と，私がこの本を書くためにかかる代価は，測定の尺度と測定すべき事実がある場合にしか答えられません。

質問者：精神的に病んでいる人たちの数は増えていますか。それとも彼らは
　　単に今になって，精神分析に基づいた治療技法の結果，探知され，治療さ
　　れるようになったのでしょうか。

ビオン：私は自分が医学生だった当時の，イギリスの主導的な神経内科医の一人を思い出します。私には彼の元に運ばれてきた患者の何が問題なのか，まったく分からなかったのですが，ある若い医学生は，その患者は現在では重症筋無力症と呼ばれるものに罹っているのではないかと示唆しました。私の短い人生の間に，重症筋無力症は医学的な疾患単位となりました。それは，「重症筋無力症」のような症状を識別できる恒常的連接です。ほとんどの有能な内科医は今では，自分の患者の誰かがこのような病気に罹っていたら，それに気づけて，おそらく診断できることを望んでいるでしょう。あなた方は，医者たちには病気を増やした罪があったと想像するには，思考の世界に不慣れでいなければならないでしょう。彼らは病気に対する意識を高めただけです。もしも精神分析がそれ以外に何もしなかったとしても，人々が何か恒常的連接の存在を認識できるようにしたのであれば，それは大きなことをしたことになるでしょう。常にいるのは，私たちには神経症や精神病を引き起こした責任があるとか，私たちさえいなければ，誰もそのことを気に掛けないし，それについて誰も何も知らないだろうと考える人たちです。しかし，多くの身体疾患は，それについて誰も知らなければ，徐々に人類を一掃してしまうでしょう。先ほど述べたように，ほんの数百年前までは，人々は30歳で死ぬのが当然で普通と思っていました。なぜそこまで普通のことに，注意を促すのでしょうか。

　今日では人々は，「70歳や80歳で死ぬような普通のことに，なぜ注意を促すのですか」と言います。あなた方はそれについて何もできませんが，誰かがもっと後でするかもしれません。誰かがフィソスチグミンを投与するよりも良い重症筋無力症の治療法を，発見するかもしれません。今あるのは治癒ではなく，症状を緩和するものです。医学の進歩は，医師たちの間ばかりでなく，何世代もの医師たちの間の協働による手続きです。もしも私たちが自分たちの知見を記録し伝えていくことができるならば，4, 5世代を経て私たちがみな死んだときに，誰かが何かを学ぶかもしれません。しかしそれは，私たちがまず何かに気づくかどうかにかかっています——それは非常に地味で，誰かを有名にする可能性はほとんどありません。

質問者：私たちは競争社会の中で生きています。大都会での興奮した生活

は，神経症の原因です。今日では誰もが神経症的だと言えるでしょうか，それは言いすぎでしょうか。

ビオン：私たちはみな神経症的だと言うことはできますが，それは言う価値のあることでしょうか。私たちはみな人間であると言うことはできます。これは，無力でも有用な言葉であることがあるかもしれません。かつて『ニューヨーカー』の漫画の中で，ボクシングの試合のセコンドの一人が，自分の選手は相手が話すのを聞くまで試合をしない，と言っていました——これは，対戦相手が実際に人間であることを確認するための彼の方法でした。これは分類のための急場しのぎのテストを提供しました。私たちは精神世界でも，似た問題を持っています。誰か非常に知的で賢い動物なので，人間そっくりに見える人が，人間になることはあるのでしょうか。人間のように見え**ない**人が——自閉症の赤ん坊や，潜伏期の子供，青少年のように——ゆくゆくは人間になるのでしょうか。私たちは，誰かが何かになりつつあるかどうかを見定める方法を，知る必要があります。病気の場合でさえ，何らかの咳や目の欠陥が，疾病の始まりの兆候なのかどうかを知ることは役に立ちます。しかしながら，それは成長の始まりでもありうることを，覚えておかなければなりません。私たちの問題はこう言えるでしょう。私たちは良性のものと悪性のものの間を区別できるだろうか，と。両方の可能性を考慮に入れなければなりません。一方の考えは，もう一方と釣り合わせられなければなりません。単線の見方は，複線の世界にいる運転者には練習になりません。

　私たちは精神疾患とは何かを，不－安，不－快という一般的な意味以外では知りません。精神分析者は幸福を非常に重要視し，不幸は貧困と呼んでよい地点に至りうると，考える人たちです。そこまでの不幸は個人の限界を超えているので，伝染性があると見なせます。そして，幸福の欠如はとても大きくなり，量が質に変化します。私たちは貧困者を支援したり，彼らに提供したりすべきです。彼らは不幸が極端に至った人たちです。

　その問いが前提としているのは，問題が特定の地域のものであり，それが競合や競争関係に起因していることです。しかし，もしも競争がなければ，それはまた刺激の欠如が引き起こす，成長を阻害する病気となるでしょう。同様に人間の単位であるカップルは，生き残るために自己増殖的部分と成長

刺激的部分の2つの間の関係に依存しています。その一方で，個人では，あるいは個人の集団では，貧困は貪欲さと不可分です。極端に裕福な男性は，貪欲にもっと多くの富を欲しているように見えますが，自分自身が困窮していることを示しています。

質問者：フロイトによれば，乳幼児期の生活経験は，大人の形成に重要です。社会的・性的・情動的・経済的な調整は，主としてそれらに由来します。あなたは母親にどのような助言をして，彼女が自分の子供を抑圧や制止のないように育てることができるようにしますか。それらは後に，神経症を引き起こすかもしれません。

ビオン：昔，雑誌『パンチ』に，こんな冗談がありました。パンチ氏がこれから結婚する人への助言です――「やめておけ」。この質問には，私もそのように感じます。私ならば母親にこう言いたくなります。「子供は産まないほうがいいと思います」と。私は，抑圧も制止もない人で満ちた世界に，住みたくありません。これは分析の難しさの1つです。人々はすでに「治癒」した分析者のところに来ます。もしも「治癒」が，抑圧や制止ができないことから成るならば，彼らは骨抜きにされた人たちです。分析を求めている被分析者は誰でも，すでに問題に直面しています。制止と抑圧が全面的に悪いとは，明白でも確実でもないからです。仮に私たちがこの問題に干渉できるとしましょう――私たちは識別する能力にも干渉することができます。識別は，無関係なものを排除できることがその本質です。その能力が極端になるとき，それは制止に変わります――「任意」は「強制」になっています。

　想像できるのは，もしも精神分析が癌のように増殖することを許されたなら，何が起こる可能性があるかです――いわば，狂います。すでに幾多の振る舞いがあり，それは規律がいっさいないと主張していると思われている，精神分析の原理に基づくとされています。分析を受けたことのある人なら誰でも，それが非常に辛い規律であることを知っています。私たちは，人々が楽しい時間を過ごすために，一日50分，週5日，5年間来るべきだとは，主張していま•せ•ん。私たちは個人に，たとえ私たちが存在しなかったとしても規律を支持する感情を持つだろうという事実を，何とか経験してもらおうと•し•て•い•ま•す。子供に何でも好きなことのみをさせる危険の1つは，子供は単

に何でも自分が好きなことばかりをしない，ということです。子供は，母親や父親でさえ，子供が企んでいることを始終見てはいられず，したがって自分が好きなことを自由にできると気づいた瞬間，直ちに自動的に不在の親を復元します。おそらくあなた方も，自分の子供たちの一人が，私たちの聞いたことがない犯罪に対する罰として，厳粛に部屋の隅に行って立っているのを見たことがあるでしょう。しかし，その復元された親には，親であるための知識や経験が不十分です——それは単に，子供の一部です。つまり，親が何らかの規律を課し損ねることが意味するのは，潜在的に良識があるか賢明な人の座が，何らかの経験が浅い良心と規律体系によって占められ，それは非常に厳格なので子供が自分の規律によって圧し潰されるおそれがあるということです。何の枠組みも生み出す立場にない乳幼児が生み出す，未熟で早熟な規律の枠組みは，おそらくフロイトが「自閉症」と呼んだ，自己完結型のシステムの一部です。その結果は非常に残忍なので，子供がその下では成長できず，その規律は廃棄ではなく修正するために何かが行なわれなければ，最終的には子供が滅ぶことになります。ですから，「自閉的」にならざるをえないパーソナリティや集団は，幼稚で早熟な構造に支配されやすく，危険な結果を招きます。残念ながら，私たちはどれほど経験を積んでも，子供が何歳であろうと，その育て方については本当にまだほとんど知りません。私たちは，自分たちが知らないということを知り始めています——それは大したことです。私たちは自分たちの無知や愚かさ・偏屈さ・放埓さの深さを測ることができ始めていますが，子供を育てることについて多くを知るまでには，長い時間を要するかもしれません——私たちが実際に自分の種を繁殖していることを考えると，これは途方もないことに思われます。時には，私たちは自分たちの種をうまく再現しすぎます——私たちの子供たちは，私たちそのままです。

$$— 10 —$$

第 10 回の講義は，他の講義と種類が異なっていた。私はそれを理由に省略してもよかったが，論評を追加することで，その報告が解明に役立つと思う読者がいるかもしれないと考えた。追加された素材は段落を線で囲み，読者がそれを無視することも，（書かれた言葉がライブの経験を伝えられる限りで）語られなかった挿入は何を喚起できるか，それはどのようなもっと先の経験にとって「アイデア発生機」となりうるか，自分ならば同じ経験をどう扱うのかといったことについて，何かアイデアを得ることもできるようにしてある。

最後にいくつかの問いを付加して，読者が望めば演習を行なえるようにした。

セッションの一部からの臨床素材の提示

患　者：私は満足していません，生きている感じがしていません——私は治療費を払って，自分の役割を果たしているのに。

分析者：あなたは，欲求不満に耐えるという代価を払っていません。それは人生の一部です。

患　者：私は，自分が生まれていないという夢をよく見ていましたが，その夢は私にとって現実になってしまいました。（彼は，母親が自分を押し出したことを責める。彼は自分が雇っている女中の話をする。彼女は住んでいた修道院を去った。彼は彼女が悪いことをしたと思っている。修道院では，あらゆることが神によって彼らのために解決された）。私は 6 週間仕事がありました。私はなぜこの仕事をしたのでしょうか，死にたかったのなら。

分析者：あなたは人生のあらゆるものに，苦しみがないことを欲しています。

患　者：誰がほとんど我慢せずに，私を身籠ったのでしょうか。その人は，罪悪感を持たなければなりません。

分析者：あなたは非難を受け入れないので，生きていると感じることができません。

患　者：(彼は，ナイフを使うことを考えているときに感じる憤怒について話す。それから囁《ささや》き声で語り始める) そんなことを言ってはいけません。母はどうしてこんなことをしたのだろう。私は母のことがとても好きでした。私が正しいことは，決してないでしょう。

分析者：あなたは私を，あらゆることを行なうあなたのお母さんとして，見ています。

　分析者と患者は関係を続けているが，私はそれについて何も知らない。私はその対話を初めて耳にしている。なぜ分析者はこう言うのだろうか。彼には何か直接得た証拠があるのだろうか。もしそうなら，それは何か。それとも彼は，精神分析者はこのように話すのだと教えられてきたのだろうか。患者はなぜこのように話すのだろうか。

患　者：(子供っぽい声で) 私は彼を教えられません。私には分かりません。そこはとても素敵でした。なぜ彼女は私を引き離したのでしょうか。誰かに連れがいるとき，その人は，おそらくその連れには，もはや自分が要らないのだと考えます。

　彼は誰を「教えている」のだろうか。彼はもちろん私には教えていない。私には彼が何について話しているのか，分からないので。しかし，私はもっと聞かなければならない。

分析者：あなたが言っていることは，苦しみから自由になりたい，というあなたの願望をまた示しています。

患　者：赤ん坊が見えます――私自身が母の側にいて，非常に幸せです。私は自分が湖の中に，植物の上にいるのが見えます。私は天国にいます。私は

彼らがなぜ私を追い出したのか，理解できません。こんなふうに考えるのは狂っていると分かっていますが，彼らは私を追い出したのです。私はとてもうまくやっていたのに，なぜ彼らは私の妨害をしたのでしょうか。それは，私が母の胎内で目が覚めたからでしょうか。科学者たちは，私たちには良心がないと言っています。私は自分が狂っていると思います。

> 患者は何について話しているのだろうか。もしも彼が自分は気が狂っていると思っているなら，彼は自分が「見ている」ものの性質を疑わしく思うだろうが，人々はしばしば，鮮明な視覚的想像力を持っていると話す——なぜ彼は，この鮮明に描写された物語が，そのような想像力の産物にすぎないのではないと仮定するのだろうか。おそらく分析者は会話を続けるなかで，このことに何らかの光を投げかけるだろう。

患　者：私は自分の大好きな場所の中で，目覚めました。私には憤激する理由はありませんでした。私にほとんどなかったのは，本当です。私は何も求めていませんでした。私はすべてを，愛そして安心感を持っていました。満ちて感じると，突然すべてが終わりです。すべてが終わったので，私は母に怒っていました。どうしてこんなことが，私の生まれる前に起こりえたのでしょうか。あの時期に，意識を持つことは可能でしょうか。それが私の生まれたときだったことは，ありえたでしょうか。私は自分が，問題に満ちた世界に入っていくことを意識していました。母は，自分が持っている最高のものをくれる代わりに，最悪のものを与えていました。小さい人たちは，すでにすべてを知っています。後になって忘れてしまいます。小さな子供は，大人よりも多くのことを知っています。子供は，生命との最初の接触が，最も重要であることを知っています。大人は物事を混乱させます。私たちは子供時代のほうが，もっと意識しているようです。

> 確かにこれは出産についての何かの物語で，患者はこれを聞いたことがあるのだろうか。それとも，とても「精神分析的な」流行の，最近の焼き直しだろうか。「子供時代」と，子供の「知識」について言っている

> ことは，疑わしい。

患　者：40歳で私は反抗的です。私は生まれることについて，まだ話しています。私はこれを最初の日に知っていました。これを知るために私は，40年生きる必要はありません。

> これは確かに皮肉のように聞こえる——私が実際の患者にそう伝えたならば，おそらく彼は「正当にも憤慨する」だろう。

患　者：今日あなたは，私が欲求不満に耐えられず，それは最初の日に起きていたに違いないと私に言いました。最初の日に泣いているのを，母は泣く動機がないと思ったかもしれません，私は授乳されたばかりだったので。しかし事実は，私は生まれたことに反抗して叫んだのです。母は，意地悪で自分勝手で残忍になります——私はこの分離を受け入れられません。あなたは，私にできただろうと言いますが，できませんでした。私は私のすべてを，母に与えていたからです。私は自分に腕と足があると思ったことは，一度もありませんでした。これらを持っていても，私は自分で機能できると思ったことは，一度もありませんでした。母は持っています——母は私のために機能します。母は私が，条件が整っているにもかかわらず，機能することに逆らうと言います。（患者は自分のオフィスに言及する。そこには，助手のエンジニアリングデザイナーがいて，患者は彼を自分の母親として考えている）。私は何もする必要がありません。彼はすべてを行なう必要があります。私は何も知らず，彼が知っています。母（デザイナー）がいるとき，私は何も知りません。分析者はすべてを知っています。私は何も知りません。

> これは「正真正銘の」皮肉に聞こえるが，患者の実際の経験の断片と入り交ざっており，彼がただ本から読んだものではない。

患　者：（自分に喜びを与えるものについて，考えている印象がある）それはとても気持ち良いです。母は包装紙で，包装紙の中に入っているのは素敵

です。そこはずっと良いです。母の足が私を運びます。それは母の責任です。

> 　主に彼が本で読んだこと。しかし，患者が分析者とゲームをしているのか，それとも，私が「講師」の知識がある振りをするゲームをさせられているのか。しかし，たとえでっち上げについてでも解釈はできる。もしも私が患者を分析していたならば，思い切って解釈ができる状況があるかもしれない。きっと彼は私に，それは「でっち上げ」だと言ってほしいだろう。私がそうしなかったなら，彼は，私が彼は「狂って」いると言っている，と思うだろう。

患　者：私は小さいとき，親が近くにいれば，恐怖を感じませんでした。そこには落ち着きがあります。私はこの安全感が間違っていて，愚かだと思います。デザイナーが何かの書面に署名をしなければならないと言うとき，それから彼は，誰が（建物の）建て替えのために壁を壊すのかと尋ねます。私は，壁が崩れる責任を負いたくありません。それは母の一部です。この答えは，私自身が技術者として出すことができます。私はそれよりもっと，ずっともっと知っていますが，私は知りません。私はそれを行なうことを受け入れません。2+2が4か違うか。それを言うには，私は自分を奮い立たせなければなりません。それは2かもしれないし，そうではないかもしれません。私はそれに辿り着くのに苦闘しなければなりませんでしたが，それは明らかなことです。現実には私は，梁と梁の間にある壁を取り除こうとしています。建物は，私が取り除こうとしているもので支えられてはいません。これは論理的ですが，私にとっては論理的ではありません。

> 　「真実」の別の断片。「論理的」は，合理的な人々が語り「合理化する」仕方である。しかしこれには誰か，思考の論理的様式に制限されても「閉じ込められて」もいない人による理解を要する。

分析者：あなたは，2プラス2は4であることを拒否するので，世界中にとって正しく真実であることが，あなたにとっては真実ではありません。

私は分析者が，患者の波長のごく近くにいると思う。彼の定式化が患者には理解できるだろうか。患者の次の発言は，あたかも彼が分析者の波長に十分近くにいるので，防衛を打ち立ててコミュニケーションを続けているかのように聞こえる。2＋2は「論理的な」数学ではなく，2つの似た数字が一緒になることである。しかし「彼」は，それについて考えたことがない——あまりにも同性愛的なので。2つの同じ数字は，極めてふさわしい。

患　者：私が拒否したのは，私がそれを発明しなかったからです。だから，それは間違っているかもしれません。それは誰かの発見で，その誰かは間違っている可能性があります。

分析者：あなたは，性的な関係を持つことは，両親の間違いだと感じています。彼らはそれをするべきではありませんでした——これのせいで，あなたは自分の切れ端を集めて一緒にできません。なぜなら，それらが一緒になると，あなたは憎悪と羨望でいっぱいになるからです——あなたは自分自身になるでしょう。

患　者：あなたはそう思いますか。私には分かりません。私は性的関係について考えたことがありません。それは何に関係しているのでしょうか。2足す2は4ですが，私がそれを発明していません。私は性的関係を発明しませんでした。それは子どもを作り出すと言われています——私は知りません。私はそれを発明しませんでした。私は，そのように考えるのは愚かしいことだと知っています。私は疑っています。私には分からないことです，人が間違っていることを言えるのは。レンガを1つずつ積み上げていけば，壁ができると言われます。それは間違っているかもしれません。私はいつも疑っています。私はこれを受け入れられるでしょうか，できないでしょうか。

　それは創造的であるのか。それとも単に防衛的な壁なのだろうか。患者はそれを知りたいことだろう——私も知りたいところだ！

＊＊＊臨床素材はここまで＊＊＊

ビオン：この患者の問題は何でしょうか。彼はなぜ分析者に会いに来ているのでしょうか。

症例提示者：患者は自分がとても孤立していると感じたので，治療を欲しました。

ビオン：しかし，そのことについて何か問題があるはずです。患者には，分析者に会いに来る，何か理由があるに違いありません。

> たとえば，もしもそれが彼は淋しいからなら，単に話をしに来ることは，「治療」の役割を果たしても束の間のことなので，繰り返されなければならない。もしも繰り返され，気づかれなければ，これは決して終わらない分析と後退し続ける進歩に通じる。

ビオン：私たちに立ちはだかる問いは，これがあなた方にどのような印象を与えるのか，です。あなた方ならば，この人が実際に来る理由について，どう言うだろうと思いますか。なぜ誰かが，分析者に彼と会ってほしいと思うべきなのでしょうか。

　私たちは知っているように見えません。このような状況がどう生じたのか，誰にも見当がつきません。この男性は何を欲しているのでしょうか。

質問者：私がご意見をおうかがいしたいのは，治療を求める肯定的な理由を言うけれども，分析者は治療するかどうか1回の面接では判断できないクライエントや，自分の問題を言葉にできないクライエントについてです。私は，分析者の仕事は，クライエントを助けて，自分の欲することやどんな種類の治療を必要としているのかを定式化し，知るのを助けることだと感じています。それは分析者の責任であると，私は思います。

ビオン：私は断固として反対します。私が行なうように主張しているのは，自分が得られる限りの訓練を，分析を欲する人たちの利益のために受けるということのみです。私は面接室を得て，そこで働く諸条件を整えようとする

ことはできますが, その後は, たまたま来た誰も彼もを分析する覚悟は, もちろんありません。私には彼らを分析する権利はないでしょう。もしも私が彼らを分析するように頼まれたならば, 私はそうしようとするかもしれませんが, 頼まれてもいないのに誰かを分析し始めるのは, 危険なことでしょう。あなたのオフィスに入ってくる人は誰でも, 自分の用件を説明するように尋ねられると, 期待しているに違いありません。そこは公共の高速道路ではなく, 私的な部屋であり, そこに入って来る人は, 何を欲しているのかを述べる用意があるはずです。私はもちろんそのような人に, 分析を始めたり解釈を与えたりするような危険を冒さないでしょう。私は, 私への損害賠償訴訟に対して, 同時に責任があると考えるべきです。それは, 外科医が必要な権限もなく患者の手術を始めるのと同じくらい, 深刻なことです。

質問者：ここで聞いている人たちは, あなたが公然かつ率直に討論しようとしているので, 困難に直面しています。そして患者の立場にいると感じて, 自分の唯一の問題点は孤立していると感じていることだと言います。

> これはもっともなことで, それは聴衆が来たのは「精神分析についての」講義を聞きにか, 精神分析についてのセミナーにか, 集団療法のセッションにか, 特定の精神分析者（私）の精神分析者としての能力の調査にか, はっきりしないからである。ゆえにすべての「答え」は曖昧である。なぜなら,「答えられて」いる質問は何かを推測するのは, 曖昧な事柄だからである。

質問者：私は自分が経験した, 特異な症例を思い起こします——それは私の24年間の実践の中で, こうした種類の唯一の症例です。この患者は女性で, 予備面接に来ていました。私は彼女に, なぜ分析を求めるのか尋ねました。彼女は, 人間関係に問題があると言いました。「それはどういう意味ですか」私は彼女に聞きました。「その言葉や, そうしたことで, 何を言おうとしていますか。他に何か話してもらえますか」。「いいえ」と彼女は答えました。「それだけです」。私は, 治療の適応があるかどうかを私が評価するには, それでは少ないと思う, と言いました。私は, これほど乏しい

情報に基づいて，私たちが作業できるのだろうかと思いました。彼女は，それ以上のことは言えませんと答えました。私は彼女に，なぜ彼女がここにいるのか理解できないので，私はそうした基盤では何もできませんと伝えました。彼女は何も言わず，私も何も言いませんでした。私たちは，今ここでの立場に似た状態で，どちらも沈黙に陥っていました。しばらくして，30 分ほど経ってから，私は言いました。「面接はこれで終わりにしなければならないと思います。あなたは分析されたくないように，私には思われます。あなたは自分自身を明らかにしたくないか，そうすることができないようです。これに基づいて，私は分析を行なうという仕事を引き受けられません。私たちはその考えを捨てなければなりません」。彼女は，私が彼女を治療すべきだと主張しました。私は断り，面接を終了しました。

ビオン：私はそれを聞いても驚きません。そのような状況では，分析者は非常に深刻なリスクを負っていることでしょう。患者にとっては，「私を治療するのはあなたの仕事です」と言うのは，大変結構なことかもしれませんが，患者から何をすべきかや，どのようにすべきかを指示されるのは，医者の仕事ではありません。あなた方が患者の指示に従う危険を冒したいと感じるのならば，そうやって進むことはできますが，私自身はそうしません。もしも紹介状を受け取っていれば，私は患者の紹介者に，なぜそして何のために紹介したのかを，言ってもらいたいと思います。

質問者：精神分析者になるために始められた分析については，どうでしょうか。それは治療を受ける医学的根拠がない点で，あの症例とよく似ていないでしょうか。候補生は，分析を受けるのは資格を得るために必要だからにすぎない，という考えに逃げ込むことができます。

ビオン：その人が分析者になりたいのであれば，適切な分析の機関や研究所に行くことをお勧めします。もしも私がその当局だったなら，申込者にはこう言うでしょう。「あなたはどのような理由でここに候補生として来ているのか，また，なぜ私たちに空きがあれば入りたいのか，教えてください」と。まったく同じように，もしも私が人々を分析すると主張する分析者の立場にあるならば，私は誰か，関係者か責任のある人から，どのような理由でその人が私のところに分析を受けに来るべきだと考えたのか，あるいは，なぜ私

がその人を分析する人間だと考えたのか，聞けることを期待します。

　他の分析者たちは，それについて自分の好きなことをできますし，彼らは状況を別の仕方で扱うかもしれないことは分かりますが，私にはできません。私は，自分にある能力でしかこの症例を扱えませんし，私の能力には，この患者を「分析する」と私が呼ぶことを行なう能力は含まれていません。私は，他の誰かが彼を分析できないとは言っていませんが，私は自分にはできないことが分かるほど，十分に自分のことを知っています——こうした理由では，できません。私にはその危険を負う覚悟はありません。

質問者：私は，この患者が言った最初の言葉をもう一度読みたいと思います。「私は満足していません。私は生きている感じがしていません」。しかしながら彼は，自分が治療費を払うことや，他のすべきことはすべてするつもりがある，と言いました。

ビオン：私は，彼が何について満足していないかを知りたいと思います。

質問者：彼は幸せではありません。非常に孤独であり，誰ともやり取りができないからです。彼には友人がおらず，不幸せに感じています。人生を十分に活かしたり，何かを楽しんだりなどをしていないからです。

ビオン：それは分かりますが，私が言えるのはこうです。「あなたはそれについて，私が何をすることを期待していますか。もしもあなたがそうしたことをしないために満足していないのならば，それをやりに行ってください」と。私はそれを彼のためにすることはできません。それは奇妙な状況です——患者は「今日はここに来ていないので満足していません」と言い，私は「分かった，では今日ここに来てください」と言います。

質問者：あなたは，患者にそれができたならするだろう，彼は自分でできないから来ているのだと感じますか。

ビオン：彼の看護人はどこにいますか。あるいは彼を連れて来る人は，どこにいますか。もしも彼が一人で来ているならば，彼には来ることに対する責任があります。彼は，自分が来ているのは連れてこられたからだ，と言うことはできません。もしも彼が連れて来られているなら，私は「あなたを連れてきた人に，会わせてください」と言うでしょう。

質問者：私が理解するところでは，患者を分析する代わりに，彼が困難に

思っていることを実行するように彼に伝えることで十分だろう。これです
べては解決するだろう。つまり，患者が深い無意識的な動機のためにでき
ないことがあったり，患者が成功するために分析者の助けを必要としたり
することは，受け入れられない，ということですか。

ビオン：私は，自分の自由意志で来たと言う権利を主張する患者が，私のと
ころに来られないとは認めません。私は，患者が来ているにもかかわらず，
患者には私のところに来られないと言う権利がある，とは認めることができ
ません。もしも彼がそうしたことをいっさいできないならば，私は「あなた
を連れてきたのは誰ですか。彼らに入ってもらって，そのことについて私に
会ってもらうことはできますか」と言うでしょう。他の例を挙げます。あな
たが薬剤師だったとしましょう。誰かがあなたの薬局に来てこう言います。
「あなたは薬剤師ですね。結構です。これこれの薬をください」。薬剤師には
もちろん，こう言う権利があります。「いいえ，すみませんが私はそうしま
せん。この薬をお渡しする前に，私にはきちんとした認可，きちんとした理
由が必要です。さもなければ，私は法律問題に巻き込まれます」。いずれに
しても，あなたがトラブルに巻き込まれるかもしれないのは本当です。その
男性は銃を抜き，その薬を渡すように要求するかもしれません。この点に関
して，分析者はどこが違うのでしょうか。誰かが分析を望んでいるならば，
分析者は少なくともこう言えます。「いいえ，私は分析について何かを知っ
ています。そして私は，たまたま望んでいるからと言って誰にでもする，と
いうことはしません。それは，薬が欲しい人に誰でも渡すことはしないのと
同じです。私にはそれをするための認可を得られることが必要です」。

　仮に私が，おそらく私がすべきだと示唆されたように始めた——分析し始
めた——とすると，次のときには，法廷にいることに気づきます。「しかし
先生，この患者が以前，精神科医や分析者たちのところに行っていたことを，
知らなかったのですか」「いいえ，すみません，知りませんでした」「あなた
は明らかにしましたか」「いいえ，すみません，しませんでした。私は彼の
分析をただ始めました」「でもなぜ」「患者が，分析を少ししたいと言いまし
た」。分析者は，誰でも彼でも分析することはしない，責任のある人間であ
ることを期待されています。

質問者：私は，あなたが分析を始めるときに何を求めているのかが，よく分かりません。もう少し詳しく教えてください。

ビオン：第一に私は，患者がどのような理由で私のところに分析のために来たのかを，知りたいと思います。私は，彼を分析するための，何らかの適切な理由を求めます。私は他の人たちがどうするのかは知りません——いずれにしても，それは私の助けにならないでしょう。他の人たちは私ではありませんし，彼らの患者は私の患者ではありません。しかし，私は自分自身については何かを知っていますし，私が冒す覚悟のある危険も知っています。私には，この危険を冒す覚悟はありません。いかなる状況下でも私は，着手する最低限の理由と私が考えるものを与えられない限り，誰を分析することにも同意しないでしょう。

質問者：あなたがそうした最低限の理由と考えるものの例を，挙げていただけますか。

ビオン：私は最低限の理由を，外科医であることについても，医師であることについても知りさえしませんが，自分が何をする覚悟があるのかについては，公正な考えがありますし，私にこの患者を分析する覚悟がないことは分かっています。これまで私に言われた事柄のどれも，そうする理由となりません。

質問者：もしもある成人男性が私のところに来て，困っていて孤立を感じている，人に自分のことを理解してもらえない，不幸だ，働けない，もっと生活を良くしたい，そして治療費を払えると言ってきたら，あなたはこれだけあれば十分だとは思いませんか。それほど重要な何が欠けているのか，私には理解できません。

ビオン：私も理解できません。私はそれを明らかにしようとしています。しかし，私に関する限りでは，非常に多くが欠けていることを知っています。他の人はみな，すっかり満足しているかもしれません。彼らは，先に進むためのあらゆる情報・知識・経験を持っていると，感じているかもしれません。私の経験が欠けているのかもしれません。しかし私は，それが欠けていることを知っており，もっと手にするまで，私は先に進むつもりはありません。そうでなければ，見込みのない症例がやって来て，どう助けることにも失敗

した人は誰でも，直ちに患者を分析者のところに送る自由があるという状況にいるように，私には思われます。そこにいる分析者は，誰も欲しがらない，あらゆる人たちや物や仕事のための公共ゴミ捨て場のようなものです。私には他の人たちがこの患者を引き受けることについて，言うことは何もありませんが，私は引き受けません。

質問者：あなたの言うことや私の理解することからすると，あなたの治療を受けることは，誰にも不可能に思われます。しかし，それでもあなたには患者がいるようです。ですから私の印象では，あなたは誰かがあなたの患者であるために，何を要求しているのか，これという要素，これという条件は何なのかを，私たちに正確に話していないように思います。

ビオン：私は「患者たち」に会っていません——個別の人たちに会っています。そしてある個別の人が私のところに来たときには，私はその人が何のために来たのかを知りたいのです。

> 　私は今尋ねられたようには，彼が何を欲しているか正確に話してほしいとは尋ねないが，彼が最善かつ最も単純な仕方で——長々と複雑にではなく——話してくれるならば，私は彼を理解するために最善を尽くす。

　もしもその個別の人が精神に異常があったり，成年に達していなかったりしたら，その人の両親か看護師か医者を知りたいと思います。おそらく彼らは私に会いに来て，私に何をしてほしいのかを教えてくれるでしょう。患者にまったく責任能力がないのならば，責任のある人に会いたいと思います。私は，最低限の情報を知らされていない症例を引き受けることで，自分の職業経験全体と専門家としての評判を，危険にさらすつもりはありません。もしもその医師がこの患者を，私が分析するのに適した人だと考えているならば，私は「あなたがなぜそう思うのか，教えてください」と言うでしょう。どんな医者でも，添え書きも付き添いの看護師もなしでそのような患者を私に送ってきたら，恥ずかしく思って当然でしょう。私がその人を分析する十分な理由を与えられたならば，私はそうしようとするかもしれません。しかし今のところ何も，この人が私の時間を取る理由があると私に思わせるもの

はありません。

質問者：ここでの一連の講義であなたは，謎について話をされました。私はあなたがその謎を残したままにしないことを望みます。私は，私たちがその謎を今手にしていると感じています。私には，私たちではなくあなたが，患者を引き受ける前に定めている条件が何なのか，理解していません。

ビオン：どの患者のことでしょうか。あなたがどの患者についてなのか私に伝えなければ，謎を私に残しているのはあなたになります。

質問者：私はあなたと，とても一致していると感じていますが，私は自分がそう思う理由をもっと知りたいと思います。あなたが 7〔本訳書 p. 135 以下〕で話した患者に戻ると，あなたは父親と妹と面談し，友人からの手紙と，この患者を治療している同僚からの推薦状を受け取りました。おそらく精神科医でしょう。こうした情報のどれかは，何らかの役に立ちましたか。妹は嘘をつき，父親はガールフレンドの話をしましたが，その青年は否定しました。この情報は，どのような意味で使われたでしょうか。それは，あなたがこの患者の治療を引き受けようと決める助けになりましたか。彼は一人で来ましたか。彼にはどのような配慮と注意が向けられていたのでしょうか。

ビオン：私がその患者を引き受けるのに何よりも役立ったのは，まったくの無知と正当化されない大胆さでした。私がその患者を見るための資格は，まったく何もありませんでした。その患者に会い，自分が何に同意したかに気づいてから，私は自分が賢くなったと思います。こうした人にはもう会いたくないと思いました。頼りになることを言う人は，誰一人いませんでした。そのような人を分析することについて唯一言えることは，それをした分析者が，極めて無知で無謀だったということです。

質問者：私は，患者の中に見出したい諸条件と自分が感じるものを，述べたいと思います。それは，あなた方が患者を分析的に治療できるようにするためです。今日の患者は，苦情を言うだけのようでした。私のある症例では，患者は努力することを望みませんでした。別の例では，患者は胎児に留まることに満足していました。私は，患者が分析されることを欲していることに加えて，彼も自分自身を分析したいと思っていることが最低限の

要件だと思います。それは，あなた方と一緒に作業するためにです。

ビオン：最低限の要件と言っても，計り知れない違いが必ずあると思いますが，私はそれらが何なのかは知りません。私は自分にとって何であるかは確かに知っていますが，それは他の人たちにとってではありません。私は他の人たちに，何がその人たちにとって最低限の要件かは伝えられません，なぜなら，彼らは条件として，私よりもはるかに少なく要求するかもしれないからです。しかし私は，発展しつつあるか，発展したある状況が，私にとっていわば閾値よりも下にあるときには分かることができます。あらゆることが，この患者が成人期に達してもまだ生存しているのは奇跡だ，と示唆しています。しかし，その人生の中で，彼に何らかの役に立ったものはありませんでした。私は，何を根拠に私ならできると想定されるのかを，知りたく思います。得意の絶頂にある外科医，内科医，精神分析者，精神科医たちはみな，自分がその患者を治療できると知っているかもしれませんが，私はできなかったと知っています——これまでのところは——その量の情報やその量の協力では。それは，私の最低限の要件に達していません。私は自分の職業経歴を，どんなときでも中断したくありません。イギリスでは，この種のことが実際の症例で起きました。監督局のメンバー——相当な名声の地位です——が，被害妄想患者によって訴えられ，懲罰的損害賠償が彼に与えられました。実際，あの症例によって彼は破滅しました。その結果，イギリスの医師はどんな状況でも，患者を精神病者と証明することをしなくなりました。法廷も国会も法律家たちも，考え直さなければなりませんでした。なぜなら，医師たちは自分が仕事をできる最低限の条件が存在していると，感じていなかったからです。彼らは，自分や家族を破滅させたままにするかもしれないことを，するように頼まれていたのです。彼らの最低条件とは，何だったでしょうか。私は知りませんが，あの医師たちは，知っていたに違いないと思います。被害妄想患者たちと関わるのは，危険すぎることでした。しかし，患者がパラノイアかどうかを知るには，診察しなければなりません。そしてそのような患者を診察するための条件は，存在しませんでした。なぜなら，誰も自分や家族を危険にさらす覚悟がなかったからです。遅かれ早かれ，誰かが改めて考える必要があるでしょう。精神分析者とは他の誰にもできず，他の誰も成

功したことがない，どんな仕事でも任せることができる人たちだと決められる前に。私の意見では，これもそうした症例の1つです。患者は，彼によれば満足していません。それは，患者が自分でするべきことをしていないからです。私が彼のために，それをすることはできません。もしも彼が自分の持っている知識を使う覚悟がないなら，私が彼にもっと与えても，何になるでしょうか。

質問者：ある患者が誰かに紹介されて，あなたの面接室に来てこう言います。
　治療を受けたい——ことによると分析者になりたい——それは，自分が倒錯者で，他人に残虐行為をしてきたので，自分を黙認することが難しいからです，と。この症例は，受理の最低限の条件の範囲内にあるでしょうか〔この問いは，ベッセルマン-ヴィアンナによることが知られている。「訳者あとがき」参照〕。

ビオン：あなたがこの患者についてこれまで話してくれたことには，私にその患者を引き受けることを躊躇させるようなものは，何もありません。私が先の患者を引き受けないと言うのが間違っているかもしれないのと同じように，私はまったく間違っているかもしれません。誰にも言えない——私が自分で知ることすら困難です——のは，十分に報われるかどうかです。私たちは，婚約したり結婚したりする過程で，同じような，しかしもっと極端な問題に直面します。あなたは，「まあこれまでのところ，彼あるいは彼女はいい人に思える。一緒に夕食に行ってもいいと思う」と言うことができます。それは熟したり発展したりして，それをもっと永続的な取り決めにすると良いのでは，とお互いに提案するような状況になるかもしれません。「これから50年間，夕食を共にすると約束してくれますか」と言うのは，難しい注文です。幸い，分析的な関係は一時的にすぎません。少なくとも意図としては，それはせいぜい数年ほどしか続くことになっていません。当の分析者のみが，どれほどある患者を分析することに耐えられるか，どれほどその患者の振る舞いに我慢できるか，分かっています。

　先ほど話題にした患者に戻ると，私ならば，「ご希望であれば，分析を試すことはできます」と言うでしょう。患者が「はい，それで結構です先生。そうします。しかし，精神分析とは何かを教えていただけますか」と言うなら

ば，私はこう言わなければならないでしょう。「申し訳ないけれども，私にできるならお伝えしますが，できません。分析とは何かを知る方法はありません——とにかく私とは——私のところに来る以外には」と。しかし，先の患者には，私はこうしか言えません。「申し訳ありませんが，私のところに来ていただくのは，時間の無駄をお願いするようなものです。何もあなたの時間とお金の出費を，正当化するものはなさそうです」。ここで問題なのは，私たちが患者不在の中で何かを討論していることです。そのような人が私たちのところに来たとしたらどうだろうかと考えてみることに，頼らざるをえなくなっています。私は，そのうちの一人については「それは私が望むものには聞こえません」と，もう一人については「それは可能に聞こえます」と言うことができます。

質問者：私は精神分析を実践しているときに，環境や外的な状況の重要性を否定しませんが，患者に対して私は，彼の回復は彼自身の資源に大きく依存していることを示そうとします。患者の態度を変えなければなりません。この件については，どのようなお考えでしょうか。

ビオン：それは状況の完全に公正な記述だと私には思われます。私たちは患者を満足させられるとは考えませんし，未来を予知することもできません。しかし私たちは，「一緒に，この面接室の中で，あなたの状況について私たちにできることは何もありません。しかしあなたが，自分は変化して実在するままの世界にもっと耐えられるようになるかもしれないと思うのならば，来て試してください」と言うことができます。しかし，彼らが最初に見極めなければならないのは，自分が分析に耐えられるかどうかです。最初の患者は分析者に，あたかもまだ何かができるかのように振る舞うことを確約するように求めていますが，すでにまさに初めから，「私は分析に耐えられません。私は分析者に，自分自身の判断を行使する自由を許すことさえできません」と言っています——そこまで露骨にではありませんが，結局そういうことになります。

─── 聖イグナチオの経験の生成を助ける問い[1] ───

（1）あなたは，①講義，②セミナー，③集団精神分析，④スーパーヴィジョン，⑤精神分析，⑥心理療法を，どのように区別するでしょうか。

（2）提示された患者について，あなたはどのようなご意見でしょうか。あなたは，①彼，そして②彼の扶養家族に，どう言うでしょうか。

（3）あなたは「講師」に対して，どのような批判がありますか。

（4）もしもあなたが，ある集まりで自分の分析が討論されているのを聞いたら，あなたは自分が，①講師，あるいは②聴衆，③患者だったとしたら，その状況をどう扱っていたでしょうか。

---

[1]　聖イグナチオ・ロヨラ（1491-1556）への言及。彼の『霊的経験』を参照。

1974 年——サンパウロ

—— 1 ——

　私たちは仕事の緊急性によって選別を迫られます。そのため私たちは，経済的に非常に関連して見えるような主題のみを考慮しなければなりません。私たちの問題は，私たちのする進歩や前進に歩調を合わせる以上のものです。人がこのような問題に自分を合致させようとすると，危機的な状況は，私たちがそれに対処する技術や能力を発達させることができるよりも速く，ますます危機的になります。私たちは，自分たちのすることを素早く効率的に記録する，何らかの方法を必要としています——過去の経験が私たちの知恵の蓄えを増すと仮定して。それほど昔でもなく，分析を欲する人たちは状況に必要なものを満たすのに，十分な時間とお金を持っているように思われました。今日では国家の政府でさえ，自分たちのコントロールや能力を超えた諸問題に直面しています。かつては取引の機制や経済学の単純な問題と見なされていたものについて，考えてみましょう。私は少年だった頃，自分のポケットの１つの中に，硬貨を１枚見つけたことがありました。私は自分が信じられないほどお金持ちなのか，見当がつきませんでした——それはその日私を喜ばせてくれたばかりでなく，翌日もでした。今日では私たちは，ある瞬間には裕福に感じますが，次の瞬間には私たちの貴重なものは，私たちの「蓄え」から消えてしまいます。国家でさえ，豊かさから貧しさへの転落を経験しているように見えます。

　私たちは精神分析者として情動的な力に関わりますが，私たちは同じ現象を精神的な用語や心理学的な用語で識別できます。国の精神は，豊かさの感覚から破産の感覚へと揺れ動きます。私たちはどちらを「発生源」と考えればよいでしょうか。不況をもたらす経済状況か，不況をもたらす情動的状況か。私たちは個人の動きを研究すると主張していますが，進歩が向かっている「方向」を示す必要があります。しかし，この原始的な基盤を表示するための座標系を持っていません。患者は情動的な乱流の状態では，さらに苦し

められることになります。私たちは後で，乱流を探究しなければならないでしょう。

　私たちの精神的な資源に関しては，人は私たちが合理的な仕方で生きていくのに十分な知識と経験を持っていると，信じたいものです。実際にはどれほどの人たちが，今日の問題や明日向き合わなければならない問題に，どう対処したらいいかを知っていると感じているでしょうか。これらのことは，私たちの分析活動を絶対に必須のものに限定するという，切迫した必要性に向かわせると思われます。私たちは，誰もが分析を必要としているとは言えません。実践的にでさえ，それは問題外です。なぜなら，私たちの時間的・金銭的資源は限られているからです——今や枯渇しうると見なされる地球の自然資源ばかりでなく。

　暫定的には，私たちの解決方法は，私たちが明日面接する患者の本質的な問題について熟考し，私たちの能力を極力分散させずに，それらの問題の中心点に直行することでしょう。私たちがこのことに限定されているのは，私たちが精神分析者にすぎないからであり，私たちの貢献が広大な領域のごく一部の，ほんの一部にすぎないことに気づいていないためでも，私たちの重要性が私たちの指導者たちのそれに，何らかの仕方で比較しうると考えているからでもありません。

　私たちの精神分析的な哲学は，個人の尊重に基づいています。解剖学的な側面や生理学的な側面は私たちには明白ですが，たとえば，私がこれらの手であると想像することは正確でしょうか。私のパーソナリティはどこで終わり，他の人のパーソナリティはどこから始まるのでしょうか。分析者は，どこで終わりになるのでしょうか。そして被分析者はどこで始まるのでしょうか。個別的で個体的なものは，どこで一般的で非特異なものになるでしょうか。私たちは，頭脳訓練について何か言うことがあるでしょうか。私たちが運動選手だったなら，私たちは走ったり泳いだり競技をしたりなどができなければならないはずです。しかし私たちは，精神分析者ならばどのようなゲームが行なえるべきだと想定することになっているのでしょうか。私たちはどのような精神的な食事が精神の健康を生み出す力があると，見なすことになっているのでしょうか（後で私たちは，心を使う人にとってどのような

精神的運動競技が必要なのかを議論しなければならないでしょう）。これら
の問いは，直ちに精神分析のインスティテュートに関わるあらゆる権威に立
ちはだかります。私たちは何らかの種類の共通言語の必要性を，強く感じて
います。私たちは世界の何処にいる他の分析者たちにも，話すことができる
のを望みます。しかし私たちの中の誰が，ホメーロスの時代から精神分析を
学んできた人と話ができるでしょうか。私たちの教育は，ウェルギリウス・
プラトン・ミルトンなどの作品が，単に美しい文学の芸術作品だと教えがち
です。しかし，私は彼らの作品が，そういう目的のために書かれたとは思い
ません〔本訳書 p. 94〕。彼らの本来の目的と意味を曖昧にするこの遮蔽物から
逃れるのは，非常に難しいことです。人々がフロイトの言っていたことを理
解できなくなるのも，そう遠くないでしょう。あなた方は，自分が半年前に
書いたメモの中で，何を目掛けて進んでいたか分かるでしょうか。エンリケ
航海王子が航海によって私たちに遺したであろうメッセージは，何でしょう
か。人間の思考の歴史家は，推測することしかできません。私たちがお互い
に情報を伝え合うことすらできなければ，問題はさらに複雑になります。私
たちが息子や娘たちに，彼らが知っておくべきだと私たちの考えることを教
えようとするとき非常に難しいのは，私たちが 12 歳か 13 歳のときにどう
だったのかを自分にどう思い出させるかを知ることや，私たちの彼氏や彼女
への情熱的な愛情が，私たちが結婚して 10 年，20 年，30 年後の情熱的な愛
情の能力よりも，どうも劣っていたと信じることです。

　私たちは「精神分析」で，何を探究するのでしょうか。私たちは誰かに単
に，「ああ，あなたはいつかもっと賢くなりますよ——私もかつてそのように
考えていました」と言えるようになりたいのでしょうか。それとも，私たち
自身の若者版は，成長した私たちの自己に対して，「あなたは私が思っていた
とおり，ひどいものになりましたね」と言うのでしょうか。私たちは向上し
た，と主張できると確信することは，困難です。分析は，私たちがかつて持っ
ていた思考や観念や感情を再び活性化させて，今持っている思考や観念や感
情と結びつけることを可能にします。私たちが明日「会う」患者と私たちの
関わりは謎であって，私たちの知っているものではありません。「普通の」会
話は「謎」であり，謎として認められることができます。分析者があたかも

その謎を見抜けるかのように話すのは軽率であり，すでに解決された問題に私たちが近づいていると考えるのは，偽ることです。分析的な経験は，人間が時計やコンピュータや他の機械と区別がつかなくなれば，大惨事です。子供が自分の人形や毛布に話しかけて，仲間がいると感じるのは適切かもしれません。精神分析者が現実生活にあまりに怯えて，互いに話さないばかりでなく，「構築物」に専門用語を話すのは不適切です。分析者や大人にそっくりであることに，将来性はありません。私たちの問題は，明日の患者が何にそっくりかではなく，彼らが何になりつつあるかです。

　私たちは今や，私が先に触れた乱流について論じてよいでしょう。青年期は，病気ではありません。それは大変な心の大混乱の時期なので，私たちが通常気づいていない非常に多くのことが表面化します。分析者は，その若者が目覚めつつあるのか，それとも大人になりつつあるのかを，熟考するべきです。分析者は，起きている恐ろしいことについてのあらゆる知らせをものともせずに，状況がどのようなのか正しく評価できるようにならなければなりません。あなた方は自分自身の経験から，その少年や少女が危険にさらされていると感じるかもしれません。その一方で，あなた方は彼らがこの経験を通じて，より成長して責任感を持つようになるだろうと，感じているかもしれません。分析者はこの状況で，意見を述べることを期待されています。「さて先生」「彼についてどう思いますか」と両親は言います。それは危険な状況です。なぜなら，分析者は答えを与えられると期待されているからです。その答えは，よく知られている精神医学や精神分析の理論に近い事実に，密接に関連しています。しかし彼が見ている事実は，質問者が触れているものではないかもしれません。「彼は分析の恩恵を受ける可能性があると思います」とか，「今すぐ彼に分析を試すことをお勧めしたいとは思いません」などと言えるのが，望ましいことです。しかし私たちは，自分の考えていることを言えないかもしれません。なぜなら親は，そして問題の少年少女は，さらにもっと私たちが伝えなければならない情報に耐えられないと思われるからです。自殺や殺人のような極端な可能性は，見分けられるほど明白かもしれませんが，現実の生活では，極端なことでも「極端に」見分けやすいわけではありません。患者は，ひどい悪夢を見ると言うかもしれませんが，「私はそ

れほど心配していません——ただの悪夢だと分かっています」と言って，受け流すかもしれませんし，あなたが彼に「あなたは妹を殺すつもりだと言ったそうですね」と言っても，「ああ，あれですか！冗談を言っただけです」と言うかもしれません。それはおそらく本当ですが，その一方で，彼はこうした「冗談」について分かる立場にいないかもしれません。自殺すると言って，両親をただからかっていた若者は，それがただの冗談だと信じたがり，両親も同様です。精神分析者は，この話が18歳で始まるとは信じませんし，これらの「冗談」のいくつかは，真剣に受け取らなければならないことを知っています。「でも先生，まさか彼が週に5回の分析を受けるべきだとは思いませんよね」——それに対してあなた方は，「それは良いことだと思います，可能ならば。助けになるかもしれません」と言わなければなりません。

質問者：あなたがメモを取るという問いに触れたことで，分析者は記憶と欲望を持たずに作業する，というあなたの教えを思い出します。記憶には三種類があると思われます。第一に夢のような記憶，第二にセッションに素早く，あるいは突然入ってくる記憶，第三に過去の何らかの分析的経験の記憶や意識的回想です。御意見をお聞きできれば，この点が私たちにはっきりとするでしょう。

ビオン：明らかに，人は自分の記憶や欲望や野心を使わなければ，何も進歩しないでしょう。セッションの間，患者の困難は止みません。患者はまだ自分の困難と，それに注意を向けられる必要性を，十分に意識しています。分析者が心に浮かんでいても，思い出そうとすることに囚われているなら，それは深刻な問題になります。「思い出そうとすること」は，私の考えでは，「分析的には」実質的に不在だということです。まさにこの短い50分間の間こそ，「思い出す」ことも，「期待する」ことも，「何かを望む」ことも，患者が話していることについて「理解する」ことさえも，自分に許すべきではありません。したがって，分析者はメモを取れないかもしれませんが，精神分析に必須である「心に書き留めておく」ことができるべきです。そうしたメモがどこでどのように作られるかについては私は何も示唆できませんが，私の経験では，作られます。私が以前に指摘したのは，鉄道の平行した線路が観察者の前で，そして振り返れば彼の後ろで一緒になるのが見えるとき，それ

らがどこで合流するのか私は知らないということです。

　私は質問した人による，これらの異なる形式の記憶を探究している論文を
読むのを楽しみにします。その分類は，それらが明確にされてから用いたい
と思います——たとえば，幻覚を夢と識別する基準です。これらの問題は，
本や学術集会や分析者の意識的理論の面前では，探究できません。だからこ
そ私は，分析が行なわれている間は，記憶と欲望・理解に反対しているので
す。

2

　技法の用語で頻繁に使用され，おそらく乱用されているのは，「逆転移」で
す。これは，分析者が分析的状況で被分析者について持っている，無意識的
に動機づけられた感情に適用されるべき用語です。この用語は，精神分析者
によって使用されるあらゆる用語がそうあるべきであるように，正しく使用
されるべきです。これは衒学的（げんがくてき）な事柄ではありません。それは，私たちのい
わば選ばれた道具が言葉であるという事実によって規定されています。私た
ちがそれらを誤って使用すれば，そのうちに，鈍った器具を使っている彫刻
家の立場にいることに気づきます。

　ある人が私に，少年患者がテーブルの上に「落書き」をしていることを話
してくれました。それはあたかも，彼が何か書いているか描いているかのよ
うでした。分析者はこの種のことをする価値があると思うかもしれません。
紙の上にたとえば 4 月 15 日と日付を書き，それを脇に置いておくのです。
そして後日，たとえば 5 月 1 日に，もっと慣習に沿った仕方で書かれたメモ
を見る代わりに，4 月 15 日にした殴り書きや記号の解釈を書き留めることが
できます。そのようにして，5 月 1 日の意識的な活動を利用して，4 月 15 日
の無意識の産物を解釈できます。自分自身の意識と無意識を活用しながら，
分析者は 2 つの異なる分析的な手順を混同してはいないでしょう。それらは
どちらも認められた心の状態であり，したがって技法的な規律の枠組みがあ
ります。

　これとは対照的に，自分の職業的活動を家庭に持ち込んで，家族の振る舞
いを精神分析的に解釈することによって多くの問題を引き起こす分析者がい
ます。私は，私たちが精神分析者であることをやめるべきだとは示唆してい
ませんが，あなた方が心の中で息子や娘，あるいは夫や妻の振る舞いについ
て精神分析的なアイデアが浮かんでも，それを解釈し*なければならない*こと
はありません。もしも私が家族のメンバーの振る舞いを解釈し始めたら，家

族は父親を奪われて，代わりに分析者を得ることになるのを，確かに気に掛けるべきです。それはその家族にとって，幸運なことかもしれません——そうでないかもしれません——が，精神分析的な解釈をすることは職業生活の一部であり，それに害はありませんが，家族から父親や母親を奪うことには，大きな害が**あります**。同じことが，職業的な活動にも当てはまります。私たちは，分析とスーパーヴィジョンを混同すべきではありません。もしもあなた方がスーパーヴィジョンをしているのであれば，候補生や分析者をスーパーヴィズすることと，彼の分析をすることという 2 つの意識的な活動を，明確に区別することが重要です。あなた方がスーパーヴィズすることになっているときに分析をし始めれば，あなた方は彼からスーパーヴィジョンを奪います。あなた方は，彼の分析と分析者を妨害していることにもなります。これらの問題を考慮し損ねることは，精神分析者にもその家族にも，そして精神分析者とその同僚にも，大きな問題を引き起こしています。これは理論的な考えではなく，私が自分自身で観察できたことによって，強いられてきたことです。

質問者：私は，若い分析者の発達におけるスーパーヴィジョンの重要性という問いについて，ご意見をお聞きしたく思います。

ビオン：私たちの職業生活の中で，私たちはごくわずかのパーソナリティにしか，出会うことができません。実際，私たちは一生涯で，比較的少ない数の人たちに会います。しかしその状況は，演劇を見たり，伝記を読んだり，創作を読んだりすることによって，ある程度修正されることができます。おそらく私は，「伝記を除いた他の創作の仕事を読む」と言うべきでしょう。分析者として私たちは，現実の肖像であると称する描写が実際には，書き手による現実の解釈であることを承知していなければなりません。この種の読書は，私たちが出会うことができた数少ない人たちからのみ学ぶことによって得られるものよりも，より広い経験を提供してくれます。学術集会やスーパーヴィジョンも同様のことが当てはまります。あなた方は，他の分析者たちがどう仕事をしているかを知ることができます。あなた方が科学論文を創作の仕事と見なすか見なさないかについては，言う義務はありません。しかし，こうした特定の分析者が書いている類の創作や，彼らが叙述している類

の現実について，何らかの意見を持つことはできます。このようにしてあな
た方は，少量の直接経験を補強することができます。私は，精神分析につい・
て・の会合や討論の場があると考えていますが，それは私たちが，そういう機
会を分析であ・る・と誤解させない限りにおいてです。精神分析は類のない経験
です。ですから，分析者や被分析者がそれを普通の会話にすぎないと考える
過ちを犯すなら，それは深刻な損失です。ある意味では，それは普通の会話
です。しかしそれは経験されると，普通の会話でもあ・り・，類のない情動的経
験でもあります。

　スーパーヴィジョンの重要性は，周辺的活動が活動の中心を増強する程度
にあります。それが否定的に働くのは，周辺のものが中心の場を侵害してし
まう程度に比例します。

質問者：セッションを思い出すことは，患者が何らかの情動的経験を見るこ
　とを妨げたものを見出すために，何か役に立つでしょうか。

ビオン：その経験を思い出そ・う・と・する・ことは，自然に顔を出してくる経験と
同じものではありません。仮にあなたが，「それは私が昨夜見た夢を，私に
思い出させる」と言うとします。ある瞬間には，この夢の記憶はないと言え
ますし，次の瞬間には，その夢全体が存在しています。あなたはそれについ
て話し始めるとき，時間をかけます。それには，始まりと真ん中と終わりが
あります。しかしそれは，あなたが「それは私に思い出させる」と言ったと
きにあったものではありません。始まりと真ん中と終わりは，夢ではなく会
話に適用されます。私たちは精神生活の領域を知れば知るほど，こうした微
妙な違いにもっと気づくようになります。ですから，私たちが考えたり夢を
見たりする「仕方」に対して敬意を持つことには，価値があります。

　非常にしばしば，人は何かの出来事に気づくことを嫌がります。幻覚は1
つの顕著な例です。偏屈と不寛容は，望ましくない出来事に対する防衛とし
て現れます。「性の否認」はフロイトの精神分析的な発見の中で，最も際立っ
た例の1つでした。

質問者：患者の感情に依存した逆転移における感情について，お話しいただ
　けますか。言い換えれば，逆転移における転移の影響についてです。

ビオン：それらは，精神分析者の存在が転移に与える影響と，それが患者に

与える効果とに，非常によく似ています。逆転移については何であれ，する状況は存在しません。対照的に，分析者は自分つまり分析者への，部屋にいることへの被分析者の反応を，分析しようとすることができます。

質問者：あなたは分析的な経験を，類のないものとして述べました。あなたは私たちがいつもしている情動的経験に，同じ特徴があると考えますか。

ビオン：私は，あるに違いないと思います。さもなければ，分析の情動的経験には何の価値もありません。私たちの理論では，面接室の中や，分析者と被分析者の関係の中で起きていることには，気に掛ける価値があります，なぜなら，似たことがおそらく他所でも起きると私たちは考えるからです。分析では，私たちはそれについて論じようとすることができますが，他の場所ではできません。あなたが患者に，「あなたは私があなたに怒っていると感じていますね」と言えても，それは本当かもしれませんが，何の重要性もありません。それが確かに何らかの重要性を帯びるのは，分析者が注意を喚起した経験と同じ種類のものが，面接室の外でも多くの状況で起きていると，患者が感じる場合です。同じことを別の用語で言えば，精神分析は，分析者あるいは被分析者がどれほど素晴らしくて，どれほど博識で，どれほど才気があろうと，現実生活に似ていなければなりません。さらに別の言い方をすれば，誰かが絵を描いて，「私の妻はこんなふうに見えます」と言ったら，人は「ええ，人間に見えます——私はそんな人たちを見たことがあります」と，感じることができるはずです。ピカソの才能がある人が描いた絵について，私たちは「ええ，私は彼の言いたいことが分かる気がします——絵の中の人には，目が3つ，鼻が2つあるように見えますが。それは外科医にはあまり役に立たないかもしれませんが，精神分析者には重要かもしれません。私が顔の脂漏性腫瘍を摘出する方法を知りたいなら，これは良い絵ではないかもしれませんが，人間存在については確かに何かを教えてくれます」と言うかもしれません。同様に，あなたは戯曲についても，「確かに人々はそういう振る舞いをすると思います」と言うかもしれません。シェイクスピアがそれを書いたという事実は，重要ではありません。重要なのは，それがあなたに人間存在を思い出させることです。同じように，精神分析は人々を思い出させる力がなければ，何の役にも立ちません。

質問者：逆転移状況では，分析者は自分自身のモデルを用いて，患者が用いているモデルを推定します。私たちはこれを，理論化を避けるために行ないますが，用いられるどのモデルも変形を被ります。いくらか時間が経つと，分析者がどれほど創造的であっても，そのモデルはもう役に立たないかもしれません。別のモデルを手に入れるより，別の種類の探究システムを用いるほうが良くないでしょうか。

ビオン：私は，別の分析者と会うほうが良いと思います。なぜなら，逆転移によって刺激される分析的解釈は，分析者と大いに関係しているからです。被分析者が幸運に恵まれていれば，そうした解釈は，被分析者にも関係があるかもしれません。遅かれ早かれ，逆転移に基づいた分析は惨事に，少なくとも失敗に行き着きます。なぜなら，どの解釈も被分析者とはほとんど関係がなくて，分析者と大いに関係があるでしょうから。身体医学では，外科医が解剖学的・生理学的所見を根拠にではなく，逆転移を根拠に手術を行なったなら，このことはかなり早い段階で明らかになるでしょう。残念ながら，それは珍しいことではありません。私たちは分析者として，それを避けようとしています。

質問者：集団について，何かお話しいただければと思います。

ビオン：精神分析での，二人の人が同時に部屋の中にいるときに経験するようなことは，大勢の人の間の関係で起こることがありうるようです。たとえば今，何人かの人が笑いました。その人たちは同じ経験をしたことがあるに違いないか，そうだと考えられるでしょう。笑った人たちはみな，その瞬間に同じ情動的経験をしたのです。もしそうだとしたら，ここにいる私のような一人の人間が，あるいはこの部屋にいる他の誰か一人が，こう言えるでしょうか。その人たちはその笑いについて，何がその解釈と思われるか考えがある，と。これは，「集団」についての無言の解釈の典型です。集団の大多数に共通する情動であるらしいものに対する感受性を，発達させなければならないでしょう。集団分析は，突出している感情の「要点」の評価に，依存せざるをえないでしょう。これは精神分析に似ていますが，同じものではありません。

集団は構造化されていることがあります。精神分析研究所は，「構造化さ

れた」集団の典型です。集団の実践では，私は集団を構造化することを避け
ようとしていました。それは，実在するかもしれない何らかの構造が，自発
的に現れる機会を残すためです。

— 3 —

質問者：ここの精神分析研究所では，学生にカントを研究するように勧めています。おそらくこれはあなたが書いた，ヒュームとカントに言及している何かに由来しています。あなたが思考の問題に関連したある種の理論的定式化と，カントの仕事との間に認めている関係を，私たちに明確にしていただけますか。

ビオン：カントは，人々が考えるということ，そして私たちは皆が同じように考えないし，皆が同じ現象を見てはいないことに惹かれていました。哲学者は，思考自体について知りたいと思っています。

　ほとんどの活動は，見たところ説明するまでもないものであり，極めて原始的な時代にでさえ，何か「非自己」の存在についての意識と，この他の対象に対する好奇心がありました。自己もまた，意識性の中で突出して，非自己の経験に加わります。自己自身ではない対象は，私たちが通常事物に関連する名前とともに，名前になることができます。時には分析の過程で，被分析者が自分自身についての認識に関連しているように見える困難を抱えてきたこと，そしてまだ抱えていることに気づきます。実践では分析者は，この困難の見分けがつくのは今日でも，患者が自分の気づいたことに対処するのに十分な装置を持つことができるずっと前から，患者には明らかだったに違いないと疑うことができます。今日の私たちの問題は，その気づきの症状や徴候の検出と理解に，関連しています。あなた方がほとんど疑う必要がないのは，それが起きていると分析的に確信しても，必ず異論の余地があり，厄介であることです。

　もしもあなた方が，ベビーベッドに横たわっている赤ん坊が手の指を吸っていたり――とても立派な運動能力ですが――足を口に押し込んだりしているのを見たら，あなた方はその赤ん坊が自分の経験について，胎芽的・哲学的な推測を経験しているかもしれないと考えるでしょうか。そう考えると仮

定すると，私たちの仮想の「明日の赤ん坊」には，そうした没頭の痕跡があるでしょうか。私たちは，幼児性欲というものが存在するというフロイトの示唆が，どれほど物議を醸したかを知っています。私たちは，「幼児心性」を拡張するどんな示唆についても，同様の論争を逃れることはほとんど望めません。

質問者：あなたの著書『注意と解釈』には，嘘つきと思考する人の差異について書かれています。真実は思考する人から独立していて，嘘は思考する人を必要としていることについて，もっとお聞きしたく思います。

ビオン：私たちが事実を理解する限りで，その事実は私たちに何の借りもないことは明らかです。しかし関わりがある人による捏造は，別問題です。鉛筆がどこにあるかのような何らかの現象についての真実を，他の人にただ話すならば，それは特に刺激的な発見でも発言でもありません。しかし，もしもあなた方が，鉛筆が**ない**ところを教えて，関わりのある人たちが存在しないものを求めて的外れの探究をしているのを見るなら，それは創造的な成果です。あなた方は，子供たちが誰かにエイプリルフールの悪戯をして，興奮し喜ぶのを見ることができます。子供たちは同時に，誰をバカにするかが切実な問題であることを学びます。なぜなら，大人たちはそれを少しも面白いと思わない，気まぐれで退屈な人たちだからです。ですから，その種の活動の間に差別の過程が生まれます。戦争をしたり，ただ他の人と口論したりすることは，その人を欺くことによって助長され促進されます。

　患者が独り言を言っているのを私たちが聞くとき，彼は自分や分析者を助けようとしているのでしょうか。それとも，自分を欺こうとしているのでしょうか。こうした原始的な活動は，人間の行動の領域から消え去ってはいません。人は今でも，誰かに正しく知らせることによって，自分の目標や目的に進むことができるように助けることは，有用だと感じます。人間存在は，嘘と真実の区別と，その両方の種類のコミュニケーションを使うことを，認識しています。この種の活動は，正確な思考を第一に重要と見なす哲学者たちの，関心の的になってきました。今日，人間の知恵が身体的な力に比例して増していることが明らかでないとき，精神分析者は，明確な思考への哲学者のアプローチを拡張する責任を引き継いでいます。

質問者：あなたは何度か，物事は「決して同じではない」と話しています。
夢と幻覚の間，連想としての夢と幻覚の間，夢と嘘の間にある差異よりも
説得力のあるものは，あるでしょうか。

ビオン：それらは確かに重要な区別ですが，私はそれらが観察されるときに，
それらを他の差異よりも優先することはないでしょう。私が言おうとしたの
は，「物事」が同じままではないことを強調することでした。歴史はそれ自
体を繰り返しません。それは常に新しいものです。

テーブルに頭をぶつけた子供は，テーブルにぶつかったときに正しく解釈
しています。そして後で他の誰かを叩きます。今日，私たちは異なる接近方
法を達成しようとしています。その「差異」は，私たちが自分自身の痛みに
対する自分の責任を確立したいときに，非常に大きなものですが，その理由
は，それが根本的だからです。

質問者：アルファ機能の不十分さのために，過敏な要素が過剰にあって，精
神生活を撹乱（かくらん）します。このことは，実験心理学や神経生理学の最近の研究
でも裏付けられていますし，脳波検査での敏感な刺激によって誘発される，
平均誘発反応についての研究でも証明されています。そのような研究は，
妄想型の統合失調症患者ではしばしば整然とした注意が優勢であることを
示します。注意には，何らかの感覚的データを選択して，それに焦点を当
てる傾向があります。同じ研究は，非妄想型統合失調症では逆が起こるこ
とを示しています。私たちは，後者ではアルファ機能の不十分さがあり，
多くの感覚要素が選択されず加工されないと，結論するかもしれません。
私はあなたに，第一に，精神分析がアルファ機能の，主として妄想型・非
妄想型統合失調症患者へのアルファ機能の研究で遂げている進歩につい
て，そして第二に，そのような進歩が妄想分裂ポジションの概念に含意す
るところについて，お聞きしたく思います。この概念は，被害妄想状態の解
明には十分でも，統合失調形成的な非妄想的な心の状態の解明には不十分
に見えます。

ビオン：今述べられた問題はそれ自体，利用できるような言葉で表現されな
ければならない問題でした。私に関して言えば，私は私ではない誰かが発す
る音のパターンに注意を払わなければならず，その音のパターンは何を意味

するのだろうか，と思い巡らせなければなりません。それは実にとても難しいことです。これの一部は，単純で明白に説明することができますが，明白かつ単純に説明されている問題のそうした部分はどれも，ほとんど気に掛けるに値しません。もしもそれらが本当に明白で単純なら，何が問題なのでしょうか。しかし実際には，問題を既存の言語で述べることは難しく，その問いを定式化する人は，私たちには彼の言っていることが分からないという理由で無視されがちです。それは単純な答えであり，まったく役に立たないものです。述べ方がどれほど不十分であっても，その問題が事実深刻なものならば，確かに危険な可能性があります。私が言うように，このことはすべて，私がブラジルの言語を理解していないという理由で説明は可能です。しかし，それは現実には問題ではありません。私がポルトガル語をどれほど理解しようと，その問いの答えには近づかないでしょう。たとえば，発言した人は「研究が示すところでは」と言いました。この時点で私は，私が話す言語に従えば，研究は何も示さないと感じます。こうしたものはよく見ることができ，注意深く聞くことができ，運が良ければ言語的パターンの一種を見ることはできます。しかしその後で，その研究を解釈しなければなりません。私たちがスモークドラム（煙の煤で覆われた筒——その上にパターンを作ることができる），あるいは学術的言語で長い用語を使うと，「脳波図」を見るとき何かを学んだと思う人がどれほど多いかは，驚くべきことです。それでみながずっと気分良く感じることは，間違いありません。これぞ科学的です！これがグラフです，見てください！たまたま私の手には何もありませんが……。非常に多くの場合,脳波図ほど慰めになるものは何も持ち合わせられません。特に人間の心に関しては——それは匂いを嗅ぐことも，見ることも，触ることも，その形がどうなっているかを言うこともできません。では私たちは，どのようにして人間の心があると分かるのでしょうか。それでもやはり私たちは，あたかも心を持っている人が存在し，それを私たちが解釈できるかのように振る舞い続けます。ホメーロスの時代には誰も，心や魂や霊などのようなものが存在するとは考えていなかったようですが，彼らは何の問題もなく，たとえばアガメムノンが夢の中に現れたと信じました——彼らはその夢の効力を疑いませんでした。事実，彼らには夢の解釈を信じるほうが，現実

の生きた人間が彼らに言うことを信じるよりもはるかに容易でした。夢の解釈については，新しいものは何もありません。

　私はある言語の使用の問題を，手短に検討したいと思います。それは心の諸状態と精神的苦痛に適用されるときには，まったく不十分です。身体医学の言語は，今私たちにとって，財産であるよりも邪魔者であることが多くなりつつあります。青年期や乳児期・中年期・老年期のようないくつかの段階では，ある種の不快が個々人に明らかになります。彼は起きていることを好まず，それは自分が慣れている種類の苦痛にそっくりだという考えに頼りたくなるでしょう——私たちは，自分の語っていることに馴染んでいてよく知っていると感じることに，常に慰めを感じます。しかし，合理的な用語でなされる説明は，私たちの自由を制限し，非合理的なものを考慮することや，論理と論理的思考が無関係かもしれない接近方法を排除します。私たちが本や討論に没頭すること自体が，精神的乱流の徴候かもしれず，私たちはその乱流に，あたかも私たちが操り人形師に気づかない人形のように，私たちを一緒に引き寄せている力を何ら認めることなく入っています。

　青年期のような時期には，多くの大混乱があります。私は大混乱について話さなければなりません。それに対してレオナルドのような芸術家は，自分が没頭しているものを，乱れ狂う流れや髪の毛の絵をたくさん描くことによって示すことができます。彼が何に没頭していたのかは，今の私たちには知りようがありませんが，彼はそれを囲む線を引くことができたと言えるでしょう。私はわざと青年期を取り上げました。なぜなら，私たちはみなその種の大変動をよく知っているからです。おそらく私たちは，私たち自身の人生の中でそれを覚えています。しかし，潜伏期や乳児期のような他の年代も数多く存在し，これらの「名前」の数はいつも増えています。ほとんどの人たちが自閉症という言葉を耳にすることがなかったのは，それほど何年も前のことではありません。この用語を聞いたことがある私たちでさえ，それが意味するものを言葉にするのに，困るかもしれません。しかしながら，ある恒常的連接に興味を覚えるようになった精神分析者やその他の人たちがいます——ある心の状態が十分に顕著になり，いくつかの特徴が恒常的に連接されていると感じられるようになっています。しかし私たちは，目新しくて自

分が理解していないものに出遭うのを好みません。私たちは自分が話していることについて，知っていると感じたく思うはずです。それで私たちは，古い，出来上がった決まり文句に頼ります——「この子は病気だ」「この子はとても具合が悪い」と。こうした言明に何の証拠があるのかは，疑問です。私たちが自分の無知に寛容でなければ，それについて何かをする見込みはありません。もしも私たちが十分に忍耐強くて，十分に寛容であれば，私たちを恐れさせるものをよく見ることができるかもしれませんし，私たちはまだあまり賢くないかもしれませんが，それを我慢しなければなりません。私たちは，自分たちが非常に無知であるという事実を許容することから，始めなければなりません。私たちは，これまで人類〔(homo sapiens) 知恵ある者〕が占拠していた特定の地位から降りて，私たちの無知は救い難いので，自閉症児でさえ私たちに何かを教えてくれるかもしれないという可能性を，考慮しなければなりません。

4

　私たちが患者の自由連想に応じて解釈をするとき，それは自由連想を変形することと同じではありませんが，それほど違わないとも言えます。それは本当に解釈なのでしょうか。それとも，私たちは患者が言うことを，まったく違うものに変形しているのでしょうか。フロイトは，非常に多くの普通の性的事実が，誰でも知っているのにあたかも存在しないかのように扱われ，その後，セックスとは何の関係もないと言われるあらゆる種類の現象に変形されていると考えました。

　私たちみながよく知っている別の現象を，考慮する価値があるかもしれません。それは，お金や取引の機制です。取引はそれ自体，一種の変形です。もしもあなた方にお金があって，車や家，不動産を買うなら，あなた方は自分のお金を車に変形していると言えます。もしもあなたが分析のセッションを買うならば，あなたは精神分析者の何十分もに対して支払っていると言うことができます。今日の経済的混乱から判断すると，実際に動いている取引の機制は，人類に難題を提示するようです。適格な通貨は，通商に不可欠です。それは，言語でも同様に不可欠です。精神分析的には，不適格な通貨は私たちの重大な関心事です——それはうまくいくものではなく，うまくいかないものです。私たちは適格な精神分析者でなければなりませんが，自分たちの不適格性に気づかないでいる必要はありません。しかし，確立されたいわゆる「古典的」分析を賛美することは，精神分析を実践することの一部ではありません。

　バベルの神話は，全能の神が混沌を作り出して，その結果人々が塔の建設に協力し合うことさえできなくなる経過についてのよい記述です。さまざまな異なる言語は，ある国民が他の国民に話しかけることを難しくします——これは，世界中の分析者が共通の言語を話せると感じたい私たちにとって，重要な事柄です。数学者たちはこれを達成していません。直観主義には今も

異論があります。量子力学もそうです。私は，それが精神分析にも当てはまることを願っています。私は，私たちの論争する能力がまだ適格だとは納得していません——「ノー」は「イエス」に対する反論ではありません。

　私たちは洗練された取引の機制を持っていますが，そのことは，それが適格であることを意味しません。原始的言語はしばしば，非常に複雑かつ不適格なものです。高度に複雑で洗練された精神分析は，精細な吟味に値しますが，畏怖には値しません。

　お金の幼年期である，宗教やその他の活動で用いられたコヤスガイの貝殻〔アフリカなど先住民が貨幣として用いた〕は，通貨に引き継がれていますが，その通商目的の使用法は，それへの崇拝と信者たちがそれを見るときにまだ抱く畏怖によって，覆い隠されてきました。手短に言うと，その「幼年期」は，その「科学的目的」が埋もれてしまった今日に生き残っています。しばしばこれを観察するのは，個人の分析よりも集団の中のほうが簡単です。観察の2つの様式は排他的ではなく，相補的でありえます。「もしも彼が植物的な愛に満足しているならば，それはもちろん私には合わないだろうが，いやはや，この純粋な若者は，特にとても純粋な若者であるに違いない！」[ギルバートとサリヴァン『ペイシェンス　または　バンソーンの花嫁』]。この皮肉な観察は，皮肉を抜きにしても，繰り返し起こる情動的現象を述べているかもしれません。

　初期の宗教的取引や花嫁の購入，贖罪金［本訳書 p.2 参照］の制度は，金融取引を行なうことを望む人たちによって引き継がれました。あなた方が何か価値のある物を手放したなら，取引としていくらかのお金を与えられて補償されました。意識的で合理的に知られていて，一見合理的な法則によって支配されているものは，実際には最も重要な意義のある情動的経験——結婚，死，殺人，宗教のような——と密接に噛み合っています。それは非常に強力な情動を引き出しています。経済的通商全体を圧倒しようと脅かす金融の混沌は，どんな合理的な経済会議によっても決して接近されない深い情動的な力によって，影響を受けている可能性があります。

　被分析者が支払っているものの話に戻ると，私たちは，なぜ分析セッションを求める人がいるのか知りませんし，一般の人たちも，なぜ誰かが自分は

分析者だと言うのかを知りません。あなた方が患者の自由連想を解釈へと変える，交換の機制はどのようなものでしょうか。解釈にはあらゆる種類のものがあり，あらゆる種類の解釈されなければならない事実があります。あなた方はそのいくつかについて，ご自分で考えてみたいかもしれません。一例は，空を見上げて，「晴れるだろうと思う」と言う男性でしょう。私たちは通常，彼が気象予報士の資格を持っているかどうかを気にしませんが，あたかも彼が天気の権威かのように彼の言葉を真に受けるかどうか，決めることは確かです。私があなた方の注意を引こうとしている問題は，それと同じくらいあなた方に身近なものですが，私たちが活動している領域は身近ではありません。

　フロイトは，夢の象徴方法が必ず変化するだろうと，正しく予見しました。なぜなら無意識は，それが認識されると直ちに象徴方法を変えることによって，自己防衛する仕方を知っているからです。分析者は，無意識ほど柔軟ではないかもしれません。彼が用いなければならない言語は，確かに柔軟ではありませんが，私たちが日常生活の中で使い慣れているものでなければなりません。数学はおそらく，クローチェが美学について語る際に，私たちの誰もが出会いそうな，「普遍的言語学」と呼んだものに最も近いものです。私たちは通常，高度な資格を持った数学者に，「私にはあなたが何について話しているのか分かりません」と，それが彼の過失であるかのようには言いません。他方，精神分析者は，彼が未知のものに注意を促すときに，軽蔑的な敵意の雰囲気を感知しなかったら驚くことでしょう。精神分析者として私たちは，私たちが理解しないときに，同じ軽蔑的な敵意から逃れると想像するのは間違っているはずです。

　フロイトは，精神分析者がさまざまな精神分析的な象徴の意味することを示す辞書を編することは，非現実的だと言いました。なぜなら彼は，変化を予見したからです。私たち彼の後継者は，そこまで心が広くありません。何らかの硬直的な体系に私たちの心を用いることの代わりに固執することは，非精神分析的です。分析者は訓練を受けていなければなりませんが，それは精神分析的な象徴の意味を学習する記憶訓練ではありません。言語自体においてさえ，辞書が必要なもののすべてではありません。人は言語の性質と同

様に，自分が用いて話そうとしている実際の言語についても，理解する必要があります。分析では，本を読むときにあるような時間はなく，どのような種類の変形，解釈，取引の機制を用いるかを，私たちが被分析者に解釈を与える前に検討できません。分析者は理解しようとしている間に，もっと多くの自由連想を言われ，それらを聞き損ねてしまいます。だから私は，「理解すること」が分析の間には不適切だと言っています。分析者は，何らかの訓練された心の敏捷性を必要としています。それは，患者の言っていることを，患者自身が使える通貨へと解釈したり変形したりするためです。

　お金は，言語や芸術のように価値のある発明だと分かりましたが，それは劣化する可能性があり，また劣化してきました。それを操作する技能は，諸々の問題を考え通す熱意がなくても獲得できます。精神分析者として私たちは，「ええ，私は知っています」と言う集団に，それがどれほど大きく強力で裕福であっても，価値はあるが危険なその心の状態が働くのを中断するように，促しています。それに取って代わるかもしれないものを見越して，恐怖と敵意が引き起こされます。精神的な「ブラックホール」は，その適例です［本訳書 p.105 参照］。

　類推によって言えば，私たちは「劣化した通貨」が放棄されたときにのみ，もっと良いもののための余地があると信じていることを知っています。私たちは，それがより良いだろうという保証をできません。分析された人たちや経験豊富な男女でさえも，子供の頃よりも，より良い性格ではありません——「より良い」は意見が分かれるところであり，それは比較できるようになってから可能となります。

質問者：私はあなたの仕事に関連した経験によって，現実と真実の領野に目覚めました。現実や真実と経験自体は，無限の空間の領域に合っています。あなたのメッセージは，秩序と推論の必要性をもたらしており，そこには制限の過程と，それ以上の何かの喪失があります。あなたは，知ることができるようになることの新しい形を試みています——それは，心がすでに馴染んでいる，知ることではありません。後者は，習慣的なものや普通のものへの期待を生み出す毒です。私はあなたが提供しているのは，断片化されて散らばった，知ることについての新しい感覚，あるいは意味の新し

い形だと思います。そこでは，重要なものは闇の中に残っています。これ
　はあなたの経験と何か関係しているでしょうか。

ビオン：私たちは精神分析を，革命的な変化として考えることに慣れていま
すが，個人的に影響を受けるときには，革命や変化を嫌います。その結果，
何か新しいものに惹き付けられることと，よく知っている領野や心の状態に
留まりたい願望の間で，常に戦いがあるように思われます。私たちは精神分
析の実際の実践に接し続けると，私たちが実際にはまだ革命的経験に巻き込
まれていると気づいて，絶えず驚きます。私は──天文学の用語で──巨大
な爆発が現れ続けているのを，検出できることを思い起こします。それは3,
4光年または100光年前に起きたのです。精神分析の経験はまだ爆発してお
り，私たちは私たちが精神的乱流に巻き込まれていることに突然気づく瞬間
を，今も経験することができます。「ブラックホール」［本訳書 p. 105以下参照］
についての議論は，それをあなた方の「明日」の個人的経験に照らして改め
て考察すると，再考する価値があるかもしれません。分析者が何かを新鮮に
見るたびに，彼が考えたことのあるあらゆるものは，再考に値するものにな
ります。この「反復」は，成長に必然的に伴うものであり，「反復強迫」は
似ているように見えることがあるかもしれませんが，それと混同されてはな
りません。私は読者に，自分自身の経験と，それが単に過去ではなく現在と
未来に光を投げかける範囲を調べることを，お任せします。彼は大混乱を「感
知」できるでしょうか。私たちは，それを行なう能力を歓迎しなさそうです。
この継続的な精神活動は非常に嫌われ，憎まれているので，それを経験する
人は，自分が「精神的破綻」と呼ぶものを起こしていると思うほどです。実
践している分析者は，精神的破綻に動じないようになって，**絶え間なく**破綻
している感覚と折り合わなければなりません。それは，私たちが成長に対し
て支払わなければならない対価です。私たちは，治るという考えに頼ること
はできません。なぜならそれは，時代遅れで不適切な用語だからです。私た
ちは，今にも破綻や何らかの種類の精神的災厄に見舞われようとしていると
いう感覚と，折り合わなければなりません。私たちは精神的成長のこの継続
的な経験に耐える，ある種の強靭さを持っていなければなりません。別の選
択肢は，自分がすっかり終わりに来ていて，中年期や老年期などの最後の激

動に達したという事実を，仕方ないこととして受け入れようとすることです。しかし，そうするとあなた方は，もう何も起こらないと感じるという対価を支払わなければなりません。ですから，あなた方は選ぶことができます。一方は精神的な停滞と衰退，もう一方は永続的な激動です——それは精神的破綻の最中で，崩壊しつつある（breaking up）のか破綻しつつある（breaking down）のか，はっきりしないまま生きるようなことです。

質問者：幻覚症における変形について，お話をうかがいたいと思います。

ビオン：幻覚症は，ある情動的経験の簡潔な要約として用いられる語です。そこにはいくぶん軽蔑的な意味合いがありますが，その事象自体は，精神医学的なゴミ箱に入れられる以上の，もっと敬意がある扱いを受けなければなりません。私は幻覚症の状態が，私たちが神経症や夢・悪夢，その他の精神現象に与えていると思う類の敬意をもって，扱われるのを見たく思っています。そうすれば，私たちは幻覚症についてもっと学ぶことを期待できます。私が質問者に言いたいのは，こうです。私がそれについてどう考えるかは気にしないで，あなたに幻覚症の状態を吟味する機会があると感じるときには，それをよく見てみてください。もしも私たちが幻覚症を尊重できれば，私たちは将来の数学者に注目しているかもしれません——単なる精神的残骸ではなく。

質問者：あなたは，分析協会の訓練委員会が直面しなければならない困難の１つは，誰に分析者として資格を与えるかという問いだと言いました。あなたはそれが，精神的破綻をまったく被らないことはないと，感じるようになれる人であるべきだと示唆しています。私は，あなたが直観という問いについて，どうお考えかを知りたく思います。あなたはそれが，分析の仕事にとって非常に重要だとしています。私は，資格を与えられるべき人の直観の質を見抜いたり，認識したりできるのかを，知りたいと思います。

ビオン：私は，たとえば幻覚や破綻，その他どの心の状態でも，恐れを感じている人の直観を信じるのは難しいと思います。なぜなら直観は，分割できないからです——その人が直観を持っているか持っていないかの，どちらかです。「私にはほんの少し直観があるでしょうが，幻覚を持った人たちとは，何も関わるつもりがありません」とは，言えません。候補生がこうした用語

で話すことができたなら，私はこう言うはずです。「了解しました。あなたは精神病やその他もろもろを除外できますが，そうすると，すぐにあなたは恐ろしい夢について，何も知りたくないと思っていることでしょう」。そしてその時点からその人は，拒否と退却の方向にしっかり固定されます。私は，資格を与えられた時点で自分の諸々の悩みがすべて終わったと思う候補生には，感心しないでしょう。私は，そのすべて終わった悩みとは何のことか，疑問に思うでしょう。同じように，私たちの悩みも，子供時代を終えたときにすべて終わりではありません。子供時代は，そして分析でさえ，現実生活の前奏曲のようなものにすぎません。結婚はあなたの悩みの終わりではありません。「父親と母親」のようなゲームをすることには，終わりがあるかもしれませんが，あなた方はゲームをするのを終えたときには，父親や母親になります——それは本当のものなのです。あなた方が子供時代のゲームの過程で学ぶかもしれないことは，それらが結局はゲームだということです。ですから，あなたが本物の悩みを持つようになるときには，魅力的なゲームをしているときのような気持ちを思い起こせれば，助けになるかもしれません。結婚生活を悲劇と見なす必要はありません。そうした考えは，友人が結婚するときに「いい男が行ってしまった」と人々に言わせます。

質問者：フロイトは哲学を，真実を覆い隠す可能性がある合理化として拒絶しましたが，私たちは今日，私たちの哲学がさまざまな出発点であることを知っています——数学，歴史，理性の力，あるいはソクラテスの場合のように皮肉の。あなたは私たちが，魂の哲学の始まりを目にしていると考えるでしょうか。魂もまた，崩壊の危機に瀕しています。

ビオン：合理化としての哲学，というフロイトの考えに関しては，私たちが登ってきた梯子を蹴散らす余裕があるとは，私は思いません。プラトンの古典的な哲学的見解は，確かに不適格であると判明し始めていますが，それでもそれらは，役に立っていました。プラトンの不正についての著作を，靴屋はみな靴型にしがみついていればよい〔専門外のことには口を出さないほうが良い〕という信念として要約するなら，各自が自分に最も適した仕事だけをしていたら，すべてがうまくいくでしょう。それは悪い考えではありませんが，それは確かに不適格になります。古典的な哲学的接近方法は，聖アウグスティ

ヌスの頃には，彼が『神の国』で試みている仕方で拡張されなければなりませんでした。それは一部には，ローマの陥落に対するキリスト教徒の責任を否認する試みであり，別の種類のより重要な都市があると示唆しました。今日，私たちは「各自が自分の仕事にしがみつく」ことと要約できるものよりも，重要な心の状態があると言うことができます。分析は，古典的で哲学的な学問や見解が，十分ではないことを示唆しています。それらは，無意識と無意識の動機の認識によって，増強されなければならないのです。

　哲学者たちは「合理化」に気づいていますが，その用語を頻繁に使ってはいません。彼らは，正確な思考作用に関わっています。なぜなら彼らは，不正確な思考作用に気づいているからです——ただし彼らは，「不正確」の解明に多くの時間を捧げては来なかったかもしれません。通常，不正確な思考作用は，文法学者や修辞家たちに任せられてきました。それはあたかも，それが劣った階級で「哲学者」の肩書にふさわしくないかのようでした。不正確な思考作用は，このようにして気づかれずに栄えることができて，現在の支配力と権力に達しました。私たちは今，その勝ち誇った進歩を阻止できないかもしれません。抑圧された階級の１つとして，思考する者たち（彼らが自分自身を他の何と呼ぼうと）は，弱さの立場から努力します。私の歴史読解では，私はこれが何らかの新しいものであることは疑わしく思います。ただし，不快に気づくことを擁護するのは，今までにないかもしれません。

── 5 ──

質問者：あなたは精神分析を大学や医学部で教えることについて，どのようなご意見をお持ちでしょうか。精神分析が二人の間の経験に限定されているならば，その経験は大人数の集団でどう生かせるのでしょうか。

ビオン：難しいのは，大学や非精神分析的な機関が分析者に，何を期待しているのか知ることです。かつて私が，大学のカリキュラムに何か貢献するように招かれて，それに応じた人々から聞いた報告は，やや不満げに見えます。分析者はしばしば，自分に期待されている何かが，精神分析についての誤解に基づいていることに気づくようです。これは私たちが，自分で認識している以上の進歩を遂げ，それゆえに，通常の慣習的な方法とはかなりかけ離れた考え方や教え方に，馴染んでいるからかもしれません。私の精神分析訓練の経験は，実際には非常に落ち込ませるものでした。最初の鉄道の客車が，できるだけ馬車に見えるように作られたように，私から見て訓練の装置全体は，慣習的な経験の中で慣習的な訓練に適した方法の，単なるコピーでした。しかし，私は精神分析をもっと知るようになって，ますますこれはまったく合っていないと思いました。そのいくつかは，事実として私たちはみな疲れた人たちであり，一日の大変な仕事を終えてもっと疲れている人たちに耳を傾けていて，その人たちは他のみながしていることに頼るからでした。私は狭くて混んでいて居心地の悪い部屋に座っていて，これは文化的活動に結びついたどんなものよりも，懺悔の儀式に適していると思いました。そして私が精神分析をもっと知るようになればなるほど，この経験はますますぞっとするものに思われました。私は，私たちの機関に対してなされるこのような要請や，それが私たちの会員に与える影響について，楽観的には感じていません。私は誰かが大学に行ったり，そうしたコースに参加したりすることを止めさせようとは思いませんが，その一方で，そこに入って楽しめる経験をすると思い込むことを勧めようとも思いません。ほんの少し経てば，学生た

ちと他の同僚たちは，精神分析とそれに従事する人たちの知性を軽んじていることが分かります。この奇妙な溝は，橋渡しをするのが非常に困難です。

　精神分析が根本的に個人への敬意に基づいているという事実は，私たちが人々の共同社会に対しても感じなければならない敬意を，激化させがちです。それは，集団の研究が個人の精神分析的な研究への貴重な補助であるかもしれず，その逆もそうである理由の１つです。集団と個人が出会うときに，これらの経験の流れがどのように調和されることになるかについて意見を述べるほど，熟していないと私は思います。この問題には研究する価値があります。

質問者：統合失調症患者とのあなたの分析的経験について，お話しください。

ビオン：私はかつて，統合失調症患者との何らかの経験をしていると思いましたが，その経験を今ならどう叙述し，かつて「統合失調症」という用語で適格に叙述されると考えていた患者を，どう見るだろうかと疑問に思っています。私は，彼らを分類しているカテゴリーが適格なのは当然のことだとさえ，思っていたこともありました。しかし時が経つにつれて，私はこれらの診断が無意味だと思いました。私は，あらゆる精神病患者の大部分を含むと思われる診断を，疑わずにはいられませんでした。クレペリン［エミール・クレペリン，ドイツの精神科医，1856-1926］自身，この診断には何か問題があると感じているようでした。もちろん，患者が少しでも進歩したら，その患者は明らかに間違った診断を受けていたと，いつも言うことができます——その診断にどれほど権威があったとしても。それは可能ですが，私は進歩の評価に何か問題があると思います。それが身体医学に適用されたなら，医学的な治療に成功した症例はどれも，そもそも病気だったはずがないと言わなければならないでしょう。実際には，診断にもその含みにも，分析的接近方法の経験全体にも，何か間違いがあります。もしも私が患者に分析を受けさせていなければ，私には判断を下すための素材がありません。私が受けさせていれば，彼らはみな，私との関係に気づいていた患者でした。彼らがその気づきの経験をどのように形成するか，あるいは形成できたかは，時間の経過とともに徐々に明らかになりました。私はそれを，時折出した論文で記述しようとしてきました。今日，私はどんな診断も，解明のために私が頼れるよ

うな要約とは見なしません。私は自分の分析的接近方法が，被分析者にも，私自身にも，刺激的であることを望んでいます。

質問者：患者が分析における行き詰まりのために，さらに進歩ができない場合について，あなたはどのように考えますか。

ビオン：分析者と被分析者の間の分析的な関係は，類のないものではありません。もしもそうだったら，それに何の意味があるでしょうか。その二人の人たちの間の関係は，他のどの二人の関係のことでも思い出させます。行き詰まりは分析を必要としていますが，それは分析を進めることと，被分析者が現実生活で必ず突き当たる問題に彼を慣れ親しませることの両方を，可能にするためです。なぜ夫と妻は，行き詰まることがあるようなのでしょうか。私たちにそうしたペアのどちらかを分析する機会があれば，私たちは必ずある時点で，行き詰まりに出遭います。さもなけば，私たちがそれほどありふれたものを詳しく観察する機会を決して持たないなら，分析は現実生活と何の関係があるでしょうか。同様に，欲求不満や不安が現実生活の一部であるなら，分析の中でそれらに出遭うはずです。分析者の機能は，被分析者に行き詰まりや欲求不満・不安の何らかの経験を勧めて，できれば彼が，その扱い方をよく知れるようにすることです。

質問者：分析におけるこれらの行き詰まりについての発言の続きですが，分析はいつ終わるべきでしょうか。

ビオン：それは終わりません。特定の医師と特定の被分析者との関係は，終わります。終わることは，何の重要性もない出来事です。何事にも終わりが来ます。それが重要になる唯一の理由は，人が終結を難しく感じるからです。結局，私たちはみないつか死にます。それにわずかでも重要性を与える人がいることは，死ぬことは危険なことであると言えることを除けば，理解困難です。なぜなら私たちのほとんどは，自分が死んだら，死んで終わりになるはずだと感じているからです。その出来事はとても重要性を帯びているので，私たちが生まれたときと死ぬときの間の短い経験を，覆い隠しがちです。私たちが生きるのは短い数年以上ではなく，結末のように些細で重要ではないことにこれほどの注意が払われるのは，驚くべきことに思われます。人々は人生の終結を，表彰式の一種として見なしています。彼らは，いわば自分の

賞品を——あるいはおそらく非常に悪い知らせを——受け取るのを待っています。それで，時間とエネルギーがこの重要でない出来事に費やされている間にも，人生は流れていきます。

質問者：解釈と構築の間には，どのような類似性と差異があるでしょうか。主にあなたの変形の理論との関連でお願いします。

ビオン：フロイトが表明した見解は，私にとって大きな意味がありますが，これらの解釈の多くはほとんど無意味だけれども，これらの構築はそうではない，というものです。私は，自分が万能的だとか無力であるとか解釈で言われても，冷静なままです。しかしながら，もしも誰かが，私は自分を神だと考えていると言えば，私はもう少し興味を感じます。それが他に何も意味しなくても，少なくとも誰かが失礼なことを意味します。それはその程度には，万能的だと言われるよりはましです。しかし，私はもっと先に行きます。私はその人に，私がどのような種類の神のように振る舞っているのかを，言ってほしいと思います。人の振る舞いが似ているにしても，さまざまな多様な神々がいます。もしもその人が，失礼だったり敵意を示したりする代わりに，私がどのような神に似ているのかを教えてくれるなら，私はその構築を，はるかに意味があって理解できると思うでしょう。私が理解できて，故に意味を伝える媒体である短編小説には，多くの良い点があります。たとえば誰かが，私はバベルの神のようなものだ，つまり，私はあまりに嫉妬深く羨望が強いので，自分がたまたま座っていた台座よりも高い塔に誰にも登ってほしくなくて，彼らを混乱させて互いに仲違いをさせ，彼らがより良く，より高く，より輝かしい塔を建てられないようにしたいのだ，と言ったとしたら——私がそのような類の解釈を与えられたとしたら，私が他の人にはどう見えるかについて，よりはっきり分かったと（私はそれを好まないかもしれませんが）感じることでしょう。だから私は，辞書で調べられる何かの言葉よりも，構築のほうを支持しています。調べ物に時間をかけても，私は何も良くならないままです。

質問者：患者が精神病症状に苦しんでいて入院しなければならないなら，分析者は何をするべきでしょうか。

ビオン：もしも分析のための最低限の条件がまだ存在するならば，私は患者

の分析を続けます。患者を入院させることは，患者のパーソナリティとはほ
とんど関係がありません。入院させることは，世間の人たちや家族，あるい
は患者によって迷惑をかけられていると——おそらく深刻に——感じている
人たちに，もっと関係しています。もしも患者が自分の同僚を殺したいと思
い始めているなら，それは実に非常に迷惑です。この種の極端な例は理解し
やすいですが，問題の人物が厄介者のとき，もっと難しくなります——ソル
ジェニッツィンのような。彼は精神科の「癌病棟」に入院させられるべきで
しょうか，それとも単に国外追放されるべきでしょうか。この診断の問題で
はしばしば，その人がどの程度の苛立ちや厄介事・迷惑を生み出しているの
かが問われています。しかしながら，個人を支持する先入観がある分析者と
して私たちは，その人がどのような種類の迷惑なのかを知りたく思います。
私たちは，たとえ「精神病」のような用語を使って十分に絞り込んでも，ど
の特定の種類の精神病なのかを知りたく思います。

質問者：宗教的な感情と精神分析的な思考は，同一人物の中に共存できるで
　しょうか。

ビオン：精神分析は第一に探究の方法ですから，私たちは必ず，個人の見方
や信念の何らかの証拠に出遭うことになります。しかし私はそれを，関係の
ないものと見なします。理論的には，私たちは自分の見方を他人に押しつけ
るべきではないとされています。私は，宗教についての精神分析的な見方が
あるかもしれないことは分かりますが，それは探究の方法から逸脱したもの
です。どの探究でも私たちには何かの先入見があるのと同じように，質問に
ついての知識を表さずに質問することは不可能です。たとえば，セックスに
関する質問はどんなものでも，質問者がセックスについて何かを知っている
ことを示すと同時に，それについてあまり知らないことを示します。宗教的
な信念についての探究の場合でも，同じことが分析者に当てはまります。彼
が自分の宗教的信念および宗教的な無知を示していることは，明らかでしょ
う。

質問者：アルコール依存者についての何かご経験と，アルコール依存症全般
　についてのお考えをお聞きしたいと思います。

ビオン：アルコールは他のどんな形の食べ物や飲み物と同じように，良い価

値のあるものにも，有害なものにも変わりえます。アルコールには特に問題
はありませんが，それを飲んでいる人には何か問題があるかもしれません。
アルコール飲料やワインの価値を信じてきた長い歴史と，摂取量に影響を与
える貪欲さの歴史があります。誰も食べ物や飲み物が有害だとは主張しませ
んが，消費する人は，食べ物や飲み物を大量に摂取して，それが適量とは評
価されず，質的な変化をさせることができます。無害な物質は，有毒なもの
になります。それは，量の変化が質の変化をもたらす一例です。精神分析に
ついても，同じことが言えます。適量を摂取するのは，私たちにとって良い
ことです。しかし適量とは何でしょうか。日常生活では，親はどこで線を引
くかを分かっていると信じたいものですが，子供は分かっていません。人生
のある時期には，「それでもう十分だと思うよ」と言う人がいるべきです。そ
う伝える権威者がいないときには，始末に困ります。なぜなら，個人はもは
や子供ではなく，精神科病院に正当に入れられないからです。「アルコール」
は犯罪ではありませんが，かなりの数の家庭が，その一員によるそれの摂り
すぎによって破壊されてきました。同様に，被分析者のあれやこれの質が卓
越していることは，その人を破壊する「過剰」になるかもしれません。それは，
その質が欠陥だったことを意味しません。解明力の素晴らしさの過剰は，文
字通りにでも比喩的にでも，朦朧と同じほど「目を眩ませる」可能性があり
ます。要約すると，その人が薬物中毒であると言うことは，検査を受けたり
吟味を求めたりする必要性をなくすかもしれませんし，探究するべき「領域」
を示しているかもしれません。判断力を行使しても，安堵は得られません。

　大学の主題に戻ると，精神分析者を大学に導入するのは，良いことでしょ
うか。そして分析者は，「あなたの大学は，この国の若者に有害だと私は思
います」と言う立場にあるでしょうか。私はソクラテスが，この件で厄介な
ことになったと理解しています。彼は実際上，若者を堕落させているという
理由で処分を受けました。プラトンは，『ソクラテスの弁明』の中で，その
見方に対して非常に強く反論しています。しかしながら，それはソクラテス
にはあまり役立ちませんでした。人類の未来の機会を破壊しているかもしれ
ない有毒な食べ物について，何がなされるべきでしょうか。誰も心やパーソ
ナリティについて話しているときに，どのような種類の知識が毒になるのか

見定める方法を見出していません。それは私たちが注意を払うべき事柄です。
それは，時間との競争のようなものです。

訳者あとがき

　本書は，全 16 巻（著作 15 冊＋索引）からなる *The Complete Works of W. R. Bion*. Karnac Books. 2014. の第 7 巻 *Brazilian Lectures* の全訳である。訳出に際しては，最初にブラジルで出版された Imago Editora 版およびその後の Karnac 版を参照した。すでに誠信書房から出版されている第 15 巻 *Unpublished Papers*（『ウィルフレッド・ビオン未刊行著作集』）と同じく，全集の編者クリス・モーソンが本書の著者となってはいるが，それは形式的なことで，彼が書いた箇所はない。そこで本当の著者が見えるように，この巻の邦題にも『ウィルフレッド・R・ビオン　ブラジル講義 1973-1974』とビオンの名前を入れている。

　全集版で初めて収められたのは，冒頭の Bion's handwriting（「ビオンの手書き原稿」）と題された手稿の写真である。よく見ると上のほうの空白には，ビオン家の家紋のレリーフがあり，ビオンは正規の紙に何らかの意図があって書いたらしい。右肩に 9 とあり，9 枚目なのだろうか。ただ，本文の内容との直接的なつながりは見当たらず，なぜこの冒頭に収められているのか，事情が分かる人はいなくなっている。また，以前の版についていた「グリッド」の表は，全集版では省略されている。以下では，訳者に明らかにできることには限界があるが，多少調べて分かることと推測されることを，「解題」に代えて付記しておきたい。

背景と当時の反響

　『ブラジル講義』は当初，現地ブラジルでは 2 冊に分かれて 1973 年・1974 年に発行された。つまり出版は実施と同じ年であり，テープ起こしと編集・校正の手間や，それ以前にビオン自身からの出版許可から通訳の手配まで，相当な下準備がなければスムーズに実施できなかったことである。フランチェスカによれば，彼はロンドンで知己のフランク・フィリップスに招かれ

たという。IPA の記録では，ブラジルには 1974 年にハンス・ソーナーおよびハーバート・ローゼンフェルドが訪れており，ビオンは一連の流れの中の一人である。しかし彼の講演のみ出版され，別格の扱いを受けている。現在も同名の出版社があって精神分析関係の本を出しているが，その目録に『ブラジル講義』はない。

　現地版の序文は，参加者たちの受け止めを代表していると思われるので，少し参照すると，参加者たちの多くは「長年にわたってビオン博士の仕事に関心を持ち，『再考』が登場する前に彼の論文をすべて読んでいた」。賛辞が占めているが，戸惑いを含んだ率直な感想もある。ビオンの「講義」の進め方は，こう紹介されている。

　「ビオン博士の方法は，彼が最初に挑発的と見なす話題を扱い，その後すぐに提起された質問に答えようとするように進んだが，それは彼の精神分析に対する誠実で偏見のない献身と，質問者の意見や確信，疑念あるいは誤解にさえに対する，彼の大きな敬意を証言している」。そして結びはこうである。「ビオン博士が使う言語，彼が聴衆の中に掻き立てる疑念や思考，彼の鋭い問いかけに続いて起こる沈黙・躊躇・不安，彼の言葉が引き起こす生産的な思考作用と驚きの量は，比較的少ないページ数のこの豊かな小著の中に，簡単に手に入り，辿って観察することができる」。

　しかし受講後のこの序文でもなお，彼らは「『思考作用の理論』は非常に強力で新しいものを提唱したと考えている」と，理論重視に見えることを書いている。ではこの「驚き」は，どの程度の波紋と変化を引き起こしたのだろうか。

　1974 年分の下巻の序文は，リオ・デ・ジャネイロ第 10 回でのある事例発表に対するビオンの発言が，参加者たちに衝撃的だったことを伝えている。患者と提示者は，母親との最早期由来の問題を，深刻かつ真剣に話し合っているつもりでいるようだが，ビオンは自分なら，この患者をそもそも引き受けないだろうと言う。参加者たちの，おそらく憤りを抑えた困惑の表れと，ビオンの疑問と判断の過程は，本訳書 165 ページ以下で読むことができる。彼らは当初，ビオンが厳密で厳格なために，どの患者も彼の基準に合わず断られるのではないかと思ったようだ。「あなたの言うことや私の理解すること

からすると，あなたの治療を受けることは，誰にも不可能に思われます」。質問者は辛うじてビオンにこう言う。「しかし，それでもあなたには患者がいるようです。ですから私の印象では，あなたは誰かがあなたの患者であるために，何を要求しているのか，これという要素，これという条件は何なのかを，私たちに正確に話していないように思います」。

ビオンの答え：「私は『患者たち』に会っていません――個別の人たちに会っています。そしてある個別の人が私のところに来たときには，私はその人が何のために来たのかを知りたいのです」。彼のメッセージは理解されたのだろうか。序文では，こう記されている。

　「彼は『患者』を見られず，『人』『個人』しか見なかった。これらの発言やそれに続いた他の発言は，大きな動揺を引き起こした。たとえば，ビオン博士は，条件は千差万別なので，それらを列挙することは到底できないと言った。ビオン博士が言えるのは，状況がまだ完全には発展していないか，あるいは成熟した段階に達していて，患者がそのように認識されて治療に受け入れられるべきであるかだけである。

　彼の答えはすべて啓蒙的ではあったが，混乱させる共通項があった――深い現実的な感覚としての未知であり無知である。これは，皆を大きな不安に直面させた――同じものが，人間の発達の起源となった」。

　前段は本文のとおりだが，引用した後段は，ビオンが無知を巡って，深遠で高邁な思想を語ったと受け取ったような書き方である。しかしビオンはただ，「何のために来たのか」を言わない患者は引き受けられない，と言っている。彼の基本的な疑問は，参加者たちに届いていないように見える。ビオンは聞きながら，「患者が分析者とゲームをしている」可能性を考えている。

　序文には，そうした認識がうかがわれる。「ビオンは，紛い物の会合（a phony meeting）についての錯覚を剥き出しにしようとしていた」。しかし，どのように紛い物なのかが問題である。そこで序文の認識は一般論にずれる。「なぜなら，面談の目的は病気を治療することではなく，病人を治療することだからである」。だが話題にされているのは，そのための条件がそこにあるのかどうかである。序文はこうまとめる。

　「精神分析を教えることの難しさは，この点にあるように思われる。それ

は，自分が分析されることと誰かを分析することを自ら経験しなければ，理解されえない。フロイトはこうしたことについて述べている。理解と訓練は必要だが，分析の実践は教育を超越する。と」。

　実践の結果がこの事例だから，これは，やっているうちに分かるという意味にはならないだろう。そこには訓練の問題があるのだろうか。序文は最後に，「ビオン博士のぶれない頑固な勇気」を讃えるが，それも敬意の表明を超えている感がある。

20年後の書評

　本書は原書刊行の20年後，Karnac版の登場によって，再度書評を受ける機会が来た。ヒンシェルウッド（Hinshelwood, 1992）も寄稿者の一人である。彼は本書を，コミュニケーションの過程自体についての実験的な試みとして評価しつつも，全般的には批判的である。この時点でビオンは故人であり，英国の分析者たちの間で後期ビオンの不評は定まっていた。彼の論点の一つは，集団力動の観点からの理解である。

　「ビオンの居心地の悪さには，同情するしかない。この頂点（それは集団力動という頂点だと私は思うが）から見ると，これらの講義はあまり成功していない。集団内の2つの頂点——伝達可能で客観化可能な真実を発見しようとする科学的謙虚さを保持するビオンと，宗教的頂点から接近している聴衆——は，きちんと見えるようにはされなかった。彼は，講義の中でこのような力動を明示することは許されないと思ったのかもしれない」。

　この講義のようなセミナーのような集まりは，集団療法のセッションではない。だからビオンは，参加者たちの無意識的な動機を解釈することはできなかった。それをしたら，アセスメントと契約なしで精神分析を始めるのと同じことである。しかし，しなければ，彼はかつて自分が論じた依存の基本想定に巻き込まれる。

　「彼は，賢人と会っているという聴衆の期待（聴衆の頂点）を，彼自身の頂点，すなわち彼は決して有益な答えを与えられず，ただ無知の光で照らすことしかできないことと，折り合わせられなかった。ビオンの応答が挑戦的で失望させるものであるにもかかわらず，彼の聴衆の観点からは，彼らの熱狂

はごく時たまにしか冷めないように見える」「彼が賢者の役割から離れたいと願えば願うほど，彼は賢者の烙印を押されることになった」。

　そのような不本意に，ビオンは何も応答していないのだろうか。それはすぐ後で見直してみよう。

　ヒンシェルウッドの論点は多岐にわたるが，彼はビオンが他ではあまり明確に述べていない主要な「頂点」が，古典的な真・善・美に対応していることを取り上げている。ビオンが参照するカントで言えば，それらは『純粋理性批判』『実践理性批判』『判断力批判』に対応する（「サンパウロ3」）。ビオンは『注意と解釈』において，感覚的現実と心的現実の対比との関連で「医学的頂点」と「宗教的頂点」を叙述した。その対比は，→Kと→Oのことにも見えるが，どちらもOからの進展であると理解したほうが，一貫性があるだろう。そこでは美（芸術）の関しては，ほとんど触れられていなかった。本書で美あるいは感性論は，より主題化している。

　では，精神分析の頂点は，これらとどのような関わりにあるのだろうか。フロイトは宗教を，真実に対する防衛の所産として理解した。つまり，それは精神分析と並んで独自の真実を提示するような，1つの頂点とは見なされていない。フロイトにとって精神分析はそれだけ全能的であるのに対して，ビオンにとってそれは，比較的最近発明された道具だが，既存の頂点には還元されないものである。ヒンシェルウッド曰く，「しかし彼は，精神分析がどのような形式の真実を追い求めているのかについては，はっきりしていないようである。［…］おそらく彼が探りつつあるかもしれない答えは，それが特別な，その頂点から他の各頂点を感じ取り，それらの間の関係が真実なのか誤解を招くのかを示すものだということである」。あらゆる素材には，3つの頂点に関連した要素が認められる。精神分析は，新たな「批判」なのだろうか。

今日の可能性：混信の価値

　ビオンが臨床において「知っていると思わないこと（not knowing）」，記憶と欲望をあえて剥奪することを強調するようになったのは，よく知られている。しかし本書でも「パーソナリティ」や「心」の存在を強調しているよ

うに，彼はそれによって物事を曖昧で朦朧としたままにしておきたいのではなく，真実がより鮮明になることを信じていると思われる。彼は悲観的な不可知論者ではなく，ただ現実にある限界を認めているのだろう。人間の集合知に期待している点では，彼は楽観的でさえある。それは，個々の人の頂点には，思い掛けないものを含みうるということでもある。

ビオンがそのことを表すモデルの1つとして用いているのは，混信（interferences）である。ある質問者は，ビオンに直截に，精神分析で「混信」とは何のことかと尋ねている（「リオ・デ・ジャネイロ4」）。ビオンは答える。「あなた方は話すことをやめて，何が起こっているのかを聞く機会を持つことができます。あなた方がそのときに聴かなければならないのは，精神分析的な『混信』であり，それは誰かが電波混信を聞かなければならなかったのと同じです」。混信とは，妨げとなる情報が混ざることであり，本来の聞くべき対象を定めているからこそ起こる現象である。知覚はそのようにして，有意味な情報からなる「選択された事実」を形成する。その慣性を崩して新たな意味を探究することは，精神分析の基本的な態度である。編集を経て精製されたこのテクストに，確立された精神分析にとってはむしろ邪魔な混信を，幾つか聞き取ってみよう。

1つは，ビオン自身が発しているものである。彼は「講義」の用意をせず，あらかじめ要旨の提出を求められて出していた場合でも，その場で思ったことを話したという。ここでも事前に綿密に用意していたようではないが，普段から考えていなければ，4次元空間における2つの微小変化ベクトルが計量テンソル G_{ij} を用いて内積を取った結果を表す式を引き合いに出さないだろう（「サンパウロ2」）。これはユークリッド幾何学に対して，リーマン幾何学を示唆している。多くの人は彼のグリッドを参照しないし，したとしてもH行（代数学的計算式）にまで注目しない。もっとも，そこはビオンにとっても空欄である。

臨床的なことでは，彼は私たちが比較的最近聞き取るようになった現象を，感性論あるいは美学的次元の文脈でくり返し述べている。それは，通常の閾値外の表出や差異への鋭敏さであり，彼は積極的に評価している。そうした人たちは今なら，偏り・拘りの異常という捉え方を経て，別の形式として評

価される可能性がある。ビオンは50年前から，当時の成人の治療者たちがよく認識していなかった，成人の自閉スペクトラム心性を感知していたようである。「分析では，私たちはますます私たちの助けが，［…］言語を文字通りの仕方で用いる人たちによって求められていることに気づきます」（「サンパウロ7」）。そうした人は，別種の頂点を有していると言える。

　このような主張や，数式や寓話・神話の断片の引用は，ビオンが意図的に行なっていることである。そこに聴衆へのメッセージも混ざっていたのだろうか。一般論としては，古典物理学を超えた世界があるように，旧来の精神分析パラダイムをはみ出す事象を彼は伝えている。より個別的には，彼が事例提示に疑問を持ったことは，すでに紹介したとおりである。しかしそこに至る前から彼は聴衆に対して，ヒンシェルウッドが指摘しているようなことは体感していたことだろう。彼の疑問は，こういう言い方に現れているように見える。「精神分析者にそっくり（just like）」であることは，「精神分析者になりつつある（becoming）」のとは異なる，と（「リオ・デ・ジャネイロ1」）。彼は1974年の「サンパウロ1」でも，この問題に触れている。模倣が通用してしまうことはあっても，それが本物になるとしたら，別の形でオリジナルとなる場合だろう。振り返って，なぜビオンは一連の講義の初回に，「ウルの王墓」について話したのだろうか，と改めて疑問が湧く。彼はすでに彼地の精神分析の水準を知っており，盗掘でかまわないと奨励したのだろうか。

　最後に，ビオンが聞き取っていなかったかもしれない混信を見ておきたい。

　事例検討の回に，分析を受ける側の適性に関連して，唐突な質問がある。他人に虐待行為をした倒錯者が治療を受けたい，自分が分析者になりたい，と言って来たら，あなたは引き受けるか？，と。ビオンは，それが躊躇する理由にはならない，と答えて，一般論を述べる。この質問者ヘレナ・ベセルマン・ヴィアナは，公開の討論の場で「非科学的な」質問をしたことで，協会の中で嘲笑されたという。先に挙げた序文は，「後に，誰かがビオン博士に，ある人物を詳しく説明して，その人を患者として受け入れるかどうか尋ねると，ビオン博士は分析が可能だと思うと答えた」と書いている。それがここで引き合いに出された人物と同じかどうかは分からない。おそらく異な

るだろう。序文の著者は，ビオンと話が通じた，と安堵しているかのようである。少なくとも，ロボ–カベルニチェ事件（Lobo-Cabernite Affair）に触れる気はまったくない。

　ブラジルでは軍事独裁政権が，1964 年から 1985 年まで 21 年間続き，ビオンの訪問はその最中だった。ヴィアナは，政治犯の拷問に関与していた医師であるアミルカル・ロボ・モレイラ候補生を匿名で告発した。すると筆跡鑑定がなされ，彼女は誹謗中傷を行なったと，逆に倫理問題で迫害を受ける立場となった。彼女は IPA に訴えたが，当初の反応は回避的であり，ロボの訓練分析を行なったレアオン・カベルニチェを含めて，告発された側を擁護する結果になった。最終的にカベルニチェは，大物の立場を 1995 年まで享受し，それを知ったシーガルらは除名を勧告した。IPA の勧告は，協会の反発と分裂を招いた。

　ビオンの妻フランチェスカは「私たちの人生の日々」の中で，「当時のブラジルは抑圧的な軍事政権下で，汚職と経済的混乱が蔓延し，精神分析が花開く土壌になりそうにはありませんでしたが，逆境は個人にも社会にも成長をもたらすことがありえます。それは興味をそそる見通しでした」と書いている。精神分析が何かを言えるようになったのは，軍事政権が終わり，社会が落ち着いていった結果だろう。ブラジルの精神分析の一連の展開について論じたルービン（2016）らは，その論文を「『記憶なく欲望なく』——弾圧の時代におけるブラジルの精神分析」と題して，ビオン受容の傍らで記憶をなくして見て見ぬ振りが行なわれたことを表している。それはもちろんビオンではなく，彼を読む側に責任のあることだろう。

　最後に，『未刊行著作集』に続いて出版を実現化していただいた，誠信書房編集部中澤美穂氏に，深く感謝申し上げます。

福本　修

文献

Hinshelwood, R. (1992) Brazilian Lectures: 1973 Sao Paulo, 1974 Rio De Janeiro/Sao Paulo: By W. R. Bion. London: Karnac Books. 1990. *International Review of Psychoanalysis* 19 : 123-126

Pontes de Miranda, R.B., Aranha, Z., Dias Corrêa, P., Marchon, P., Salomão, J. (1973) A very Modest Preface to Dr. Bion's Seminars. In *Bion's Brazilian Lectures 1: São Paulo*, Imago Editora, Rio de Janeiro.

Pacheco de Almeida Prado, M., Cortes de Barros, J., Werneck, L. (1974) A Brazilian Preface to Dr. Bion's Brazilian Lectures 2. In *Bion's Brazilian Lectures 2: Rio de Janeiro/ São Paulo*, Imago Editora, Rio de Janeiro.

Rubin, A. and Mandelbaum, B. and Frosh, Stephen (2016) 'No memory, no desire' : psychoanalysis in Brazil during repressive times. *Psychoanalysis and History* 18(1), pp. 93-118.

人名索引

ア 行

アイザックス，スーザン（Isaacs, S.）……53
アイネイアース（Aeneas）……………… 17
アインシュタイン，アルベルト（Einstein, A.）……………………………114
アガメムノン（Agamemnon）…………199
アダム（Adam）……………………………49
アブラハム，カール（Abraham, K.）……157
アリスタルコス（Aristarchus）
……………………13, 16, 127, 133
アリストテレス（Aristotle）……………84
アルジュナ（Arjuna）……………………31
アレクサンダー，サミュエル（Alexander, S.）………………………86, 96
イザヤ（Isaiah）……………………… 84
ウェルギリウス（Vergilius）
……………16, 25, 46, 94, 97, 186
エンリケ航海王子（Henry the Navigator）
………………………………186

カ 行

ガリレオ，ガリレイ（Galileo, G.）……13, 113
カント，イマヌエル（Kant, I.）
……………8, 23, 46, 84, 196
キーツ，ジョン（Keats, J.）……45, 46, 48, 114
ギルバート，ウィリアム（Gilbert, W. S.）
………………………………203
クライン，メラニー（Klein, M.）
………………54, 62, 67, 109, 157
クリシュナ（Krishna）……………………31
クリシュナムルティ，ジッドゥ
（Krishnamurti, J.）………………… 29
クリスティ，アガサ（Christie, A.）………101
クレペリン，エミール（Kraepelin, E.）
………………………………211

クローチェ，ベネデット（Croce, B.）
………………………………86, 204
孔子（Confucius）………………………120

サ 行

サリヴァン，アーサー（Sullivan, A.）……203
ザロメ，ルー・アンドレアス（Salomé, L. A.）………………………20, 106
シェイクスピア，ウィリアム（Shakespear, W.）………………………45, 46, 48
シェリー，パーシー（Shelley, P.）………127
ジョイス，ジェイムズ（Joyce, J.）………76
聖アウグスティヌス（St. Augustine）……208
聖イグナチオ（St. Ignatius）……………182
ソクラテス（Socrates）…… 11, 26, 59, 84, 215
ソムヌス（Somnus）………………………17
ソルジェニッツィン，アレクサンドル
（Solzhenitsyn, A.）………………214

タ 行

ダ・ヴィンチ，レオナルド（da Vinci, L.）
………………………………23, 59
ダン，ジョン（Donne, J.）………………41
ダンテ，アリギエーリ（Dante, A.）………31
デカルト，ルネ（Descartes, R.）………8, 22
デモクリトス（Democritus）… 16, 25, 64, 125
デューラー，アルブレヒト（Dürer, A.）…59
ドーソン，チャールズ（Dawson, C.）……69

ナ 行

ニーチェ，フリードリッヒ（Nietzsche, F.）………………………………103
ネルソン提督（Admiral Nelson）………107

ハ 行

ハート，エリザベス（Hart, E.）……………v

人名索引 227

ハイゼンベルグ，ヴェルナー（Heisenberg, W.）……………………………………22
ハイティング，アレン（Heyting, A.）……87
パウンド，エズラ（Pound, E.）…76, 90, 120
バジョット，ウォルター（Bagehot, W.）…5
バッハ，ヨハン・セバスティアン（Bach, J. S.）………………………………………108
パリヌールス（Palinurus）……………16, 17
パロン，キベレ（Pallon, C.）………………v
ピカソ，パブロ（Picasso, P.）………115, 130
ヒューム，デイヴィッド（Hume, D.）
………………………………………………6, 196
フィリプス，フランク（Philips, F.）………v
フェルメール，ヨハネス（Vermeer, J.）
…………………………………………………61
ブラウニング，ロバート（Browning, R.）
…………………………………………………90
ブラウワー，ライツェン・エヒベルトゥス・ヤン（Brouwer, L. E. J.）……87
プラクシテレス（Praxiteles）……………117
プラトン（Plato）
……………11, 26, 59, 63, 84, 186, 208, 215
プランク，マックス（Planck, M.）………150
ブリッジス，ロバート（Bridges, R. S.）
………………………………………………122
ブレイク，ウィリアム（Blake, W.）………84
フレーゲ，ゴットロープ（Frege, G.）……12
フロイト，ジグムント（Freud, S.）
……3, 20, 21, 23, 24, 27, 30, 42, 45, 47, 49, 51, 54, 55, 56, 59, 67, 73, 86, 87, 88, 94, 106, 112, 117, 118, 128, 129, 144, 146, 152,

156, 157, 163, 164, 192, 202, 204, 208, 213
ベートーベン，ルードヴィヒ・ヴァン（Beethoven, L. van）…………………108
ペギー，シャルル（Péguy, C.）……159, 160
ベッセルマン-ヴィアンナ，ヘレナ（Vesselman-Vianna, H.）…………………………180
ポアンカレ，アンリ（Poincaré, H.）……118
ポーリング，ライナス（Pauling, L.）
………………………………………………114, 115
ポッター，ベアトリクス（Potter, B.）…151
ホメーロス（Homer）………48, 97, 186, 199
ホラティウス（Horace）…………………48

マ 行

ミルトン，ジョン（Milton, J.）
…………………20, 46, 47, 75, 106, 186

ヤ 行

ユークリッド（Euclid）…………………8, 22
ヨブ（Job）………………………………31

ラ 行

ラスキン，ジョン（Ruskin, J.）…………160
リーマン，ベルンハルト（Riemann, B.）
…………………………………………………96
リックマン，ジョン（Rickman, J.）……112
リョテ将軍（General Lyautey, M.）………88
ロダン，オーギュスト（Rodin, A.）……117
ロバチョフスキー，ニコライ・イワノビッチ（Lobachevsky, N. I.）………………96

事項索引

アルファベット

C3·····················15
C カテゴリー·············2
F3·····················15
K·····················35
K(ξ)···················11
M31···················30
M33···················30

ア 行

『アエネーイス』·········20, 94, 95
赤ちゃん················48
赤ん坊·················196
　生まれていない――·····123
悪条件下で最善を尽くす·····122
悪夢··················72
明日··················4
アドネイス··············127
アブデラ···········16, 64, 125
アプリオリ··············46
アルコール依存症··········214
アルファ機能·········65, 198
アルファ要素··········15, 19
『アレオパジティカ』·······47
暗騒音·················102
イギリス············161, 179
畏敬··················31
『イザヤ書』·············84
イマーゴ・エディトーラ·····iii
『イリアス』···········94, 95
インスティテュート·······186
渦巻星雲················30
嘘···················26
嘘つき·················62
宇宙··················14

宇宙論·················105
ウルの王墓··············2
叡智的存在··············23
エディプス・コンプレックス·····3, 56
エデンの園··············11
エロス·················121
黄金数·················59
『オデュッセイア』·······94, 95
音楽家·················39
オングストローム·········16
音符··················45

カ 行

解釈··················15
灰白質·················25
解剖学·················92
会話体·················9
カウチ·················128
画家··················39
科学··················2
科学装置················29
科学的頂点··············61
科学的方法··············2
学術集会············12, 118
過去··················6
活動··················25
カップ·················36
神···················23
『神の国』··············209
殻···················73
感覚閾未満··············14
感覚印象················6
感覚の経験··············14
感覚的証拠··············27
観察··················38
感情··············12, 74

事項索引　*229*

記憶……………………………*29*
幾何学……………………………*8*
期間……………………………*145*
起源……………………………*32*
期待……………………………*7, 29*
逆転移の使用……………………*124*
キャンバス………………………*9*
嗅覚……………………………*27*
休止……………………………*69*
球状星団…………………………*30*
境界精神病者……………………*99*
郷愁…………………………*7, 29, 66*
恐怖症……………………………*21*
恐竜……………………………*32*
筋肉……………………………*19*
空間………………………………*8*
『空間・時間・神格』…………*96*
寓話………………………………*2*
クライン派………………………*47*
グリッド…………………………*2*
　　──のカテゴリー…………*15*
訓練……………………………*65*
訓練委員会……………………*207*
経験的な知識……………………*8*
芸術………………………………*2*
芸術家…………………………*9, 26*
外科医…………………………*172*
結婚……………………………*15*
解毒……………………………*53*
幻覚……………………………*39*
幻覚症における変形……………*62*
言語新作…………………………*31*
言語の定式化……………………*36*
現在………………………………*4*
現実化……………………………*6*
現実状況…………………………*36*
現実生活…………………………*12*
原子爆弾……………………*26, 100*
現象……………………………*50*

好奇心……………………………*39*
攻撃性……………………………*9*
考古学……………………………*2*
考古学者…………………………*69*
恒常的な連接……………………*6*
構築……………………………*12, 94*
行動化……………………………*50*
候補生……………………………*51*
傲慢……………………………*31*
傲慢さ…………………………*155*
合理化…………………………*208*
誤解……………………………*12*
五感……………………………*41*
心…………………………………*5*
古代エジプト人………………*133*
誇大妄想…………………………*52*
『国家』…………………………*63*
国家……………………………*103*
古典的の空間……………………*22*
子供……………………………*26*
コミュニケーション……………*75*
コヤスガイの貝殻……………*203*
混信……………………………*102*
痕跡器官…………………………*96*
昏迷……………………………*32*

サ 行

罪悪感…………………………*131*
再構築……………………………*2*
財政金融学………………………*2*
サンパウロ…………………*v, 1, 183*
詩………………………………*94*
紫外線……………………………*14*
視覚………………………………*8*
視覚像………………………*11, 26*
時間……………………………*8, 26*
時間区分…………………………*72*
時間尺度…………………………*32*
思考……………………………*27*

思考作用……………………25
司祭………………………37
自殺………………………80
事実………………………43
思春期……………………72
視床………………………24
詩人…………………11, 26
『自然科学と政治学』………5
自薦する不向きな者たち……123
嫉妬………………………34
『失楽園』………20, 75, 94, 106
児童期……………………72
死の本能…………………54
自閉症……………………129
自閉的……………………152
『詩編』……………………92
射影幾何学………………9
社会主義…………………160
宗教………………………2
宗教的真実………………94
宗教的頂点……………29, 61
重症筋無力症……………161
集団………………………35
集団療法…………………172
十二指腸潰瘍……………56
自由連想…………………24
出産………………………167
消化管……………………5
象形文字的………………90
衝動………………………25
情動………………………30
情動的経験………………193
小児期……………………31
贖罪金……………………2
ジョドレルバンク…………51
自律神経系………………24
素人………………………62
神格………………………23
『神曲』……………………31

神経症……………………162
真実…………………12, 28
心身症……………………66
身体的事実………………42
身体的徴候………………74
「死んだ」比喩……………87
心的事実…………………42
「心的生起の二原理に関する定式」
………………25, 27, 73, 152
信念………………………60
神秘………………………101
神秘論者…………………24
真理26
審理………………………49
真理関数…………………36
神話………………………3
推測………………………5
数学………………………5
　直観主義の――………87
数学者……………………202
数式化……………………83
スーパーヴィジョン……122, 191
スモークドラム……………199
性交………………………113
性交渉……………………13
正常発達…………………73
精神科病院……………73, 215
精神的な羅針盤…………16
精神病患者………………78
精神病者…………………59
精神病的…………………44
精神分析…………………4
精神分析協会……………110
精神分析者………………4
精神分析的ゲーム………15
精神分析的「ドップラー効果」……153
性生活……………………26
成長………………………47
性的………………………5

事項索引　　*231*

青年期⋯⋯⋯⋯⋯⋯⋯⋯⋯⋯*72*

生理学⋯⋯⋯⋯⋯⋯⋯⋯*24, 92*

赤外線⋯⋯⋯⋯⋯⋯⋯⋯⋯*14*

セックス⋯⋯⋯⋯⋯⋯⋯⋯*6*

セッション中⋯⋯⋯⋯⋯⋯*66*

絶対⋯⋯⋯⋯⋯⋯⋯⋯⋯⋯*28*

ゼロ⋯⋯⋯⋯⋯⋯⋯⋯⋯⋯*68*

先験的知識⋯⋯⋯⋯⋯⋯⋯*8*

選考委員会⋯⋯⋯⋯⋯⋯*112*

戦争⋯⋯⋯⋯⋯⋯⋯⋯⋯⋯*26*

喘息⋯⋯⋯⋯⋯⋯⋯⋯⋯⋯*66*

潜伏期⋯⋯⋯⋯⋯⋯⋯*72, 129*

羨望⋯⋯⋯⋯⋯⋯⋯⋯*10, 34*

戦慄⋯⋯⋯⋯⋯⋯⋯⋯⋯⋯*32*

憎悪⋯⋯⋯⋯⋯⋯⋯⋯⋯⋯*34*

『ソクラテスの弁明』⋯⋯*215*

そっくり⋯⋯⋯⋯*77, 144, 187*

『ソルデッロ』⋯⋯⋯⋯⋯*90*

損害賠償⋯⋯⋯⋯⋯⋯⋯*172*

タ　行

大学⋯⋯⋯⋯⋯⋯⋯⋯⋯*210*

胎児⋯⋯⋯⋯⋯⋯⋯⋯⋯⋯*54*

代数学⋯⋯⋯⋯⋯⋯⋯⋯⋯*8*

対話篇⋯⋯⋯⋯⋯⋯⋯⋯⋯*59*

タナトス⋯⋯⋯⋯⋯⋯⋯*121*

段階⋯⋯⋯⋯⋯⋯⋯⋯⋯*145*

知恵⋯⋯⋯⋯⋯⋯⋯⋯⋯⋯*40*

地球⋯⋯⋯⋯⋯⋯⋯⋯⋯*157*

地球中心の空間⋯⋯⋯⋯⋯*22*

父親⋯⋯⋯⋯⋯⋯⋯⋯⋯⋯*51*

注意⋯⋯⋯⋯⋯⋯⋯⋯⋯⋯*49*

『注意と解釈』⋯⋯⋯⋯⋯*197*

中間思考⋯⋯⋯⋯⋯⋯⋯⋯*27*

中枢神経系⋯⋯⋯⋯*24, 63, 125*

中年期⋯⋯⋯⋯⋯⋯⋯⋯⋯*72*

超感覚的⋯⋯⋯⋯⋯⋯⋯⋯*14*

調号の変更⋯⋯⋯⋯⋯⋯⋯*78*

彫刻家⋯⋯⋯⋯⋯⋯⋯⋯⋯*39*

調子の変更⋯⋯⋯⋯⋯⋯⋯*78*

頂点⋯⋯⋯⋯⋯⋯⋯⋯⋯⋯*11*

直観⋯⋯⋯⋯⋯⋯⋯⋯⋯⋯*28*

直感⋯⋯⋯⋯⋯⋯⋯⋯⋯*118*

沈黙⋯⋯⋯⋯⋯⋯⋯⋯⋯⋯*35*

『ツァラトゥストラかく語りき』⋯⋯*103*

通貨⋯⋯⋯⋯⋯⋯⋯⋯⋯*203*

定義的仮説⋯⋯⋯⋯⋯⋯⋯*78*

敵意⋯⋯⋯⋯⋯⋯⋯⋯⋯⋯*98*

哲学的懐疑⋯⋯⋯⋯⋯⋯⋯*22*

デルフト⋯⋯⋯⋯⋯⋯⋯⋯*61*

テレパシー⋯⋯⋯⋯⋯⋯⋯*93*

転移⋯⋯⋯⋯⋯⋯⋯⋯*12, 29*

電子顕微鏡⋯⋯⋯⋯⋯*15, 32*

電磁波システム⋯⋯⋯⋯⋯*16*

伝統的精神分析⋯⋯⋯⋯⋯*31*

電波望遠鏡⋯⋯⋯⋯⋯⋯⋯*32*

天文学的なモデル⋯⋯⋯⋯*50*

同一化⋯⋯⋯⋯⋯⋯⋯⋯⋯*79*

投影同一化⋯⋯⋯⋯⋯⋯⋯*53*

道具⋯⋯⋯⋯⋯⋯⋯⋯*28, 32*

統合失調症者⋯⋯⋯⋯⋯⋯*59*

同性愛⋯⋯⋯⋯⋯⋯⋯⋯*149*

道徳⋯⋯⋯⋯⋯⋯⋯⋯⋯⋯*17*

動物⋯⋯⋯⋯⋯⋯⋯⋯⋯⋯*32*

討論領域⋯⋯⋯⋯⋯⋯⋯⋯*78*

毒⋯⋯⋯⋯⋯⋯⋯⋯⋯⋯⋯*47*

ナ　行

内科医⋯⋯⋯⋯⋯⋯⋯⋯⋯*74*

なりつつある⋯⋯⋯⋯⋯⋯*77*

乳児期⋯⋯⋯⋯⋯⋯⋯⋯⋯*72*

乳房⋯⋯⋯⋯⋯⋯⋯⋯⋯*121*

乳幼児⋯⋯⋯⋯⋯⋯⋯*26, 31*

『ニューヨーカー』⋯⋯⋯*162*

尿⋯⋯⋯⋯⋯⋯⋯⋯⋯⋯*109*

妊娠⋯⋯⋯⋯⋯⋯⋯⋯⋯*114*

寝椅子⋯⋯⋯⋯⋯⋯⋯⋯⋯*14*

脳⋯⋯⋯⋯⋯⋯⋯⋯⋯⋯*125*

脳波図‥‥‥‥‥‥‥‥‥‥‥‥‥‥‥199

ハ 行

排出物‥‥‥‥‥‥‥‥‥‥‥‥‥‥‥53
『バガヴァッド・ギーター』‥‥‥‥‥31
剥奪‥‥‥‥‥‥‥‥‥‥‥‥‥‥‥‥52
恥‥‥‥‥‥‥‥‥‥‥‥‥‥‥‥‥‥49
パーソナリティ‥‥‥‥‥‥‥‥5, 23
破綻‥‥‥‥‥‥‥‥‥‥‥‥‥‥4, 207
花嫁購入金‥‥‥‥‥‥‥‥‥‥‥‥‥2
『ばにばにきょうだいのはなし』‥‥151
母親‥‥‥‥‥‥‥‥‥‥‥‥‥‥‥‥48
「母親-赤ん坊」モデル‥‥‥‥‥‥‥26
バベルの塔‥‥‥‥‥‥‥‥‥‥‥‥11
パロマ‥‥‥‥‥‥‥‥‥‥‥‥‥‥105
『パンチ』‥‥‥‥‥‥‥‥‥‥‥‥163
万能‥‥‥‥‥‥‥‥‥‥‥‥‥‥‥‥49
反復強迫‥‥‥‥‥‥‥‥‥‥‥‥‥‥49
ビオンの手書き原稿‥‥‥‥‥‥‥‥iv
美学‥‥‥‥‥‥‥‥‥‥‥‥‥‥2, 30
『美の遺言』‥‥‥‥‥‥‥‥‥‥‥122
被分析者‥‥‥‥‥‥‥‥‥‥‥12, 43
表記‥‥‥‥‥‥‥‥‥‥‥‥‥‥‥‥49
ヒヨコ‥‥‥‥‥‥‥‥‥‥‥‥‥‥73
ピルトダウン人頭蓋骨‥‥‥‥‥‥‥69
ヒンドゥー教‥‥‥‥‥‥‥‥‥‥‥29
不安‥‥‥‥‥‥‥‥‥‥‥‥‥‥‥‥6
不確定性原理‥‥‥‥‥‥‥‥‥‥‥22
複眼視‥‥‥‥‥‥‥‥‥‥‥‥‥‥51
副交感神経系‥‥‥‥‥‥‥‥‥‥‥24
物質主義者‥‥‥‥‥‥‥‥‥‥‥111
物理学者‥‥‥‥‥‥‥‥‥‥‥‥15
物理原子‥‥‥‥‥‥‥‥‥‥‥‥15
負の能力‥‥‥‥‥‥‥‥‥‥‥‥‥45
普遍的言語学‥‥‥‥‥‥‥‥‥‥204
フラウンホーファー線‥‥‥‥‥‥127
ブラックホール‥‥‥‥‥‥‥‥‥105
フランス‥‥‥‥‥‥‥‥‥‥‥‥159
プレネス‥‥‥‥‥‥‥‥‥‥‥‥‥25

フロイト派‥‥‥‥‥‥‥‥‥‥‥‥47
文化‥‥‥‥‥‥‥‥‥‥‥‥‥‥‥‥40
分析者‥‥‥‥‥‥‥‥‥‥‥‥‥‥12
分析的概念‥‥‥‥‥‥‥‥‥‥‥‥34
「分析における構築」‥‥‥‥‥‥‥94
『ペイシェンスまたはバンソーンの花嫁』
‥‥‥‥‥‥‥‥‥‥‥‥‥‥‥‥203
ベータ要素‥‥‥‥‥‥‥‥‥‥15, 19
便‥‥‥‥‥‥‥‥‥‥‥‥‥‥‥‥109
変数‥‥‥‥‥‥‥‥‥‥‥‥‥‥‥11
ポアソン分布‥‥‥‥‥‥‥‥‥‥126
望遠鏡‥‥‥‥‥‥‥‥‥‥‥‥‥113
包容‥‥‥‥‥‥‥‥‥‥‥‥‥‥‥37
法律‥‥‥‥‥‥‥‥‥‥‥‥‥‥‥175
『母子像』‥‥‥‥‥‥‥‥‥‥‥‥130
翻訳‥‥‥‥‥‥‥‥‥‥‥‥‥‥44, 89

マ 行

マドレーヌ文化期‥‥‥‥‥‥‥‥‥33
未知‥‥‥‥‥‥‥‥‥‥‥‥‥27, 81
身投げ‥‥‥‥‥‥‥‥‥‥‥‥‥‥75
未飽和の要素‥‥‥‥‥‥‥‥‥‥12
未来‥‥‥‥‥‥‥‥‥‥‥‥‥‥‥‥4
ミルク‥‥‥‥‥‥‥‥‥‥‥‥‥109
無意識‥‥‥‥‥‥‥‥‥‥11, 21, 66
無意識的空想‥‥‥‥‥‥‥‥‥‥‥33
無限空間‥‥‥‥‥‥‥‥‥‥‥‥‥22
無知‥‥‥‥‥‥‥‥‥‥‥‥‥‥‥30
無力‥‥‥‥‥‥‥‥‥‥‥‥‥‥‥55
命題論理‥‥‥‥‥‥‥‥‥‥‥‥‥35
面接室‥‥‥‥‥‥‥‥‥‥‥‥‥‥41
妄想‥‥‥‥‥‥‥‥‥‥‥‥‥‥‥39
モデル‥‥‥‥‥‥‥‥‥‥‥‥‥‥‥7
物語‥‥‥‥‥‥‥‥‥‥‥‥‥‥‥12
物自体‥‥‥‥‥‥‥‥‥‥‥‥23, 58

ヤ 行

薬剤師‥‥‥‥‥‥‥‥‥‥‥‥‥175
有限空間‥‥‥‥‥‥‥‥‥‥‥‥‥22

事項索引　　*233*

『指輪と本』……………………*90*
夢………………………………*24, 52*
　──の備品…………………*140*
容器…………………………………*36*
欲望…………………………………*29*
欲求不満……………………………*168*
予備面接……………………………*172*

ラ 行

螺旋…………………………………*83*
乱流………………………………*23, 145*
リウマチ……………………………*66*
リオ・デ・ジャネイロ………*v, 71, 97*
理解…………………………………*12*

利口な猿……………………………*100*
リーダー……………………………*17*
リーマン幾何学……………………*22*
料金…………………………………*159*
量子力学……………………………*203*
類比…………………………………*8*
歴史…………………………………*2*
老年期………………………………*72*
『ロサンゼルス・セミナー』………*13*
ロバチェフスキー幾何学……………*22*

ワ 行

我思う，故に我あり…………………*22*

■訳者紹介■

福本　修（ふくもと　おさむ）
　東京大学医学部医学科卒業
　ダヴィストック・クリニック成人部門精神分析的精神療法訓練課程修了
　医学博士，精神保健指定医
　Tavistock Qualification for Psychoanalytic Psychotherapist（British Confederation of Psychotherapists Registered）
　国際精神分析協会正会員・日本精神分析協会訓練分析家
　日本精神分析学会認定精神療法医・日本精神分析学会認定精神療法医スーパーバイザー
　著書　『精神分析から見た成人の自閉スペクトラム──中核群から多様な拡がりへ』（共編著，誠信書房，2016），『現代クライン派精神分析の臨床──その基礎と展開の探究』（金剛出版，2013），『現代フロイト読本1・2』（みすず書房，2008）他多数
　訳書　『ウィルフレッド・ビオン未刊行著作集』（誠信書房，2024年），『W・R・ビオンの三論文』（岩崎学術出版社，2023），『タヴィストック・セミナー』（岩崎学術出版社，2014），『精神分析の方法』（法政大学出版局，Ⅰ，1999；Ⅱ，共訳，2002）他多数

クリス・モーソン編

ウィルフレッド・R・ビオン　ブラジル講義 1973-1974

2025 年 3 月 30 日　第 1 刷発行

訳　者　福　本　　修
発行者　柴　田　敏　樹
印刷者　日　岐　浩　和

発行所　株式会社　誠　信　書　房
〒112-0012 東京都文京区大塚 3-20-6
電話　03 (3946) 5666
https://www.seishinshobo.co.jp/

中央印刷　協栄製本
検印省略
© Seishin Shobo, 2025　Printed in Janan

落丁・乱丁本はお取り替えいたします
無断で本書の一部または全部の複写・複製を禁じます
ISBN 978-4-414-41498-1　C3011

ウィルフレッド・ビオン未刊行著作集

クリス・モーソン 編
福本 修 訳

ビオンの未刊行論文や、ビオン全集編集顧問によるビオンの回想録等の資料群を収めビオンの仕事と生涯に新たな理解をもたらす書。

目 次
編者の序論
凡例
未刊行著作
　人間をどう概念化するか
　貫く沈黙
　新しくて改良された
　続・思索ノート
付録
　付録A　私たちの人生の日々（フランチェスカ・ビオン）
　付録B　ウィルフレッド・R・ビオンの職務と地位一覧
　付録C　「破局的変化」と「変形された容器と内容」：比較研究（クリス・モーソン）
　付録D　標準版W・R・ビオン著作目録（ハリー・カーナック編纂）
訳者あとがき

A5判並製　定価（本体3300円+税）

精神分析の現場へ
フロイト・クライン・ビオンにおける対象と自己の経験

福本 修 著

フロイトの臨床との関連を知るためにその著作を読む作業は精神分析本来のものである「中へ入る」ことに近づこうとすることと一致する。

目 次
第Ⅰ部　フロイト以後とフロイト以前
　第1章　現代精神分析の輪郭と問題
　第2章　精神分析の前夜——アナ・Oを巡る語り
第Ⅱ部　心的装置と対象の経験
　第1章　「心的装置」の構想と展開
　第2章　ハンス症例と対象概念の変容
　　　　　——欲動論か対象関係論か
第Ⅲ部　開業のフロイト
　第1章　フロイトの生計
　第2章　フロイトの患者／顧客層
　第3章　精神分析の養成課程と国際化
　第4章　研究——個人による研究の特徴とその限界

A5判上製　定価（本体3900円+税）